人生100年時代の国家戦略

小泉小委員会の500日

小泉小委員会オブザーバー　藤沢烈

東洋経済新報社

小泉小委員会とは

2016年2月、小泉進次郎、村井英樹、小林史明を中心に若手議員でつくられた自民党「2020年以降の経済財政構想小委員会」（委員長代行：小泉進次郎）の通称。500日間にわたり、迫り来る人生100年時代の国家戦略が議論された。全体コンセプトである「レールからの解放」（同年4月）に基づいて発表された「厚生労働省分割案」（同年5月）、「人生100年時代の社会保障へ」（同年10月）、「こども保険の導入」（2017年3月）はいずれも党内外で大きな話題を呼び、政府にも影響を与えた。

はじめに

２０１７年10月22日、第48回衆議院議員選挙の夜。テレビの選挙特番を見ていた私は、小泉進次郎のこの発言に心を動かされた。

「今から考えないといけないのは、次の時代。ポスト平成、ポストアベノミクス、そしてポスト東京オリンピック・パラリンピック。ここを見据えないといけないのは、私たちの世代にとって当たり前のことではないでしょうか」――。

選挙開票日の夜となれば、ほとんどの候補者はその日の勝敗に一喜一憂し、テレビもそれを報道する。しかし、小泉はひとり冷静に、数年後の日本を考えていた。

12日間で70カ所。小泉が今回の選挙で演説を行った回数である。最後の１カ所は自身の選挙区である横須賀だが、それ以外はすべて応援演説だ。自民党の筆頭副幹事長として臨んだ今回は、初めて彼が公式に、党の結果に責任を持つ立場で取り組んだ選挙であった。それだけに重責も感じていただろう。が、小泉がぶれることはなかった。目前の投票を請うのではなく、「２０２０年以降の新しい国づくり」の必要性を繰り返し訴えていたのである。

なぜ小泉が「ポスト２０２０」を口にするようになったのか。思いつきで、この言葉を使っていたのではない。その背景には、彼が自民党内の若手議員と侃々諤々の議論を繰り広げ、中堅議員やベテラン議員を巻き込み、最終的にポスト２０２０の国家戦略を形にした血の滲むような奮闘があった。

その舞台となった党内委員会の名前は「２０２０年以降の経済財政構想小委員会」という。

小泉小委員会

小委員会は２０１６年2月に発足。小泉進次郎と20人の自民党若手議員が５００日にわたり、熱い議論を戦わせてきた。私はこの小委員会の発足時から、民間人のオブザーバーとしてほぼすべての会合、役員会に出席してきた。

委員長不在の小委員会の委員長代行を務めるのは小泉進次郎である。小泉は小委員会設置前からその立ち上げに重要な役割を果たした中心メンバーのひとりであり、小委員会の議論を終始リードした。委員長代行という立場ではあったが、私はこの小委員会は「小泉小委員会」と呼ぶにふさわしい実態があったと思う。

小泉小委員会は、同委員会の役割を明示した「レールからの解放」に始まり、「厚生労働省分割案」「人生100年時代の社会保障へ」「こども保険」の3つの提言を党に提出した。本書は、小委員会と役員会の膨大な議事録をもとに、「人生100年時代の国家戦略」がつくり上げられるまでの500日の激闘を追う。

振り返るとこの小委員会は、2015年冬、高齢者へのバラマキに小泉を中心とする若手が異を唱えたことからスタートした。2016年4月に、人生100年時代を捉えた「レールからの解放」を発表し、その後の1年間で、数回に分けて提言を発表した。それらは世論を喚起するにとどまらず党や政府にも影響を与え、2017年4月には政調会長直轄の「人生100年時代の制度設計特命委員会」が、9月には安倍総理が議長を務める「人生100年時代構想会議」が立ち上がっている。

この議論の過程をオブザーブしながら私が感じたのは、小泉小委員会が打ち出しているのは個別の政策群ではなく、「人生１００年時代」という新しい時代の国家戦略である、ということだ。小泉ら小委員会メンバーは、これからの時代を担う若い政治家である。彼らはいかにして「人生１００年時代の国家戦略」を打ち出したのか。その過程を振り返ることで、おのずとこの国の未来像が見えてくると信じ、筆を執ることにした。

国を憂う、熱き若手政治家たち

私が小泉を直接知る人から初めて小泉の話を聞いたのは、東日本大震災直後の２０１１年４月だった。

民主党政権下にあった当時、私は内閣官房震災ボランティア連携室に民間スタッフとして所属していた。話の主は藤井直樹・内閣官房内閣参事官で、現在は国土交通省で鉄道局長の要職にある。藤井参事官が野党に要望を聞きに行くと、小泉から「石巻で土嚢袋が不足している」と支給を要請されたという。

当時の石巻は津波被害により多くの住宅で床上浸水が続いていて、家屋から泥出しをする必要に迫られていた。しかし、泥を詰める土嚢袋が不足し作業が停滞していた。

率直に言えば、視察に来て記念写真を撮って帰るだけの政治家も少なくなかった。そんな中、藤井参事官から話を聞いて、小泉は現地でニーズを聞き出す調査力と、必要な救援物資を見極める判断力、被災者の要望を官僚に適切に伝達する政治力に優れている、と感銘を受けた。その頃の私は、メディアからの情報だけで、小泉に世襲のタレント議員のような印象を持っていたが、そうとも言えないのかもしれない、と認識を新たにした。

小泉と初めて顔を合わせたのは２０１４年2月である。小泉は前年9月から復興大臣政務官に就任していた。震災からまもなく3年が経過しようとしていた。

インフラや住宅の復興は進んでいたものの、被災者の精神面の問題が表出していた時期だ。心のケアの取り組みが課題となっていて、東北各地で被災者支援を行っていた私は、専門家として意見を述べるために面会した。小泉は、私の岩手や福島での活動を事前によく調べていた。その姿勢に驚き、私は親しみを抱いた。

残念なことに、世間の人が想う政治家のイメージはあまり芳しいとは言えない。政策通として知られ、内閣や党の要職を歴任しているような一部のベテラン政治家は別として、多くの政治家は、政策は官僚任せで選挙に勝つことしか考えていないと思われている。

しかし、そんなことはない。そういう政治家もいるかもしれないが、少なくとも、私がその議論をつぶさに目撃してきた小泉小委員会の若手議員たちは、違った。国と社会の将来を憂い、しかし希望は失わず、熱い気持ちで政策立案に取り組んでいた。そこでは、時には殺気立つほど、熱い議論が交わされていた。そんな議員たちの姿が、少しでも多くの人に伝わることを願っている。

※役職、肩書き等は当時のものを採用している

人生100年時代の国家戦略——目次

はじめに　5

序章　異議あり　2015年12月5日〜2016年2月3日　21

若手議員の反乱　22
政調会が動いた　23
深夜の作戦会議　25
4人が共有した「危機感」　27
小泉小委員会を牽引した3人　28
小泉進次郎との出会い　32
設立趣意書　35
まずは「人工知能」から　37
教育と社会保障　40
「次世代へのメッセージ」という布石　41

第1章

レールからの解放

2016年2月10日〜4月13日　45

自民党史上初の若手議員による政策委員会　46
問題意識の共有　47
小委員会の時代観の基盤は「楽観性」　52
新しい価値観をつくり出すための「宿題」　54
議論開始　57
日本人の力を信じる　61
真の政治主導への覚悟　63
たたき台づくり　64
メディア戦略のプロを招く　68
「人生100年時代」がメッセージの中心に　71
紛糾　78
若者に将来ビジョンを示す　80
レールからの解放　82
修正案　85
「第二創業期」に向けた提言骨子　89

「大変がっかりしている」 91
誰のための「レールからの解放」か 93
必要なのは「自由」か「安心」か 96
「信頼」という副産物が生まれた 99
「レールからの解放」「提言」の完成 100
最初の記者会見は成功裏に 101

第2章 人生100年時代の社会保障

2016年4月20日～10月26日 105

熊本地震への緊急対応と小委員会 106
厚生労働省を分割せよ 108
小委員会の「議論のピン留め」 114
多様な働き方がある 116
子育て支援は成長戦略 123
いよいよ「社会保障」の議論へ 127
医療に切り込む 129
内閣改造で名実ともに「小泉小委員会」に 135

年金と世代間格差 138
年金の持続可能性 141
「支給開始年齢」と「受給開始年齢」 146
若者の貧困 147
健康インセンティブ再論 154
医療はコストではなく「投資」 156
3本柱が固まる 161
骨子案 164
骨子案を諮る 175
激論 178
若者は何を求めているのか 180
集約 182
メディア発信のための詰め 185
幻となった「私的年金」 188
徹夜の修正作業 190
「生産性を上げ続けられる人などどこにいるのか」 192
ノーサイド 194
練り上げられた会見 197
世界に向けて報道される 200

止まらない報道 202

第3章
こども保険をつくる
2016年11月15日～2017年3月29日 205

トランプ・ショック 206
子ども・子育て支援に挑む 207
先輩議員に学ぶ 209
財源に悩む 212
「あるべき人口構成」からのアプローチ 214
深夜の電話 218
「村井さん、こども保険はいいと思う」 219
相次ぐ「保険方式」案 223
「こども保険」のたたき台をつくる 226
何にカネを出すのがもっとも効果的か 228
誰が負担するか 230
「長期的な制度をつくる」という覚悟 233
0・5%の負担は本当に大きいのか 234

論点を整理する 236
ヒートアップする議論 240
期限まで、あと2週間 246
「若者も社保の改革に無関心ではいられなくなる」 251
「0・1%」案と「0・5%」案を併記 253
「これは日本改造論だと思う」 256
不要論vs.原則論 257
鈴木馨祐の翻意 260
提言案の作成 263
最終ラウンド 269
ハコをつくるか、カネを配るか 273
安藤が矛を収める 275
反響 276
小泉進次郎の「直感力」 279

終章

骨太の方針

2017年3月29日〜 283

村井と小林の「根回し」 284
大臣経験者にも接触 287
親会で重鎮らから「批判の的」に 288
中堅議員たちという援軍 289
自民党という「アメーバ組織」 291
麻生太郎・財務相の援護射撃 292
「人生100年時代の制度設計特命委員会」設立 294
「党の存亡をかけてもいい話だ」 297
勝利 299
「自民党にとっては小さな一歩だが、偉大な飛躍である」 301
ついに「骨太の方針」へ 302
「天の時、地の利、人の和だ」 304
おわりに 307
資料編

小泉小委員会（2020年以降の経済財政構想小委員会）メンバー（2016年9月時点）

●顧問

園田　博之
（そのだ ひろゆき）
衆議院議員（当選10回、熊本4区）。1942年2月、熊本県天草郡河浦町生まれ。

●委員長代行

小泉　進次郎
（こいずみ しんじろう）
（2016年9月に事務局長から昇格）
衆議院議員（当選3回、神奈川11区）。1981年4月、神奈川県横須賀市生まれ。

●事務局長

村井　英樹
（むらい ひでき）
（2016年9月に事務局次長から昇格）
衆議院議員（当選2回、埼玉1区）。1980年5月、埼玉県浦和市（現さいたま市）生まれ。

●事務局次長

小林　史明
（こばやし ふみあき）
衆議院議員（当選2回、広島7区）。1983年4月、広島県福山市出身。

山下　雄平
（やました ゆうへい）
参議院議員（当選1回、佐賀県）。1979年8月、佐賀県唐津市生まれ。

大沼　みずほ
（おおぬま みずほ）
（2016年9月に委員から昇格）
参議院議員（当選1回、山形県）。1979年1月、東京都生まれ。

吉川　ゆうみ
（よしかわ ゆうみ）
（2016年9月に委員から昇格）
参議院議員（当選1回、三重県）。1973年9月、三重県桑名市生まれ。

●委員

穴見　陽一
（あなみ よういち）
（2016年9月より）
衆議院議員（当選2回、大分1区）。1969年7月、大分県佐伯市生まれ。

安藤　裕
（あんどう ひろし）
衆議院議員（当選2回、京都6区）。1965年3月、神奈川県横浜市生まれ。

大岡　敏孝
（おおおか としたか）
（2016年9月より）
衆議院議員（当選2回、滋賀1区）。1972年4月、滋賀県甲賀郡土山町生まれ。

大野　敬太郎
（おおの けいたろう）
衆議院議員（当選2回、香川3区）。1968年11月、香川県丸亀市生まれ。

加藤　鮎子
（かとう あゆこ）
衆議院議員（当選1回、山形3区）。1979年4月、山形県鶴岡市生まれ。

佐藤　啓
（さとう けい）
（2016年9月より）
参議院議員（当選1回、奈良県）。1979年4月、奈良県奈良市生まれ。

白須賀　貴樹
（しらすか たかき）
衆議院議員（当選2回、千葉13区）。1975年3月、千葉県流山市生まれ。

鈴木　馨祐
（すずき けいすけ）
衆議院議員（当選3回、神奈川7区）。1977年2月、英国ロンドン生まれ。

鈴木　憲和
（すずき のりかず）
衆議院議員（当選2回、山形2区）。1982年1月、東京都中野区生まれ。

鈴木　隼人
（すずき はやと）
（2016年11月より）
衆議院議員（当選1回、東京都）。1977年8月、千葉県市川市生まれ。

田畑　裕明
（たばた ひろあき）
衆議院議員（当選2回、富山1区）。1973年1月、富山県富山市生まれ。

中泉　松司
（なかいずみ まつじ）
参議院議員（当選1回、秋田県）。1979年5月、秋田県秋田市生まれ。

福田　達夫
（ふくだ たつお）
衆議院議員（当選2回、群馬4区）。1967年3月、東京都世田谷区生まれ。

牧島　かれん
（まきしま かれん）
（2016年9月より）
衆議院議員（当選2回、神奈川17区）。1976年11月、神奈川県生まれ。

牧原　秀樹
（まきはら ひでき）
衆議院議員（当選3回、埼玉5区）。1971年6月、東京都新宿区生まれ。

●アドバイザー

松尾豊、柳川範之、石川善樹、駒崎弘樹
（2017年3月より）

●オブザーバー

藤沢烈、高木新平（2016年3～4月、10月）

旧メンバー（2016年8月内閣改造のため離脱）

●委員長

橘　慶一郎
（たちばな けいいちろう）
衆議院議員（当選3回、富山3区）。1961年1月、富山県高岡市生まれ。

武井　俊輔
（たけい しゅんすけ）
衆議院議員（当選2回、宮崎1区）。1975年3月、宮崎県宮崎市生まれ。

●委員

越智　隆雄
（おち たかお）
衆議院議員（当選3回、東京6区）。1964年2月、東京都世田谷区生まれ。

松本　洋平
（まつもと ようへい）
衆議院議員（当選3回、東京19区）。1973年8月、東京都世田谷区生まれ。

序　章

異議あり

2015年12月5日～2016年2月3日

若手議員の反乱

きっかけは3万円だった。

3万円とは、2016年に低所得の年金受給者ら1250万人に給付された「年金生活者等支援臨時福祉給付金」のことだ。給付金を2015年度の補正予算に計上する案は、「一億総活躍社会」の緊急対策として、その年の12月に首相官邸から飛び出してきた。12月5日だった。

翌年7月には参議院選挙が控えていた。低所得の年金受給者への一時金の給付は選挙目当てのバラマキだと、野党から厳しい批判を浴びることになるが、起案の当初から自民党内でも反対する声は多かった。

翌12月6日、自民党本部で政務調査会[※]全体会議が開かれた。自民党政権下の政策決定過程は単純ではなくさまざまなルートがあるが、政務調査会での決定事項は大きなウエイトを占める。

真っ先に異議の声を上げたのは、小林史明・衆議院議員だった。当選2回の若手議員である。全体会議で手を挙げた小林は、臨時給付金に反対を表明した。「官邸から出てきた案かもしれないが、そんな案は党から提出したものではない。政務調査会として反対すべきだ」

政務調査会
政策案件の調査・研究と立案作業を行う自民党の組織。政策決定に大きな影響力を持つ。政策分野に対応し14の「部会」があるほか、重要な政策のための特命委員会などが設置されることがある。

この勇気ある発言に、小泉進次郎、村井英樹ら若手議員が同調し、反対論の輪が広がっていく。「どうして高齢者ばかりを優遇するのかと、若い世代は受けとめる。世代間闘争にしないほうがいい」「バラマキのイメージが先行し、参院選にむしろマイナスだ」……。

小泉は当時を振り返って、反対した理由を説明する。「人口が高齢化していく日本で、子育てなど若い世代の後押しをしなければならないのは自明の理。待機児童の問題が噴出してきていました。しかし、政府はおカネがないと言い続けていた。にもかかわらず、突然高齢者に3万円給付という話が出てきた。補正予算と本予算で4000億円。若い世代を支援するおカネはないと言っていたのに、それはおかしいんじゃないか」――。

政調会が動いた

同じ自民党政権であっても、政権内のパワーバランスは時の政治状況によって大きく変化する。首相や官邸に政策決定の大きな力がある場合もあれば、党側がイニシアティブを握ることもある。当時は直近2回の総選挙に大勝し、高い内閣支持率に支えられた安倍晋三首相の力は絶大だった。そうした状況下では、政務調査会の全体会議で反対の声が上がっても、幹部が「みなさんの気持ちはよく理解できる。しかし、ここは……」と言って、反対論を収めるのが一般的だ。

しかし、このときは、雰囲気が違ったという。

小泉や小林らの反対論が会議を支配し、壇上のベテラン議員たちも若手議員の反対論に納得、同調する雰囲気が広がっていった。当時のトップは稲田朋美・政調会長。弁護士から政治家に転身し、当選わずか3回で内閣府特命担当大臣と政調会長を歴任し、次代のエースと目されていた。安倍首相に重用されてきたその稲田政調会長も反対論に同調し、官邸に政務調査会の雰囲気を伝えた。「このままでは、全体会議の了承が得られない」――。

結論を先に記すと、政務調査会という自民党の政策決定機関の全体会議で、若手議員が起こした小さな反乱の結果として、後に誕生したのが政務調査会「財政再建に関する特命委員会」の下に置かれた「2020年以降の経済財政構想小委員会（小泉小委員会）」だ。稲田政調会長が「若い人たちの意見をしっかり踏まえて、次世代の社会保障を議論する場を党の中に設置する。それで理解してほしい」と、若手主体の小委員会の設置を確約して、紛糾した全体会議を収めたのである。

自民党政権という統治機構では、政府と党がその両輪である。外形的には内閣が行政を担うが、党の政策立案機関たる政務調査会が、内閣の政策に大きな影響力を持っている。

その政務調査会には、長い自民党の歴史の中で、若手議員だけで構成する委員会はなかった。

若手議員が所属する青年局は、組織運動本部に属していて、その本質は選挙対策である。稲田政調会長が確約したのは、若手議員中心で政策を検討する正式な委員会の設置である。実現すれば、自民党史上初めての、画期的な出来事となる。その場で、その意味を理解していた議員がどれだけいたかはわからないが、政調会長の確約には大きな意味があった。そして、小泉らはそれに気づいていた。

深夜の作戦会議

その夜、「反乱」の先頭に立った4人が、議員宿舎の会議室に集まった。小泉、小林、村井に鈴木憲和・衆議院議員を加え、稲田政調会長が約束した議論の場を、何を目的に、どう運営していくかについて作戦を練った。4人が会議室の席についたとき、スマートフォンのデジタル表示は、すでに午後11時を刻んでいた。

「財源がないのに高齢者にだけ4000億円という予算が出てくるのはおかしい。おカネを配るようなことは、やるべきではないはずだ。生活に困っているのはシニア世代だけではなく、若い人にも困窮している人は多い。社会保障は、本当に困っている人に対応すべきだ」――。それが、4人が共有していた考えだった。

「深夜の作戦会議」に臨む小泉、村井

議論は、社会保障の根本へと深まっていく。社会が高齢化し、人口減少期に入った日本で、小泉ら次代を担う世代が目指すべき社会保障とはどのような姿であるべきなのか。

小泉は言う。「それはバラマキではないはずだ、と思いました。そもそも医療や年金を年齢で区切っている今の制度は適切なのか。年金の支給開始は65歳、医療が3割負担から1割負担になるのは後期高齢者医療制度で75歳と決まっています。基本的に年齢を基準に社会保障が支給され、自己負担割合が変わる。今まではそれでよかったかもしれませんが、将来にわたってその区切りでよいのか疑問でした。高齢でも元気な人はいるし、若くても困っている人もいる。高齢者と一括りに言っても、実は低年金の困窮者もいれば、裕福で年金以外の所得がある高齢者もいる。高齢化と人口減少が避けられない時代に、ぼくらが目指すべきは、年齢にかかわらず、真に困っている人を助ける社会保障ではないのか」

「社会保障・税一体改革」についての三党合意
2012年6月、政権与党であった民主党と自民党、公明党の間で交わされた、社会保障と税の一体改革関連法案をめぐる合意。当時5%だった消費税率を2014年4月に8%、2015年10月に10%に引き上げるほか、社会保障改革、税制改革に関する幅広いテーマが合意された。

議論の中から、「人生100年時代」「第二創業期」「自助努力のインセンティブ」……という、小委員会の議論の方向を示すキーワードがぽんぽんと飛び出した。

小委員会の名称は議論の末、「2020年以降の経済財政構想小委員会」とすることになった。

2020年以降と時期を絞り込んだことには理由がある。東京オリンピックが開催される2020年までは、2012年6月の「社会保障・税一体改革」※についての三党合意に基づき、改革工程表が策定されている。しかし、その後の改革については、まだ見通しがつかない部分が多い。しかも、五輪後は経済財政状況がさらに厳しいものとなっている可能性も否定できない。であるならば、長期的な議論をすべきだ――。

それが2020年以降を見据えた理由だった。

4人が共有した「危機感」

4人が共有していたのは、現行制度が2020年以降も継続することへの強い危機感だった。

村井は言う。「そもそも消費増税※が延期されたことで、2020年のプライマリー・バランス（基礎的財政収支）の黒字化が達成できるかわからなくなりました。

消費増税の延期
2015年10月から10%に引き上げられる予定だったが、経済状況などを勘案し、2014年11月に、2017年4月までの延期が決まった。その後、2016年6月には2019年10月までの再延期も決定した。

さらに言えば、２０２０年以降に団塊の世代が一気に後期高齢者となることで、この国の社会保障の仕組みは維持するのがより難しくなる。そうした状況で、これまでの仕組みの単純な延長線上でこの国の経済社会は本当に持続可能なのか、という危機感があったんです」

「２０２０年以降の経済社会構造の変化を見据え、社会保障のバランスを見直さなくてはならない」。これも、４人に共通する問題意識だった。現行制度は高齢者に厚く、現役世代には薄い制度設計となっているが、人口減少で労働人口が減少する中で、女性の労働参加が必須となる時代に、子ども・子育て支援は最優先課題である。しかし現状は、なかなか進んでいないという危機感も共有されていた。

侃々諤々の議論は夜更けまで続く。気がつけば4時間を超えていた。

小泉小委員会を牽引した３人

小泉と共に小委員会の中枢を担った村井英樹は、１９８０年5月生まれの37歳（２０１７年現在、以下同）。自民党が政権復帰した２０１２年の総選挙で初当選した。不祥事続きで何かと批判されることが多い当選2回組だが、当然のことながら、大半は国の将来と国政に志を持った真面目な議員であることを強調しておきたい。

「熱血漢」という言葉が似合う村井英樹は、小泉小委員会による提言の多くを執筆した（撮影：梅谷秀司）

村井は埼玉県浦和市（現さいたま市）の出身。東京大学で国際関係論を専攻し、卒業後はキャリア官僚として財務省に入省した。新人時代は自由貿易協定に携わって通商交渉の最前線を学び、米・ハーバード大学大学院に留学して海外生活も経験した。帰国後は財務省主税局に席を得、旧民主党政権下で、社会保障と税の一体改革などを担当し、「民主党政権の機能不全をたびたび目撃。居ても立っても居られなくなって」自民党の公募に応じ、地元埼玉1区から衆院選に出馬した。

元財務官僚の理論派だが、私の印象を一言で言えば熱血漢。議論が白熱し、感情を露わにする場面を何度も目にした。しかし、それは真剣であることの裏返し。小委員会では議論をもとに提言などの文書を作成するまとめ役も務めたが、自分とは立場の違う委員の考えも入れ、全員が納得できるペーパーをつくり上げた。なお村井は2人の子どもを育てる父親でもあり、子育ての大切さを強く実感している。

温厚だが芯が強く太い小林史明は、議論のまとめ役とメディア戦略立案に手腕を発揮した（撮影：梅谷秀司）

政務調査会で反対論の口火を切った小林史明・衆議院議員は１９８３年４月生まれの34歳。村井と同じ２０１２年の総選挙で初当選した。

選挙区は福山市単一の広島７区。小林の祖父は広島県選出の参議院議員だったが、父はサラリーマンでいわゆる二世議員ではない。上智大学理工学部で物理化学を学び、卒業後はＮＴＴドコモに就職、群馬支店法人営業部と本社人事部でキャリアを積んだ。

小林の公式サイトには「営業と人事の経験から全ては人次第だと強く感じ、より多くの人の意識を変えれば自分たちが生きていく世界も、もっと明るいものにできると考え、政治の道へ進むことを決める」とある。

温厚で控え目だが、芯が強く太い、というのが私の印象だ。議論では聞き役に徹し、まとめ役を務めた。意見が対立したときには、反対派に「みんな、見ている方向は同じ」と言うのが口癖だった。元ＮＴＴドコモ社員らしく、常にｉＰａｄを手放さず、アップルウォッチを愛用している。政治家のイメージを刷新してくれるに違いない人物だ。実家は漁網をつくる会社を経営していて漁業に関心が高く、水産政策にも熱心に取り組んでいる。

そして、小泉進次郎・衆議院議員。小泉純一郎・元首相の次男であることはあまりにも有名で、いまさら言及するまでもなかろう。

1981年の4月に生まれ、2017年には36歳になった。ジョン・F・ケネディを尊敬し、「意志あるところに道はある」を座右の銘とする。熱血漢として知られるが、涙もろいところがあり、本人はそれを短所と受け止めている。

スマートな印象の強い小泉進次郎は、愚直で泥臭い一面もあわせ持つ
（撮影：梅谷秀司）

小さいころは、俳優の兄孝太郎の後ろをついて回る「お兄ちゃん子」。小学校から大学までを地元神奈川県の関東学院で学び、中学・高校時代は野球に没頭した。大学卒業後、米国に留学。コロンビア大学大学院で政治を学び、修士号取得後、戦略国際問題研究所で1年間、研究員生活を送った。

2007年、帰国後に父純一郎・衆議院議員秘書となり、2年後の2009年、地盤を引き継いで神奈川11区から出馬。旧民主党が圧勝し、自民党政権が陥落した厳しい選挙で、世襲批判を乗り越えて初当選した。「日本のために何ができるか。そう自分に問い、出した答えが政治家の道でした」と、自身のオフィシャルサイトで政治家を志した理由を語っている。

小泉進次郎との出会い

私は一般社団法人ＲＣＦという非営利団体を運営し、各政党、行政に対し、さまざまな政策提言を続けている。東北復興支援では、コミュニティ、人材不足、水産業などの分野で政策を提言してきた。また、非営利団体の業界組織「新公益連盟」の事務局長も務め、保育、教育、若者、地域、産業といった分野での政策提言をサポートしてきた。

日本の場合、民間からの政策提言は営利企業の業界団体からのそれが主流で、非営利組織による政策提言はデモや抗議など対立型のものが多い。しかし私は、そのどちらにも与せず、非営利組織の立場から協調型の政策提言を行ってきた。

先にも触れた通り、小泉進次郎とは、ＲＣＦを立ち上げ、東北復興支援に取り組む中で出会った。当時、小泉は復興大臣政務官の職にあった。

小泉との出会いは、私の政治家に対するイメージを変えた。それまで私は、政治家といえば人の意見を聞かないものと思っていたが、小泉は違っていた。

まず、裏表がなく実直だった。常に人の目を見て、人の話に耳を傾け、相手を見下すようなことがない。政界のサラブレッドである小泉のそんな素顔に私は男惚れした。

以後、復興大臣政務官と東北復興支援の非営利団体の代表として親交を深め、復興支援で協働してきた。

たとえば、小泉が発案した「東の窓の会」という取り組みがある。釜石、大船渡、石巻、女川の沿岸自治体が合同で、民間企業と自治体の連携を図る取り組みだが、私はその事務局を3年間続けている。4つの自治体では若い官僚が副市長などの立場で汗を流していた。こうした事例を参考にして、小泉は政務官として日本版シティマネージャー制度と呼ばれる「地方創生人材支援制度」を立案した。立案にあたり、私は米国のシティマネージャー制度について情報提供するなど、政策ブレインの一端を担った。

小泉には世のイメージとも、ずいぶん違った面がある。小泉進次郎のイメージと言えば、清新、颯爽、スマート、垢抜けた、御曹司……などの言葉を思い浮かべる人が多いと思う。そのどれも、そう外れてはいないだろう。

しかし、世に知られていない一面も、小泉にはある。たとえば、メモ魔である。会議では常にメモを取りながら人の話を聞いている。若手官僚顔負けの几帳面さなのだ。そして、荷物が多い。お洒落なイメージからは程遠い姿だ。荷物の中身は大量の資料である。こちらも官僚顔負け。そうした愚直で泥臭い一面は、あまり知られていないと思う。もっとも、あえてそうした部分は外には見せないようにするのも、小泉進次郎流のやり方なのかもしれない。

小泉小委員会は、小泉、村井、小林の3人が牽引したと言って文句を言う人はいないと思う。3人の関係を兄弟に見立てると、年齢通り長男が村井、次男が小泉、末っ子が小林といったところであろう。

次男である小泉は対外的には委員会の顔の役割を果たし、中にあっては問題提起をして議論を促す。議論を引っ張ったのは長男の村井。党若手議員きっての政策通で、小泉の問題提起を受けて議論の方向性を打ち出していった。そして、小林。小林は、ときに熱くなりがちな小泉・村井に対し、客観的な視点から議論のバランスをとる役割を担った。また、村井と委員の間で激しい議論のやりとりがあると、村井のフォロー役に徹し、対立意見を持つ委員たちとの融和を図った。

3人がそれぞれの長所を活かしながら、絶妙のハーモニーで小委員会を運営した。その努力が、政策提言が「骨太の方針」に取り入れられるという成果に結実したのだと思う。

設立趣意書

小泉、村井、小林に鈴木憲和を加えた４人が深夜の議員宿舎で夜を徹して議論した小泉小委員会のあり方。小泉は数日をかけてその議論をまとめ、設立趣意書を書いた。

設立趣意書

1. 構想の趣旨・目的

2020年以降を「日本の第二創業期」と捉え、責任ある経済財政運営をもって、その時代を担う世代が活躍できる環境を創り上げる必要がある。

このため、現在の財政状況に伴う将来不安がポストオリンピック・パラリンピック世代の選択の幅を狭めているという基本的な問題意識の下、自助努力へのインセンティブが働き、「人生100年時代」を見据え、長生きがリスクとはならない、安心して未来に進んでいける社会の実現を目指し、自助を基本に、共助・公助を適切に組み合わせた持続可能な安心の基盤を再構築していく必要がある。

検討は、社会保障を含め聖域を設けることなく総合的に行い、財政再建に関する特命委員会に提言する。

2. 委員会の進め方

2～3月：有識者ヒアリング

4月目途：理念・考え方の整理（「次世代へのメッセージ」）

年内目途：提言

設立趣意書では「高齢社会」ではなく「人生100年時代」の文言を選択した。それには意味がある。

現在、行政やアカデミズム、マスメディアなどで一般に使われる高齢者とは、65歳以上の人を意味する。人口に占める高齢者の割合を高齢化率と言い、7％を超えると高齢化社会、14％を超えると「化」がなくなって高齢社会、21％を超えると「超」が加わって超高齢社会と言われる。日本の高齢化率は2015年時点で26・7％に達し、今後もさらに上昇する。この状況は短期間では転換することのできない事実である。

一方、高齢者という言葉には、「現役を引退し年金などで生計を立てている人」というニュアンスが含まれている。つまり、高齢者を65歳以上と定義する社会では、65歳以上の人は働かないのが一般的であるということである。

それではこれからの社会は立ち行かないのではないか、というのが設立趣意書をつくった小泉らの共通認識で、65歳以上でも元気に働ける人や、弱者とは言えないほど資産形成できている人が増えている点に着目した。70歳でも80歳でも元気に働ける社会を目指すことをビジョンとするために、「人生１００年時代」という言葉を選択したのである。

設立趣意書は小委員会の親会となる財政再建に関する特命委員会（委員長・稲田朋美政調会長）の承諾を得、「２０２０年以降の経済財政構想小委員会」は２０１６年2月に第１回会合が開催されることに決定した。

まずは「人工知能」から

設立趣意書には、小委員会の議論を深めるための仕掛けがいくつか隠されていた。委員会の進め方に書いた、「有識者ヒアリング」と「次世代へのメッセージ」がそれである。

２０２０年以降の社会保障を含む経済財政を構想するには、まず、２０２０年以降の世界がどのような社会となっているのか、その将来像を共有しなければならない。そうでなくては、将来の社会に最適な社会保障や政治システムのあり方は議論できない。前提が異なれば結論が違ってくるのは当然だからである。そのため、まずは有識者からのヒアリングを日程のはじめに据えた。

出色なのは、有識者の人選である。第1回目の小委員会開催前に、講師として人選したのは6人。第1回目の会合の講師には、日本を代表する人工知能（ＡＩ）の研究者、松尾豊・東京大学大学院特任准教授を、第2回目の講師には、軽井沢に全世界から生徒を集める全寮制高校を設置・運営するインターナショナルスクール・オブ・アジア軽井沢（現ユナイテッド・ワールド・カレッジＩＳＡＫジャパン）の小林りん代表理事を招くことにした。人選には、これまでの自民党政務調査会に設置されてきた小委員会とは違い、「新しい切り口で社会保障の将来像を考える」という強いメッセージが込められていた。

小委員会が議論の対象とするのは、主に社会保障政策の構想である。その委員会の初回にＡＩの研究者を講師として招くことにした狙いは何か。

人工知能やロボットの登場と急速な技術の発展は、日本でも近い将来、職業の半分を人間と代替するという予測がある。事務員、受付係、駅員、建設作業員、レジ係、新聞配達員、タクシー運転手など、多くの職業がＡＩやロボット、あるいはＡＩを搭載したロボットに取って代わられる時代が目の前に迫っている。人生１００年時代において、仕事を続けながら長い人生をどのように送るのかを考えるには、まず、技術の変化とそれによる近未来社会の変化について理解を深めておくことが必須だと、小泉は考えたのだ。

「松尾豊先生に第1回の講師をお願いしたのには大きな意味がありました。パソコンとインターネットの普及で社会が大きく変化したことは誰もが実感しています。しかし、これからは、これまでのそれとは次元の違う変化が押し寄せてくると予想されています。しかし、それがどのようなものなのか、共通認識があるとは言えません。ですから、まず、これからの技術革新が社会に与えるインパクトがどういうものかを小委員会の中で共有したかった。第4次産業革命と言われ、ＩｏＴ（あらゆるモノがインターネットでつながる技術のこと）、ＡＩ、ロボットと、これから10年後、20年後は人類がこれまで経験したことがない速度で産業構造が変わり、人の暮らしや生き方も左右される時代に突入する。このインパクトを認識していないと、２０２０年以降の未来など絵に描いた餅にすぎない。社会保障の将来構想という議論をする前に、その土台である社会の変化、技術の変化を踏まえておきたい。そういう思いがありました」

教育と社会保障

第2回の講師に教育者を人選したのも、小泉独自の発想と言える。

人生80年を前提としていたこれまでの社会では、20年の教育期間を経て、40年働き、20年の余生を過ごすことをモデルとしていた。しかし人生100年時代には、それぞれが無理のない範囲で、できるだけ長く働かなければ社会は維持できない。技術革新が猛スピードで進む社会の中では、20年の教育で、その後の何十年も同じ仕事を続けることは難しい。時代の変化に適応して、仕事を変えながら働き続けるためには、学び直しが必要である。

しかし、今の教育はそのようには設計されていない。したがって、人生100年時代の教育のあり方についても、検討しなければならない。

小泉は語る。「小林りんさんに講師をお願いしたのも、同じ問題意識からでした。今後、人工知能が労働現場に入ってくると、人工知能が人よりうまくやったり、人と協働したりと、働き方も変わってきます。そういう時代になると、時代に追いついていける人と難しい人との間で二極化も進むだろうし、ひいては、教育のあり方も変わってくるのではないか。人生を長いスパンで考えたとき、教育は人生前半の投資のように思われていますが、じつは教育は年金、医療、児童福祉、子育て支援という分野に並ぶ社会保障ではないかという問題意識がありました」

第1回の会合前に決定していた他の講師陣のラインナップは、次の通りだ。

東京大学大学院経済学研究科の柳川範之教授。世代間正義論の大屋雄裕・慶應義塾大学教授。情報技術の草分け的研究者の村井純・慶應義塾大学環境情報学部長。ベンチャー起業家の育成と大企業のオープンイノベーションを手掛ける株式会社ＷｉＬの伊佐山元・共同創業者ＣＥＯ。

「次世代へのメッセージ」という布石

もうひとつ、準備段階で小泉らが打っておいた布石は「次世代へのメッセージ」だったと思う。小委員会の理念・考え方を公表する文書のタイトルを、仮題とは言え「次世代へのメッセージ」とした意味は大きい。情報発信の対象を、若い世代に絞り込むという意思表示であるからだ。

高齢者重視の社会保障制度への疑問からスタートした小委員会には、はじめから「全世代型の社会保障を構築する」との決意があった。小委員会では、現に社会保障の給付を受けている高齢者や近い将来に給付を受ける世代ではなく、これからの日本で社会保障を支え、いずれ受給の側に回る若い世代にとってどのような社会保障の設計が求められるのかを議論するという意思を明確に示したと言ってもよい。

小委員会の委員は、衆院当選3期、参院1期までの若手議員で構成することにした。議論が偏らないように、選挙区、専門分野、政策理念、男女比など、バランスを重視して人選した傾向がうかがえる。特定の業界や団体に強く影響を受ける、いわゆる業界代表の議員が選ばれていないことも特徴である。

また、中堅、ベテラン議員との繋ぎ役として、園田博之・衆議院議員に顧問の、橘慶一郎・衆議院議員に委員長の任を要請した。温厚な人柄で後輩議員から慕われる橘は東大法学部の出身で、北海道開発庁の後、若くして富山県の高岡市長を2期務めた地方自治の専門家。高祖父から5代続く政治家一家のサラブレッドだ。自民党が大敗した2009年衆院選で初当選した「四志の会」のひとりで、同期の小泉とは親しい間柄にあった。この選挙で当選した自民党新人議員は4人しかいなかった。

事務局長に小泉が、事務局次長に村井、小林が就任することも決めた。次長には参議院議員の山下雄平も加わった。

2月3日、親会である政務調査会の「財政再建に関する特命委員会」で小委員会の設置が正式に機関決定され、同日、公表された。翌日の全国紙各紙は、「小泉氏が事務局長に　自民小委」（朝日）、「脱・高齢者偏重　自民が動く　社会保障新組織　小泉氏ら若手で　18歳選挙権にらむ」（日経）、「自民若手　社会保障を議論　党小委員会設置　負担先送り軽減へ」（読売）などの見出しで、一斉に小委員会の設置を報じた。

緻密な作戦と周到な準備――。そこには、小泉らが小委員会に懸ける熱情が迸（ほとばし）っていた。

そして、いよいよ、2020年以降の経済財政構想小委員会は第1回目の会合を迎えることになる。

第1章

レールからの解放

2016年2月10日～4月13日

自民党史上初の若手議員による政策委員会

自民党史に刻まれることになる、若手議員だけで構成される政務調査会の小委員会「2020年以降の経済財政構想小委員会」（小泉小委員会）の記念すべき初会合は、2016年2月10日午後5時半、自民党本部7階の706号室で開催された。

冒頭、「皆さんこんばんは。2020年以降の経済財政構想小委員会の初回を始めます」と挨拶した小泉進次郎・衆議院議員は、いつものように眼光鋭く気合に溢れた様子だった。

続いて、小泉小委員会の親会である財政再建に関する特命委員会の委員長を務める稲田朋美・政調会長が挨拶に立った。「特命委員会は政府より強い提言をまとめたわけですが、将来の姿が明確になってこそ、厳しい改革は進めていくことができるのだと思います。当選回数の少ない議員の特権は、党内でハレーションがあったとしても、正しいと思うことをしっかりと発言していくことです。そのような議論があってこそ、思い切った改革は実現するのだと思いますので、2020年以降の日本の新たな姿を見据えた、自由闊達な議論をぜひ、よろしくお願いします」

若手議員の小委員会に期待する政調会長の檄ともとれる発言の後、再び小泉が立ち、小委員会の趣旨と目的を説明し、問題を提起した。「戦後の日本が第一創業期、2020年以降の日本を第二創業期と捉えると、国民の皆さんにこれまでと違った景色を見せていかなければいけない。第1に、65歳以上が高齢者という定義が果たしてこのままでいいのだろうか」

これまで多くの人が現役を引退してきた65歳を高齢者と定義した場合、日本の高齢化率は27・3%に上り、その数字は2045年には36%を超える。人口の3分の1を占める高齢者の生活を現役世代で支えるのは不可能だ。

しかし、高齢者の定義を75歳以上とすれば景色は変わる。高齢化率を現在の水準以下にすることができるのである。もちろん、定義を変えるだけでは実態は変わらない。定義を変えるには、実際に、多くの人々が75歳まで働き続けられる社会を創出することが必須だ。小泉の問題提起は、それを強く示唆するものだった。

問題意識の共有

小泉小委員会の会合は週に1回のペースで開催された。集まるのは毎週水曜日の昼間か夕方、討議時間は毎回90分から2時間と長い。[※] 国会の会期中であれば、国会、委員会のほか党のさまざまな会合があり、週末には地元に帰って支持者に国政の報告会

※ 議員が出席する通常の会合は、1時間程度が一般的。

を行い、街頭で有権者に政策を訴える。そのような忙しい政治家のスケジュールの中で、週に1回の会合に出席するだけでなく、政策を立案していくのは大変な作業である。しかし、20人の委員の多くは毎回会合に出席し、激しい議論を戦わせていくことになる。

初回から第5回までの会合は、設立趣意書にあった通り、有識者の講演と質疑応答に費やされた。委員の間で2020年以降の社会像を共有することが目的である。第1回目のヒアリングには予定通り、松尾豊・東京大学大学院特任准教授が講師として参加し、講演を行った。詳しい内容まで報告する紙幅はないが、主旨をごく簡単に紹介しておきたい。

第1回　松尾豊　東京大学大学院特任准教授　講演要旨（2016年2月10日）

人工知能（AI）が囲碁でプロ棋士を破ったニュースは社会に衝撃を与えた。それを可能にしたのはディープラーニングという、領域を認識する技術である。それはコンピューターが不得手とすると言われていた技術で、AI技術にとって大きなブレイクスルーだった。その技術により、AIはたとえば人間の顔をかなりの確率で認識できるようになった。

もうひとつの大きな進歩は、運動の習熟である。人間が、たとえばサッカーボールを蹴ったり、ゴルフボールを打ったりする技術を、失敗を繰り返しながら習熟していくように、ＡＩもディープラーニングを使って運動を学習できるようになった。

認識能力と運動習熟能力が備わったＡＩとロボット技術を組み合わせると、近未来の日本社会が抱える課題の解決策となり得る。たとえば、農業に習熟したロボットを開発すれば、人手不足で休耕地となった農地を耕したり、農薬を使わなくても害虫を駆除したりできるようになる。介護の現場でも有用だ。その他、生産の多くの場面でＡＩとロボットが活用されることになる。

グーグルやフェイスブックを日本から出せなかった理由のひとつは英語圏ではなかったからだ。日本語というハンデがあったが、ＡＩはアルゴリズムだから言葉のハンデはなく、いい条件がそろっている。ＡＩやロボットが人の仕事を奪うと否定的に捉えるのではなく、社会全体で新しい未来像を描いていくということも大事。生産にロボットやＡＩを活用する場面は多くなるが、それは人間にとって幸せな未来社会でなければならない——。

講演後の質疑応答では、多くの委員が手を挙げ、改革案立案の前提となる社会像が共有されていった。また、第1回会合では、松尾氏のほか、予防医学が専門の石川善樹氏が小委員会のアドバイザーとして、委員会に参加することが紹介された。このほか、「新しい働き方」を提言する東京大学大学院経済学研究科の柳川範之教授もアドバイザーに加わった。

第2回会合では前述の小林りん氏が、第3回は柳川教授が、第4回は慶應義塾大学の大屋雄裕教授が、第5回は情報技術の村井純・慶應義塾大学環境情報学部長がそれぞれ講演を行い、出席した委員は、教育、働き方、情報技術について実情や将来像、課題について問題意識を共有した。それぞれの要旨を簡単に記述しておく。

第2回　小林りん　インターナショナルスクール・オブ・アジア軽井沢代表理事　講演要旨（2016年2月17日）

「激動の時代を生き抜く力を培うために〜ポスト2020年と日本の教育」

- 日本は国内に異なる国籍や価値観が共存する社会になる
- 今後は多様性への寛容力、問いを立てる力、困難に挑む力が重要
- 教育を抜本改革することで、経済財政の改革につなげるべき

第3回　柳川範之　東京大学大学院教授　講演要旨（2016年2月24日）

「2020年以降を踏まえた新しい働き方」

・非連続的な技術革新により、何度でもチャレンジできる社会に
・元気でやる気のある高齢者が増加し、75歳まで働いて税金を納める社会になる
・副業を認め、起業やリスクテイクを促進すべき
・いくつになっても教育や能力開発の機会が得られることが重要

第4回　大屋雄裕　慶應義塾大学教授　講演要旨（2016年3月2日）

「世代間正義と民主政治の課題」
・「遠い将来世代」に対して世代間正義を確保することが重要
・世代間正義が確保されないと、若者世代は立ち去る
・社会保障の持続可能性の確保が重要

第5回　村井純　慶應義塾大学環境情報学部長　講演要旨（2016年3月9日）

「IoTが変える2020年以降の社会」
・IoT社会ではモノが自動的にデータを共有する

・データの共有には投資がいらない
・あらゆる分野のデータが共有されることで産業構造が画期的に変化
・個人が自宅でものづくりができる時代になる

小委員会の時代観の基盤は「楽観性」

第2回会合の冒頭、小泉は「各国の高齢化率と社会保障関係支出の関係」というペーパーを配布し、先進諸国ではドイツだけが、高齢化率が上昇しているにもかかわらず社会保障関係の歳出が抑えられていることを説明した。その中でドイツ好調の要因とみられている「シュレーダー改革」について触れている。

シュレーダー改革とは、2002年から2005年まで、シュレーダー・独前首相が行った国内構造改革のことだ。財政再建、社会保障システムの安定化、産業競争力強化、失業率低下、経済成長などを目的とし、働き方・年金・医療の諸制度の改革をパッケージとして実行した。当時、低成長と高い失業率から「欧州の病人」と呼ばれていたドイツは、シュレーダー改革と、メルケル現政権による改革継続を経て、失業率改善と欧州一の経済成長を達成した。

小泉の頭の中には、「パッケージ」で諸改革を実行したシュレーダー改革がお手本としてあったと思う。しかし、その後、小委員会で小泉がシュレーダーの名を出すことはなくなった。シュレーダー改革が小委員会を象徴する政策として小泉の口から再び発せられるのは、約8カ月後の10月に記者会見を行った時である。

5回のヒアリングを聴いて、特に印象深かったのは、村井純・慶應義塾大学環境情報学部長の楽観主義だった。

IoT※については、プライバシー保護の観点や、グローバル化に伴う課税の問題など、さまざまな不安要素について、委員から質問の手があがった。そのどれにも、村井教授は楽観的な見通しを述べた。最後に、「なぜそれほど楽観的になれるのか」と小泉が訊ねた。村井教授はこう答えた。

「31年前、インターネットを引こうとしたとき、興味を持っていたのは〝はぐれ者〟ばかりだった。そんな状況だったが、自分が悲観的になったら、誰もついてこないと思った」――。その後、インターネットが社会にどのように浸透していったかは、誰もが知っている。村井教授のこの楽観性は、小委員会の時代観、社会観を形成する上で、大きなポイントとなった。

IoT
「Internet of Things」（モノのインターネット）の略。パソコンやスマホなどの情報通信機器に限らず、すべての「モノ」がインターネットにつながることで、生活やビジネスが根底から変わるという考え方。

村井教授の講演を聴いた第5回会合が開かれたのは3月9日。この日、グーグル傘下のディープマインド社が開発した人工知能「アルファ碁」が韓国棋界のトッププロとの対戦で勝利したというニュースが飛び込んで来た。各国メディアは速報で「衝撃の敗北」と伝えた。

新しい価値観をつくり出すための「宿題」

第1回から第5回までは、2020年以降の社会像を共有するための、いわば助走期間。第6回目以降は、各論に入る前に討議することになっている、小委員会の「理念・考え方の整理(「次世代へのメッセージ」)」を作成するための議論が本格化することになる。

小泉は、各論に入る前に、総論を議論し尽くすことにこだわった。各論では必ず賛否両論が火花を散らす。そのときに、最終的な判断の基準となるのは、総論の基本理念である。その揺るぎない軸をつくるために、小泉らは総論の合意を目指したのである。

第5回の会合では、第6回目以降の議論に向け、そのたたき台となる資料が配布され、委員に〝宿題〟が課された。たたき台とは、すなわち、小泉、村井、小林から各委員への問題提起であった。

2020年以降の経済財政構想小委員会

理念の整理ポイント(たたき台)

1.2020年以降を「日本の第2創業期」と捉え、これまでと全く違う発想で、新しい国づくりに取り組むべきではないか。

2.その際、「財政の制約」を出発点とするのではなく、目指すべき国家像を明らかにしたうえで、施策の優先順位をつけるという順序で考えるべきではないか。

3.2020年代以降の日本は、3つの構造変化に直面するのではないか。

①「人生100年時代」へ
・100歳まで生きることが当たり前に

②「非連続的な技術革新」へ
・人工知能革命により、人口減少下でも経済成長が可能に

③「多様な生き方を許容する社会」へ
・国内に多様な価値観を持つ人が共存する社会に

4. 構造変化の中で、経済社会の持続可能性を確保し、若者世代に明るい未来を示すには、「新しい価値観」が必要ではないか。

政　治：「　　　　　　　　」から「　　　　　　　　」へ
経　済：「　　　　　　　　」から「　　　　　　　　」へ
雇　用：「　　　　　　　　」から「　　　　　　　　」へ
社会保障：「　　　　　　　　」から「　　　　　　　　」へ
教　育：「　　　　　　　　」から「　　　　　　　　」へ
地　域：「　　　　　　　　」から「　　　　　　　　」へ
健　康：「　　　　　　　　」から「　　　　　　　　」へ
その他：「　　　　　　　　」から「　　　　　　　　」へ

小泉が各委員に求めた〝宿題〟とは、若者世代に明るい未来を示すための「新しい価値観」である。政治、経済、雇用などの各分野について、それぞれが思い描く「新しい価値観」が、「次世代へのメッセージ」のたたき台となる。

小泉は「いろんな分野の『○○から○○へ』を、皆さんの考えで書いてほしい。自民党に入ってから、中長期のこの国のかたちを本音で議論することもなかなかないと思うので、次回はぜひ有意義な会にしたい」と呼びかけた。

議論開始

迎えた3月16日。第6回会合が開催され、委員らの議論が始まった。

この日の会議の冒頭、小泉から改めて趣旨の説明があった。「今日は講師を呼んでいない。議員だけの自由討議の時間としたい。正解を見つけるのではなく、意見をぶつけ合う場だ」――。普段にも増して力強い挨拶だった。小泉の本気を感じさせた一瞬だった。

委員が順番にそれぞれが信じる「新しい価値観」を読み上げていく。

ここでは、委員の間に実にさまざまな価値観があったことを理解していただくために、主要なカテゴリー別に、主な発言を記録しておきたい。

政治

「対症療法」から「中期見通し提示」へ／「社会主義」から「自由主義」へ／「有権者視点」から「国民視点」へ／「きれいごと」から「正直」へ／「理想」から「現実」へ／「改革革新」から「保守」へ／「世代の中の正義」から「世代を超えた正義」へ／「独走」から「伴走」へ／「欲求充足課題解決型」から「理想実現型」へ

経済

「目先の利益」から「中長期的な利益」へ／「成長重視」から「幸福感重視」へ／「安定停滞」から「チャレンジ」へ／「貯蓄」から「投資」へ／「安定成長」から「挑戦する成長」へ／「規制緩和・自由化」から「国民生活を守る規制」へ

雇用

「片働き・終身雇用・リスクフリー」から「共働き・雇用流動・リスク管理」へ／「硬直型」から「流動型」へ／「一括採用」から「随時採用」へ／「共働き」から「皆働き」へ／「定年社会」から「何歳でも働ける社会」へ／「流動化」から「終身雇用・年功制」へ

社会保障

「高齢者」から「障碍者など恵まれない人」へ/「権利」から「救済」へ/「誰でもそれなりに」から「最低限」へ/「年齢」から「必要」へ/「高齢者」から「子ども」へ/「削減縮小」から「維持充実」へ

地域

「中央主権」から「地方主権」へ

健康

「治療」から「予防」へ/「長寿目的型」から「健康長寿目的型」へ

その他

「単線社会」から「複線社会」へ/「女性活躍」から「女性飛躍」へ/「法人税高額所得者減税」から「増税」へ/「トリクルダウン」から「所得再分配」へ

委員それぞれが、〝宿題〟を発表した後、初めての自由討議が始まった。最初に論点となったのは、大きな政府か小さな政府かの議論だった。口火を切ったのは鈴木馨祐(けいすけ)・衆議院議員。鈴木馨祐は東大法学部、大蔵省(現財務省)出身のエリートで、政治的には自由主義者の色彩が濃い。

「これまでは、優しい政治だった。政府が国民にできるだけのことをやるという政治。できるかぎりやる政治がいいのか、それともできるかぎり何もしない政治がいいのか、議論が必要だ。後者の立場に立つなら、どこかで踏ん切りをつける必要がある。政治が社会づくりや国づくりにどの程度関与すべきなのかを考えるべきだ」

この発言に、自他ともに認める保守主義者の安藤裕・衆議院議員がさっと手を挙げ、異を唱えた。安藤は京都6区の2回生議員。慶應ボーイで、相模鉄道でのサラリーマン生活を経て、税理士資格を取得して税理士として活躍してきた。

「ここにいる方々はすごく優秀な人ばかりで、自分の力で勝ち抜いていこうという能力と気概の持ち主だ。だが、自分たちは政治家で、その仕事は皆のご飯を保証することだ。世の中は、能力が高く、なおかつ自分の力で勝ち抜いていこうとする人たちばかりではない。そうではない普通の人たちにも安心してもらうのが一番の課題じゃないのか。若者は、能力にも自信がなく、クビになるのを恐れて働いている。そういう人たちが安心できるように、子どもを産んでも大丈夫だというメッセージを送ることが必要だ」

小委員会が描く理念は、大きな政府なのか小さな政府なのか、あるいはそのどちらでもないのか。議論は最初から本質論へと深まった。意見が飛び交う。

「走る人と歩く人、両方を見たメッセージが必要だ」

「国民のチャレンジする気持ちを信じるのが前提ではないか」

「チャレンジしたいけれど、できない人をどうサポートするのか」

「戦後は今よりももっと大きな不安からスタートして、終身雇用や国民皆保険の社会保障制度をつくった。将来に不安はあるが、明るい面も見てメッセージを伝える必要があるのではないか」

「これまでの政治は3世代に対応すればよかったが、今後は5世代に適応できる政治が求められる」

日本人の力を信じる

議員は普段、分野別に法案や施策を企画・立案する「部会」の出席に忙殺されている。各部会では専門性の高い議員による当面の課題の議論が中心となり、若手はそこで専門性・政策力・調整力を磨く。これは自民党の強みである一方、議員同士で分野をまたいだ国全体のあり方を議論する機会は、実はほとんどない。

この日の議員たちは真剣に日本の未来を語り合っていた。そして、その雰囲気には、何かに夢中になっているような印象を受けた。決して落としどころを探っているわけではなく、自由に自らの信じる意見を表明し、同僚議員の本音を聞くことができるめったにない機会を、議員たちが楽しんでいるかのようだった。

あっという間に予定の時間が迫り、最後は小泉が議論をまとめ、今後の道筋を示した。

「重要なのは『小さい政府か大きい政府か』ではなく、『日本人の力を信じるか信じないか』だと思う。国民を信じない政治は国民の思いを得られない。自分の限界は自分ではわからない。国が『あなたの限界はここですよ』と言ってはいけない。やってみないとわからない。基本的な方針を発信する際に、人口減少を嘆くのはやめようと思う。皆さんにも考えていただきたい。人口減少は事実だからメッセージには入れる必要がある。が、『人口減でもこれをやれば大丈夫』という理念を発信しなければならないし、今日の議論でも出てきたように悲観から楽観へ、その道筋を見せなければならない」

この日は5人の識者の意見をベースに、国家戦略の考え方について意見表明する有意義な場となった。小泉は、議員一人ひとりの違いを受け止めながらも、「悲観から楽観へ」という共有できる切り口を提示したことで、小委員会の方向性をひとつにまとめ上げた。

真の政治主導への覚悟

ここで、本筋とは少し離れたことに触れておきたい。政治の意思決定には、制度だけを見ていてもわからない、さまざまな駆け引きがある。

たとえば、制度から見ると、議院内閣制の下では、行政府の内閣が政策を立案し、議会の承認を得て政策は実現する。内閣の政策立案には、内閣を構成する政党の意思決定が大きな影響を及ぼす。自民党の場合、政策決定に大きな役割を果たすのが政務調査会である。小泉小委員会は政務調査会の特命委員会の下に置かれた小委員会であることは前述の通りだ。小委員会は国会議員の議論の場だが、これまで見てきた通り、専門家を講師に招き、さまざまな意見を聴いて議論の参考にしている。

一般的な自民党政調会の会合には、関係省庁の幹部が出席し、場合によっては、丸投げと言われても仕方がない形で、官僚が意見集約の文書を作成することもある。しかし、小委員会を立ち上げるにあたって、小泉は官僚を排し、政治家自身が議論し合って大きな国家像・理念を共有した上で具体的な政策を立案するという姿勢を重視していた。官僚主導になれば、若手議員だけの小委員会は名ばかりのものとなってしまうからだ。

しかし、政治家が議論を深めたとしても、法令や制度を熟知し文書作成などの実務に長けた官僚の協力を排して、政治家だけで議論を集約し政策立案までたどり着くことができるのか、一抹の不安を抱えていた。小委員会でも官僚の出席を容認していたが、その背景にはそうした事情もあった。つまり、この段階で、小泉らは若干の不安を抱えつつも、政治主導での議論および政策づくりを実現していく覚悟を有していたのである。制度だけを見ていてもわからない、意思決定の舞台裏の一端である。

たたき台づくり

自由討議の議論を受け、事務局の小泉、村井、小林らは4月に発信する予定のメッセージのたたき台づくりの作業に入った。執筆を担当したのは村井。

小委員会が発信するメッセージはフリーハンドではない。「財政再建に関する特命委員会」という親会の下に置かれた小委員会である以上、親会の議論から大きく逸脱することはできない。親会が前年の2015年6月に党に提出した最終報告では、改革の基本理念が示されていた。①自助を基本に共助・公助を適切に組み合わせた持続可能な国民皆保険、②経済成長と両立する社会保障制度、③人口減少社会に合った公平で効率的な医療等の提供、④健康で生きがいのある社会、⑤公平な負担で支え合う制度――の５つである。

５つの理念から逸脱しない範囲で、次世代の社会像について、どのようにインパクトのある理念を打ち出すことができるか。それが課題だった。


村井が起草した「たたき台」では、日本社会の変革期を、企業のそれになぞらえて「創業期」と表現しているのが特徴的である。小泉が「設立趣意書」で初めて用いた言葉を村井が再び用いたが、30歳代が中心の若手議員ならではの発想が表れている。

戦後の復興期を「第一創業期」、２０２０年以降の社会を「第二創業期」と位置づけ、戦後の混乱期と同様の覚悟をもって社会を変革しなければならないというメッセージを込めた。また、起草段階では、提示する新たな経済社会の設計図を「社是」と呼んでいる。

65歳を定年と定め65歳以上を高齢者とする社会の常識や、現行の高齢者に偏った社会保障給付のあり方に疑問を投げかけ、ＡＩやロボット技術の進展を前提に、全世代の生活基盤を支え、多様な生き方が選択できるような社会保障の再設計の必要性を謳った。目次は以下の通りだ。

メッセージ（たたき台）目次

はじめに～2020年以降の「第2創業期」に向けて
1．第2創業期における3つの構造変化～人口、技術、多様性
（1）人生100年時代
（2）非連続的な技術革新
（3）多様な働き方・生き方を許容する社会の広がり
2．「第1創業期」の原点と成功
3．「第2創業期」の新たな国づくりの方向性

たたき台は3部構成で、『1．第2創業期における3つの構造変化』では、今後予想される社会構造の変化を分析した。

人口構造の変化を見渡した「(1) 人生100年時代」では、人口減少に直面し、少子高齢化が進み平均寿命が90歳に迫る人口構造の激変を前提に「高齢者」の定義の見直しの必要性を訴えた。

「(2) 非連続的な技術革新」では今後予想される『人工知能革命』『ゲノム医療革命』『エネルギー革命』。非連続的な技術革新こそ、人口減少に直面する我が国にとって、唯一の生き残る道」と強調している。

「(3) 多様な働き方・生き方を許容する社会の広がり」では、今後予想される女性の就労の拡大、現在の「定年」後も働き続ける人の増加、外国人労働者の拡大を見据え、性や年齢、国籍を問わず、多様な働き方、生き方を許容する、多様性に寛容な「懐の深い」社会の必要性を訴え、教育の重要性を指摘している。

『2.「第1創業期」の原点と成功』は、敗戦から立ち上がり、世界第2位の経済大国と世界一の長寿国家、国民皆保険・皆年金国家をつくり上げた戦後復興の原動力を、当時の経済構造に最も適していた終身雇用慣行を中核とする日本型経済システムだったと分析した。

『3.「第2創業期」の新たな国づくりの方向性』では、『1. 第2創業期における3つの構造変化』で見た社会・経済構造の変化を前提とし、「男性も女性も、高齢者も若者も、日本人も外国人も、様々なテクノロジーをフル活用しつつ、自分にあった働き方・生き方を追求できる。元気な方は70歳を超えても働くことが当たり前になる。いつでも学び直すことができ、再チャレンジできる。このような経済社会こそ、我が国が目指すべき方向性である」とした。

その上で、非正規労働者が正社員となることを阻み、正社員が会社を飛び出して挑戦することの妨げとなっている企業の新卒一括採用と終身雇用制、年功序列型賃金制度に疑問を投げかけ、労働市場の流動性を支える労働法制や社会保障、教育の改革を訴えている。また、高齢者向けの給付が中心の現行社会保障制度を、現役世代の学び直しや就労支援を拡大する全世代型の社会保障制度へ改革することの重要性を力説している。

メディア戦略のプロを招く

3月29日。翌日開催予定の第8回会合を前に役員会が開かれた。この役員会から、発信のアドバイザーとして、元博報堂の広告マンでメディア戦略に詳しい高木新平が加わった。高木は企業イメージを刷新するブランディングに携わる一方で、政治家のスピーチライティングや東京都知事選のブレインも務めていた。普段は金髪にパーカー姿が定番で、この日、自民党本部前で不審者と疑われ、3分間足止めを喰らっている。

高木をアドバイザーに招いたのは、社会に発信する文書を作成するための協力を得るためでもあった。役員はメッセージと政策をセットで伝える必要性を感じており、従来のように関係者しか読みこなせない文章ではなく、広く一般の人が読めるようなメッセージを発信したかったのである。

その問題意識を持っていたのは小林だった。小林が小泉と村井に相談すると、2人ともすぐに賛同した。そして、「発信戦略を担える外部人材はいないか」と役員が悩んでいたところ、私の紹介で急遽、参画が決まったのである。


この日の役員会では、メッセージ（たたき台）をもとに、メッセージの取りまとめの方向性を議論した。出席者はあらかじめ修正案を提出していた。

まず、参議院議員の山下雄平が「負担の話から逃げるべきではない」と主張した。山下は「日本経済新聞」の元政治部記者だが、記者のイメージとは違い、おおらかで気取らない、癒やし系のタイプだ。

2012年の野田民主党政権下、当時の民自公合意の上で消費税を段階的に増税する法律が成立し、2014年4月には消費税が8％に増税された。一度の延期を経て2017年4月にさらに10％へと増税される予定だったが、党内では増税は延期されるとの憶測が支配的だった。山下の発言は、それを踏まえたものだった。

「社会保障のところは厳しいことは書いていない。正直に、もう少し厳しく書くのも方向性としてはありでは」と、村井が同調した。

議論は強いメッセージの出し方や、わかりやすい発信方法など多岐に及ぶ。

小泉「メッセージを最終的に発信するときには、一語も無駄な言葉がないよう、すべてに魂を込めたい。最初の一文にこだわってほしい。ラグビー日本代表のエディ・ヘッドコーチはJAPAN WAY[※]を掲げたが、その発想が必要だと思う。日本の強みに一人ひとりが自覚的になり、アメリカと戦っても勝てる領域を再発掘する。すべてを変えなければならないのではなく、日本の強みを活かす。

それを踏まえ、全体の構成とキーワードを練り直したい。もっとシンプルに、わかりやすくできないか。企業の社是のようにすっきり表現できるなら、『何度でもチャレンジできる国』『安心と健康の100年』『有権者(18歳以上)のための政治から国民(全世代)のための政治』などはキーワードになる。解説より、思いが前面に出る文章がいい」

橘「『有権者ではなく国民のため』『現役世代ではなく将来世代のため』の2つは強烈なメッセージになるのでは。また『なぜ楽観できるのか』という問いに、答える必要がある」

JAPAN WAY
ラグビー日本代表ヘッドコーチ、エディ・ジョーンズ氏が提言したコンセプト。日本人の強みである俊敏性や勤勉性を活かした戦い方。氏に率いられた日本代表は2015年ワールドカップで世界ランク第3位の南アフリカを撃破、海外メディアからは「スポーツ史上最大の番狂わせ」などと報じられた。

藤沢　「明るい未来の指標が必要では？」

橘　「戦後の池田勇人内閣で打ち出された指標は、所得倍増だった」

小林　「今回は所得ではなく、生き方の選択肢を増やす方向ではないか」

小泉　「GDPだけでない何かを考えていく、というのも一案」

村井　「指標をGDPから転換するのは若者には刺さるかもしれないが、『成長』なしの国の未来は考えられない」

小泉　「まだ決められないが、答えを探している、という言い方は時宜に適っているのではないか」

橘　「そちらのほうが誠実だ」

小泉　「労働力と高齢者の再定義は、書いたほうがいい。労働力をこれまでの15～64歳までから、18～74歳に再定義、高齢者を65歳以上から75歳以上に再定義する。生産年齢人口は学問的なもので法律的なものではないから、世界に先駆けて変える、というメッセージにもなり得る」

「人生100年時代」がメッセージの中心に

この日の議論を経て、改めて「人生100年時代」という言葉が議論の中心に据えられることとなった。背景には小泉の考えがあり、高齢者を75歳以上に再定義することも加わることになる。修正され、小委員会に提出されることとなったメッセージは以下の通りである。

2020年以降の「第2創業期」に向けて
メッセージ（骨子案）

1．第2創業期の「社是」（2020-2-22）

今年、18歳を迎える若者世代の中には、100歳まで生きて、22世紀をその目で見ることのできる方が大勢いる。

「人生100年時代」でも、長生きがリスクとならず、安心して未来に進んでいける社会を実現する。

このためには、**2020年以降**を「**第2創業期**」として、**22世紀を見据えて**、新しい国づくりに取り組む必要がある。

（1）「有権者のための政治」から「国民のための政治」へ

22世紀を視野に入れ、持続可能な経済社会を作るには、今生きている世代の利益だけを追求しては不十分である。

今生きている「有権者」だけでなく、将来世代の利益も考える「国民のための政治」を実現する。

政治のあり方を転換し、国民から、財政や社会保障の持続可能性に対する信頼を得ていく。

（2）「安心と健康」の「人生100年時代」へ

「人生100年時代」を「不安とリスクの100年」ではなく、「安心と健康の100年」時代にする。

このためには、持続可能な安心の基盤を再構築する必要がある。

自助努力の支援を基本に、世代を問わず、真に困っている方を社会全体でしっかり支えていく社会保障を整備する。

（3）「再チャレンジできる社会」から「何度でもチャレンジできる社会」へ

人口が減少する我が国では、雇用を心配せず、人工知能やロボットなど、最先端技術を世界に先駆けて導入できる。

新しい技術に支えられ、より長く働けるようになる。また、新しい産業が次々と生まれるようになるため、それを前向きにとらえれば、一生同じ会社に勤めるというより、人生の中で、何度でも新しいことにチャレンジできる社会になる。

多くの方が長く働くようになれば、生産年齢人口の比率を維持することが可能となり、人口減少でも経済成長ができる。健康寿命も延び、社会保障の負担も軽くなる。

2. 現状認識

「第1創業期」の我が国は、戦後の焼け野原から出発し、大きな成功を収めた。世界第2位の経済大国。世界に冠たる国民皆保険・皆年金。そして、世界一の長寿国家。

2020年以降、我が国は、人口構成の変化、非連続的な技術革新、働き方・生き方の多様化という、3つの構造変化に直面する。

これまでの常識に囚われない、全く新しい発想で、経済社会の再設計に取り組む必要がある。

（1）人生100年時代

100歳まで生きることが当たり前の社会になる。高齢者が増加し、少ない現役世代が重い負担を負う社会となる。

（2）非連続的な技術革新

人工知能（AI）革命など、非連続的な技術革新が起こる。人工知能やロボットなどが今後の基幹産業になる。

（3）多様な働き方・生き方を許容する社会の広がり

老若男女が、ライフスタイルに応じて、多様な働き方や生き方を選択するようになる。終身雇用は常識でなくなる。

3. 今後の方向性

「第2創業期」には、戦後の出発点と異なり、人材や技術など、先人たちが残した優れたストックがある。

目指すべきビジョンを共有し、国民が一丸となって努力すれば、必ず明るい未来を切り開くことができる。

GDP成長だけでなく、一人一人の国民が豊かさと居場所を実感できる、多様な評価軸を持った経済成長を目指す。

（1）技術革新で人口減少を強みにする経済

人口減少を逆手にとって、人工知能やロボットなど最先端技術を世界に先駆けて導入し、新しい成長モデルを示す。

（2）多様で自律した幸福な地方へ

革新技術やグローバル化を活用し、国に依存することなく、個性ある多様な地域が自律的に発展することを支援する。

（3）「働けるうちは何歳でも働く社会」へ

新しい技術に支えられ、より長く働けるようになる。「高齢者」や「現役」の定義自体を見直す。

（4）いつでも学び直しできる教育へ

いつでも学び直しを支援することで、何度も新しいことにチャレンジすることを応援する。

4．持続可能な全世代に対する安心の基盤

（1）真に困っている方を助ける社会保障

所得が低く、真に「困っている方」を特定し、重点支援を行う。勤労を重視しつつ、現役世代への支援も拡充する。

（2）長生きがリスクとならない長寿社会

高齢者を一律に弱者とみなすのではなく、所得・資産が低く、真に支援が必要な高齢者に充実した給付を行う。

（3）自助努力へのインセンティブの重視

自助努力をきちんと評価し、自律出来る方の自助をしっかり応援していく。

5．終わりに

当委員会としては、上記の将来ビジョンに基づき、今後も、「第2創業期」に必要な国づくりの検討を続け、必要な具体策を提案する。

紛糾

3月30日。第8回小委員会会合。メッセージの取りまとめに向けた委員間討議である。議論を尽くし、その方向性について大筋で合意が形成できなければ先へは進めない。

「たたき台」をベースに作成した骨子案について、私が説明・朗読した後、自由討議に入った。まず、骨子案の「社是」という表現に批判の声が上がる。

「『社是』に違和感がある。社是は企業を想起させ、社畜、終身雇用をイメージさせるのではないか。全体としては、少し公約的で、当たり障りがなさすぎるのではないか。もっと、強烈なメッセージがほしい」

「『社是』に違和感があるし、全体として格好がよすぎる。もっとわかりやすく、国民に頑張ってくれ、というメッセージが必要だと思う」

いきなりの集中砲火に、小泉が「前向きなメッセージもお願いします」と口をはさむ一幕もあったが、容赦ない意見は止まない。爆弾発言を放ったのは鈴木馨祐だった。

「方向性が見えづらい。(意見の対立する)安藤さんと私が、2人とも受け入れられるような文章ではだめだと思う。2020年と銘打った委員会なので、目指すのは大きな政府なのか小さな政府なのか、あいまいな結論ではなく、現状認識と危機感を共有し、もっと明確に方向性を打ち出す必要がある。この内容では、大賛成も猛反対もできない。メッセージは、ある意味で波紋を呼ぶようなものにするのか、それとも皆に承認されるようなアウトプットにするのか、役員の考えを聞きたい」

場に緊張感が走る。委員らの目が一斉に役員に向けられた。

鈴木馨祐の問いかけに役員が応じる。

村井「本当の勝負は、いま議論している総論をベースにした、年末にかけての制度設計の議論。将来を見据えて、社会保障と税制の改革をどうするかが勝負どころになる。2020年以降の話をする際に、経済社会の将来像を共有していないと発射台にならないから、それを共有しようというのがメッセージの狙い。最大公約数的であるのはむしろよいのではないか」

橘「2020年以降の日本を背負っていく若い人たちに、頑張れるんだ、失敗してもセーフティネットがあるから大丈夫、一緒にやろうよ、というメッセージだと思う。もちろん、なぜ楽観的でいられるかの根拠は示さなければならない」

鈴木馨祐「頑張らないと、大変なことになる、という言い方もある」

橘　「頑張れ、はいけない。今の段階で、経済成長に代わるメッセージを出せるわけでもない」

若者に将来ビジョンを示す

議論が膠着しかけたところで小泉が引き取り、方向性を明確に示した。

「各論は年末。前段のメッセージでは、大きく言うと『パラダイムシフトはこのように進めていくつもり』ということを書きたい。各論では、皆さん、波紋を呼ぶような腹案があると思うが、今の段階では入れられない。文章をまとめるのは大変だが、意見の対立はあっても、今、まとめなければならない。どうすれば、皆がよしと思えるものが出せるか。メッセージの対象は若者。そこははずせない」

小泉の発言を受けて、取りまとめについて建設的な発言が飛び交い始めた。

「これ以上暗い話をする必要はなく、今は明るい話をすべき時だと思う。頑張れるよ、というよりも、『やっちゃおう』という感じはどうか」

「失敗しても、最低限の安心は保障するというメッセージは重要だ」

「1億人いれば、1億通りの人生を認めるというメッセージ」

「人口減少をマイナスではなく、プラスと考えるロジックを打ち出す」

「ひとりでも自己完結できるような、新しい時代の人生設計ができることが重要だ」

「誰もが年齢を気にせずに活躍できる社会。60歳でもまだまだ若者。70歳、80歳も若者」

「普通の人が普通に努力して普通に成功できる世の中をつくらなくてはいけない」

「いろいろな人が自分に置き換えて読める文章が重要ではないか」

「相田みつをを感じた。自己肯定が大切。みんな違って、みんないい」

「チャレンジする人を支える。これまではリスクを取らない人が成功し過ぎた」

「現状こうだから『こうせざるを得ない』ではなく、『こうする』と言いたい」


小泉の「若者に将来ビジョンを示す」という方向性がぶれることはなかった。役員たちの力強い舵取りで、議論はようやく終局に向かった。

最後は「この国の骨格を変えることだと思う」と小泉がこの日の議論をまとめた。

鈴木馨祐の「明確な方向性を打ち出すべき」という発言を受けて、小泉は「若者に将来ビジョンを示す」「骨格を変える」という2点をより強調することへの意を強くした。この意を受けて、発信アドバイザーの高木が重要なコンセプトを生み出すことになる。

この日、台湾の鴻海（ホンハイ）精密工業がシャープを買収したというニュースが飛び込んで来た。「第2創業期」は机上の空論ではなく、時代の要請を受けた必然であるという確かな実感を、委員たちも抱き始めていた。

レールからの解放

第8回会合の議論を受けて、事務局はメッセージの修正作業に入った。

本案は小委員会の理念を示す「メッセージ」と、その理念に基づく「提言」の2本立てとすることになった。メッセージは、村井が起草した「たたき台」「骨子案」の内容をベースに発信アドバイザーの高木に執筆を依頼し、「提言」は私が作成することになった。

高木は、小泉小委員会が発信するメッセージに「レールからの解放」というタイトルをつけた。高木がキーワードに選んだ「レール」とは「年齢を軸とした画一的な生き方」のことだ。

多くの若者は「レールから外れたくない」という強迫観念に縛られて生きている。「外れたくない」というときのレールこそ、進学、就職などを年齢に基づいて要求される、戦後から続く社会システムであり、人生を選べない不自由と閉塞感の元凶である。これからの社会に必要な社会保障とは、そのレールに縛られない柔軟なものだ――。

小委員会の議論を踏まえ、キーワードを「レール」に定めた高木の狙いはそこにあった。「レール」という言葉をキーワードとしたことで、単一性から多様性へというメッセージが明確になった。

3月31日、役員会で、「レールからの解放」の原案が初披露された。原案に「政治も『戦後のレール』をぶっ壊していく」という文言があった。もちろん、小泉の父、純一郎元首相が、自民党総裁選で絶叫した「自民党をぶっ壊す」を本歌取りしたフレーズだ。

この一言で、元首相は劣勢と言われていた総裁選を勝利し、その後の長期政権を実現できたと言っても過言ではない。元首相の後継者である小泉がアイコンである小委員会が発信するメッセージに、多くの人々の記憶に深く刻まれている「ぶっ壊す」のフレーズを使う。メディア戦略としてはこの上ないものだと思った。が、このフレーズは、小委員会の議論の場で強い反発を受けることになる。

「レールからの解放」を熟読し、役員間で意見を交わした。議論をリードしたのは小泉だった。「あまり誇張して言いすぎてもよくない」「自助・自立の促しが無責任と捉えられないような微妙なラインで発信するには工夫が必要」「新卒の定義への挑戦。新卒の意味なんてないくらいのメッセージを出していいのではないか」「JAPAN WAYをどうするか。人口減少だからこそ技術革新というような、逆手に取ったロジックが必要だ」「固定概念と言っていたが、レールという言葉はいい」「新卒や定年なんて関係ない、と言ってしまっていいのではないか」「正規・非正規は関係ない、ということも言えないか」「65歳から高齢者なんて誰が決めたんだ」……。

この日、人生100年時代を踏まえ、全員が1本のレールの上を歩むのではなく、多様なライフコースを選択すべきだ、という方針が打ち出された。

村井と小林は感動を覚えたという。いままで村井が起草した「たたき台」や「メッセージ（骨子案）」は、どれも小泉にはいまひとつ刺さらなかった。また、委員からの批判も多く、小委員会の理念を策定することの難しさに直面していたのである。

そこに高木が「レールからの解放」を持ち込んだ。特に村井は、金髪Tシャツ姿の高木に、これまでの議論をまとめるだけの筆力があるのか、疑っていた面もあったのだろう。しかし一読して、これまでの議論を2枚に凝縮してきた高木の実力に驚嘆した。さらに言えば、今までの議論が「レールからの解放」という一言にすべて凝縮されうるという印象さえ受けた。

役員で目を通し終えた瞬間、小泉の口から次々にアイデアが飛び出した。これまでの点と点の議論に「レールからの解放」という補助線が引かれた結果、議論の見通しがついたのだろう。

取りまとめに向けて、まだまだ道のりは長いが、村井と小林には一筋の光明が見えた。

修正案

この日の議論を踏まえた修正案が4月5日の役員会に高木から提出された。この間、小泉は稲田政調会長に中間報告し、「より突っ込んでかまわない」とのお墨付きを得ている。さらに、細かな表現を含め、修正案に再修正を加えた。持ち帰った高木がまとめた本案は以下の通りである。

レールからの解放
——新卒・定年・高齢者などの枠組みを超えた、新しい日本社会を目指して——

2020年以降を「日本の第二創業期」と捉え、戦後続いてきたこの国のかたちを創りなおす。それは「人口減少」という確実な未来を成長していくために、必要不可欠な変化である。

これまで日本社会は、一本道の「レール」を走り抜くような生き方を求めてきた。受験に始まり、新卒での就職、毎日休みなく働き続け、結婚して子どもを持ち、定年後は余暇を過ごす——「20年学び、40年働き、20年休む」という人生こそが普通で幸せな生き方である、と。

それに基づき、終身雇用慣行や国民皆保険・年金などが生まれ、これまでは実際によく機能してきた。戦後日本が一丸となって努力し、ゼロから奇跡的な飛躍を遂げ、今日のような豊かさを持てたのは、そのような日本型経済モデルの賜物である。

しかし、人口減少による少子高齢化、さらに「人生100年」生きていくことが当たり前になる未来に、もはや戦後のやり方は通用しない。レールを保障しようとするのは、財政的に維持できないばかりでなく、私たちが望む生き方とズレが生じてきているのではないか。

「一度レールから外れてしまうとやり直しがきかない」そんな恐れから小さなチャレンジにも踏み出せない。価値観が多様化しているにも関わらず、人生の横並びばかりを意識し、自分らしい選択ができない。かつて幸せになるために作られたレールが今、この国の閉塞感につながっている。

もっと自由に生きていける日本を創るために、政治も「レール」をぶっ壊していく。

新卒や定年なんて関係ない。「65歳からは高齢者」なんて誰が決めたのか。現役世代の定義そのものから変えていく。

人生は、選べるものだ。政治が用意した一つの生き方に個人が合わせるのでなく、個人それぞれの生き方に政治が合わせていく。

10代のうちに起業したり政治家を志したりする人生もあれば、大学卒業後すぐに就職しないという道もある。社会人になってからもう一度学び直しをするのも、旅に出るのもいい。いつだって子育てや家族のケアの時間を最優先していい。病気になったとしても、必要以上に復帰を焦る必要はない。出産や定年も気にせず、働けるならばアクティブに仕事する。都市や地方、海外を好きなように行き来して暮らすのもありだろう。

学びも仕事も余暇も、年齢で決められるのではなく、それぞれが自分の価値観とタイミングで選べるようにする。そうすればきっと、１００年の人生も幸せに生きていける。

それは同時に、現在の高齢者に偏った社会保障を見直すことにつながる。真に困った人を助ける全世代に対する安心の基盤の再構築は、小さなチャレンジや新しい人生の選択の支えになる。子育て世代の負担を減らし、高齢者の中に現役世代を増やしていくことで、日本社会全体の生産性を高め、人口減少しても持続可能な社会保障になる。

簡単なことではない。しかし、戦後何もない中から世界に誇る唯一無二の社会モデルを確立したのが日本という国である。むしろ先人たちが遺した豊富な資産と、日々進化する新しい技術がある今、できないことは何もない。人口減少さえも強みに変える、22世紀を見据えた新しい社会モデルを、私たちの世代で創っていきたい。

小泉ら役員は、政治家が議論してきた内容を「レール」という一言にまとめた高木の抽象思考能力に、改めて舌を巻いた。

もともとレールという言葉は、多くの人が正社員として雇用されていた時代にはむしろ良い意味を持っていた。しかし、非正規雇用者が急増している現代では、レールは「乗れなかった人、降りてしまった人は2度と戻れない」ものであることを意味している。

高木はレールから降りるのではなく、レールという枠組みそのものから解放しようという趣旨を一言に込めた。今までの日本の成功と、これから進むべき方針を概念化したのであった。

「第二創業期」に向けた提言骨子

「レールからの解放」と同時に、私が作成した「２０２０年以降の『第二創業期』に向けた提言骨子」も役員会に配布した。こちらは、小委員会で共有した社会の現状や将来像についての認識と、小委員会の議論に基づく提言を詳細に示したものだ。全６０００字を超える長文であるため全文の掲載は控えるが、イントロダクションと目次だけ示しておく。

「2020年以降の『第二創業期』に向けた提言骨子」

22世紀に向けて、２０２０年以降を日本の「第二創業期」と捉える。戦後の発展を支えてきたレールを壊し、この国のかたちを創りなおす。それは人口減少という確実な未来の中でも我が国が成長し、国民の安全・安心を確保するために、必要不可欠な変化である。

当小委員会は、若手政治家が中心となり、各界の若手有識者との議論を重ね、２０２０年以降の日本社会の姿を検討してきた。本骨子案では、「第二創業期」の「社是」とも言うべき、新たな経済社会の見取り図を提示する。

1．第二創業期の必要性

（1）第一創業期の成功　～レールを走り抜いた日本人～

（2）第二創業期へ　～レールを壊し、多様な日本を創る～

2．「第二創業期」の基本的考え方

（1）国のかたち（骨格）を変える

（2）人口減少を強みに変える逆転の発想

（3）一歩目を踏み出しやすい社会へ

3．安心の基盤（社会保障）の再構築

（1）真に困っている人のための社会保障

（2）長生きがリスクとならない長寿社会

（3）自助努力へのインセンティブ

4. 終わりに

「大変がっかりしている」

4月6日。役員会で叩きに叩いた「レールからの解放」を委員に示す重要な会合を迎えた。2月からほぼ毎週開催された会合は、9回目を迎えていた。

冒頭、小泉が執筆にあたった高木を改めて委員に紹介。高木がメッセージの表現について、その狙いを説明したのち、オブザーバー参加の私が、小委員会として4月中に発信するメッセージの本案である「レールからの解放」を読み上げた。同時に、「2020年以降の『第二創業期』に向けた提言骨子」も配布した。

本案の発表後、委員から忌憚のない意見が表明された。口火を切ったのは、安藤だった。予想通り、厳しい意見だ。

「正直言って、大変がっかりしている。前回の議論を踏まえると、もっと安心感を出さなくてはいけないのではないか。ここにいる人たちはチャレンジ精神に溢れているから、レールから離れて挑戦しろという話になる。が、そうじゃない人がたくさんいる。レールから外れたくない人がいる。外れたら戻れないから、小さなチャレンジさえしない。レールをなくしたら、社会は混迷する。新卒で就職しない道もあるかもしれないが、それを選べるのは余裕のある人。普通の人が読んだら『何を言っているんだ』と思うのではないか。政治家がレールを壊してどうする。政治家の仕事はレールを壊すことではなく、誰もが乗れるレールをつくることだ」

安藤の発言を機に、議論は一気に白熱する。

安藤の「がっかり」に対し、牧原秀樹・衆議院議員が「完璧だと思っている」と反論した。牧原は東大法学部4年次に司法試験に合格した俊英。弁護士としてキャリアをスタートさせ、経済産業省でも参事官補佐として通商交渉や紛争を担当した経歴を持つ。手堅い改革派として知られ、党では青年局長、国会対策副委員長を務めていた。

「これは完璧だと思っている。安藤さんが仰っていること自体が既存（の考え方）にとらわれている。それらをいったん外して、ゼロから長期的な話をすべき。レールから外れても生きていけることが重要だ。既存のレールがあるから落ちこぼれと言われるのであって、それがなくなれば、そもそも落ちこぼれはいなくなる。年齢を誰も気にしない社会をつくり、お年寄りの政策もつくり直す。65歳を超えたら自動的に年金生活者というような仕組みなどは壊してつくりなおさないといけない。『レールからの解放』以上にいい言葉は思いつかない」

誰のための「レールからの解放」か

それが政治家の感性と言うべきか、議論は、メッセージは誰に向けられているか、誰に向けられるべきかに傾いていく。

大沼みずほ・参議院議員は「レールからの解放は成功者のものだと思う」と率直な感想を述べた。大沼は元ＮＨＫの報道記者。一女の母という顔も持ち、後の各論では、子育ての議論で男性議員にはない視点を提供していくことになる。国民の怒り、悲しみに感度が高い政治家であるべき、というのが持論だ。大沼は続けた。

「20年学び40年働き20年休む、というこれまでのスタイルの持続を、多くの国民は欲している。あっても、働く期間が10年延びて、20年・50年・20年くらいの変化で、それ以上は求めていないのではないか。それでは、『戦後のやり方は通用しない』と言ってしまってよいのかどうか疑問だ。レールがこの国の閉塞感に繋がっているとしているが、レールのせいにしなくてもいいのではないか」

事務局次長として役員会にも参加し、原案の修正作業に加わっていた山下が手を挙げる。トップランナー向けではあるが、よい、というのが山下の考えだ。

「ぼくは、好意的に受け止めた。読み方によってはトップランナー向けであるととられるかもしれないとは感じたが、レールを壊していくことはいい。いつ、どんな場面で幸せを感じるかは人それぞれ多様だと思うので、レールからの解放は非常にいい表現だ」

親会の事務局長代理として小委員会に参加していた滝波宏文・参議院議員は「解放はいいが、壊すのはよくない」と主張した。滝波は東大法学部、大蔵省（現財務省）から故郷福井に戻って政治家に転身した、温厚な理論派。四十代半ばと若手中心の委員の中では年長で、委員のアドバイザー的な存在だった。

「尾崎豊をリアルタイムで聴いたから『レールからの解放』という言葉にはビビッときた。レールからの解放はいいと思う。が、ぶっ壊すのはどうか。レールに乗るのも多様な生き方のひとつにあってもいい。本当はレールに乗れない人をカバーしなければいけない」

事務局次長の村井も続く。

「これでよいと思う。メッセージはかなり濃い。カルピスで言えば原液。飲んだ瞬間はウッと感じるかもしれないが、濃くなければ届かない。異論がある部分は、どこまで薄めるかを調整する。おおむね、合意はできているのではないか。『レールからの解放』は、(強者やトップランナーではなく)これまでレールに縛られたり、レールから外れたり乗れなかったりして苦しい思いをしてきた、弱い人たちに向けたメッセージだ。レールに乗っている人たちに、ある意味でこのメッセージは必要ない。既存のレールからこぼれた人たちへ、政治がこれまでとは違った社会をつくるというメッセージだ」

それまで無言で議論に耳を傾けていた白須賀貴樹・衆議院議員が手を挙げる。白須賀は歯科医で、幼稚園の理事長の経験もある。

「賛否両論が出るようでなければ、メッセージを発信する意味はない。いいと受け止める若者がいれば勝ちだ。今までレールに乗れなかった人たちは勇気づけられると思う。幼稚園に爆破予告がきたので、午前中で園児を帰らせたら、1日分の給食費を返せと苦情が来る時代だ。苦情を恐れていたら政治家らしくない」

必要なのは「自由」か「安心」か

議論が進むにつれ、委員によって「レール」という言葉の受け取り方に乖離があることが明らかになってきた。

「レールからの解放」は、強者にもっと自由な生き方を保障する自由主義的な発想と捉えるのか、今までならレールに乗れなかった人や外れた人も、自助の力でいきいきと生きていける社会をつくるための宣言ととるのか。あるいは、戦後の日本の社会が幸福モデルとしてつくり上げてきたレールの背後にある価値観や固定観念――たとえば、よりいい学校、より有名な企業に入るのが幸福とか、一度、ドロップアウトしたら復活はできないという考え――も含んだものなのか。

同じ自民党の国会議員でも、人生観や社会観は千差万別で、それぞれにバックボーンがあり、受け取り方も多様だ。議論はさらにヒートアップしていく。

安藤　「自由はつらい。自由にしろ、と言われても困惑する。明日も今日と同じ明日が来ると思うから、安心して眠れるのが人間だ。みんな自由よりも、安心がほしいと思っている。

レールは何本あってもいい。ただ、なくしてはならない」

滝波「自由はつらい、安心が欲しい、それは間違いない。しかし、今のままでは明日は来ない。リスクを覚悟で挑戦する人は必要だ」

白須賀「価値観を変えないといけない。新しい方向性、新しい光が求められている。党内から2つの意見が出てもいい」

安藤「この20年、ずっと自由を追ってきた。規制緩和を謳ってきた。自由を大事にすることのほうが既成概念だ」

小林「追っかけてきたのはビジネスの自由。今回、話し合っているのは生き方の自由。レールに乗れなかった人が、年齢や学年などの制度設計に縛られ、再挑戦するのが難しかった。親が子供に『私の知らない名前の会社に就職するのはやめなさい』と言うのは、まさにレールの呪縛ではないか」

村井「多様性への対応（という文脈）で読む文章。望むか否かではない。20代から65歳までの男性だけで（日本経済を）支えることを前提としたこれまでの社会モデルでは、日本社会は立ち行かない。高齢者も、子育て世代の女性も働けるように、多様化していくことは不可避だ。これまでのレールではない生き方も認めるべきに決まっている。きわめてまっとうな素晴らしい言葉だ」

安藤対村井・小林の議論を受け、小泉が発言する。「皆さんの想いは受けとめた。その上で、ここはわかる、というところはどこですか」

この一言で、議論の流れが変わった。

安藤「保守政党にもかかわらず、変わらなきゃ、としか言っていないことが問題なのではないか。多様な価値観というのはいいが、この国の強みも明示できたらいい」

小泉「多様性に対する包容力と、歴史からくる自信は、相容れないものではない」

安藤「日本人の強みを言わずに多様性だけ言っても国境がなくなるだけだ」

大沼「多様性は自由民主主義にとって重要だと思う」

村井「日本を貫く強みがメッセージに必要だというのは、安藤先生に大賛成。簡潔にする中で消えた部分もある。勤勉、道徳心、公共性、一致団結……。貫く日本の強みを膨らますために、分量の多い提言のほうに書き込めばいい」

委員からの意見が出尽くしたところで、「副題にすべて込められている」と小泉が議論をまとめた。副題は「22世紀へ。人口減少を強みに変える、新たな社会モデルを目指して――」である。「『人口減少を強みに変える』がすべてだと思う。自民党は相容れない価値観を包含していくアメーバ組織だ。22世紀というのが政策に書かれるのは初めて。最終的には、皆さんの思いを加え、橘先生と小泉で修正する。それでご納得いただきたい。メッセージの発信の後は、各論に入る。そのときに、また、大いに議論したい」

「信頼」という副産物が生まれた

この日の会合は、500日に及んだ小委員会で、もっとも議論が盛り上がり、ターニングポイントとなった会合だった。保守の立場と、多様性の立場で議論が分かれたが、最後は人生100年時代となる22世紀に向けて、新しい社会モデルが必要との認識はある程度の一致をみた。激論だったが、それで委員間に溝ができるということはなかった。あくまでも政策上の議論であり、議員間の信頼関係はむしろこうした激論を経て深まっていった。特に安藤は、役員のたたき台に反論することも少なくなかったが、その一方で、委員の中ではもっとも出席率が高いひとりだった。

小泉は毎回、開会時刻ぴったりに安藤が入室するや、「おっ、安藤先生」とすかさず声をかけ、役員からもっとも近い座席に招いた。安藤もそれに応えるように、先陣を切って発言し、議論をリードした。総論の自由討議は一時の紛糾も呼んだが、同時に若手議員間の信頼関係という副産物をもたらしたのである。

「レールからの解放」「提言」の完成

4月6日の討議で、小委員会がその理念を一般に向けて発信する「レールからの解放」の取りまとめは山を越えた。翌日の役員会では、「レールからの解放」と「提言」の修正、今後の方針について話し合われた。

村井からの「妥協不要」との強い主張もあり、「レールからの解放」は細かな文言や表現の修正に留めることとなった。批判が強かった「レールをぶっ壊す」の表現は、役員の間でも意見が割れたが、最後は小泉の意向でそのまま残すことになった。メッセージの発信力を強く意識しての決定だった。

一方、「提言」は、「2020年以降の『第二創業期』に向けた議論の経過」にタイトルを変更し、小委員会で出てきた委員からの意見は、できるかぎり「議論の経過」に盛り込むこととした。メッセージに盛り込むことができなかったり、メッセージの理念に必ずしも賛同していなかったりする議員の意見を「議論の経過」に盛り込むことで、納得を得ようという意図もあった。

13日に予定される第10回会合は報告と了承に留め、議論や議論を受けての再々修正は行わないことも確認した。委員会の議事を円滑に進めるため、大沼、安藤、鈴木馨祐、滝波、牧原の各議員には、納得してもらうために事前に説明に回ることも決めた。そして、委員会終了直後の記者会見開催も決定した。

勉強会の色彩が濃かった前半の助走期間も含め、小委員会がこの年の2月から2カ月半の時間を費やしてつくった「レールからの解放」、および「2020年以降の『第二創業期』に向けた議論の経過」は、資料として本書の巻末に掲載する。

4月13日、第10回会合。冒頭、橘委員長から委員への労いの言葉の後、小泉が「議論の経過」と「レールからの解放」を音読した。前回の討議でも「レールからの解放」を批判した安藤から厳しい意見の表明はあったが、「レールからの解放」と「2020年以降の『第二創業期』に向けた議論の経過」は委員の了承を得て、「中間報告」として記者発表へと雪崩れ込んだ。

最初の記者会見は成功裏に

橘・小泉・村井・小林・山下に大沼を加えた6人で、3階の会見場へと移動した。会場には

「レールからの解放」記者会見に臨むメンバーたち。左から大沼、山下、小林、橘、小泉、村井

すでに自民党担当の政治部記者が詰めかけており、注目度の高さを感じさせた。小泉が社会保障という新たな分野で何を発信するか、メディアの期待も高まっていたのである。時の首相以外で、政策についての会見がこれほど注目されるのは、そうあることではない。

カメラが捉える中央の長机には橘と小泉が座り、両脇に４人が控えた。橘が小委員会の開催経過を簡潔に説明すると、さっそく小泉が「レールからの解放」を読み上げた。

いくつかの質疑応答を通じて、小泉の真意がメディアに伝わったようだった。すなわち、「レールからの解放」とは大局的な社会モデルの提案であり、これから個別の政策を議論するための基本方針であるということだ。会見は成功裏に終わった。

「レールからの解放」は、翌日の大手各紙で「中間報告」と位置づけられ、いっせいに報じられた。「『現役世代の定義、変えよう』小泉氏ら自民若手、提言へ」（朝日）、「自民党：現役世

代定義見直し　若手が格差是正へ中間報告」（毎日）など、「現役世代の定義見直し」を見出しに立てた報道が多かった。しかし読売は「父を意識？　既成モデル『ぶっ壊す』」の見出しで「ぶっ壊す」に食いついた。メディアを意識した小泉の作戦通りだった。

「現役世代の定義を変える」という部分にメディアは注目したが、より大きな意味があったのは、新しい社会モデルを世の中に初めて提示したということだ。実際、この国家戦略に沿う形で、「人生100年時代の社会保障へ」から「こども保険」に至るまで、さまざまな政策が生み出されていくことになる。

第2章

人生100年時代の社会保障

2016年4月20日～10月26日

熊本地震への緊急対応と小委員会

２０１６年４月14日午後９時26分、熊本が大地震に襲われた。熊本市近郊の益城町では最大震度の震度7を記録。約２時間半後の15日午前零時過ぎには宇城市で震度６強、16日深夜１時過ぎにも再び震度7を記録した。

この地震で50人が死亡、関連死を含めると死者数は２２８人、負傷者２７５３人（いずれも４月13日時点）、避難者18万人超（４月17日時点）の大惨事となった。小泉は農林部会長として、18日の熊本地震対策本部の会議に出席するなど、緊急対応に駆け回った。

地震対策に追われる中、４月20日に小泉小委員会の第11回会合が開かれた。大手企業とともに熊本の農業支援を検討していた私は、開会前に小泉と現地の情報交換をした。この日から、小委員会の議論はいよいよ各論に入る。まず、俎上に載せたのは厚生労働省のあり方だった。

周知の通り、社会保障を管轄するのは厚生労働省である。現在の厚生労働省は２００１年の中央省庁再編で、旧厚生省と旧労働省が統合されて誕生した巨大官庁だ。統合は行政の効率化と縦割り行政の弊害の解消が目的だったが、再編から十数年を経過し、巨大化し過ぎた厚生労働省の機能不全が問題となってきた。再編当時は想定していなかった急激な人口減少と少子高齢化により、介護、待機児童問題、働き方改革など、担当する仕事は増えるばかりで、多岐にわたる業務をひとつの官庁、ひとりの大臣で担当するのは難しくなってきている。

小泉小委員会が目指すのは、社会保障の制度設計の見直しである。主たるパートナーは厚生労働省だ。その厚生労働省が機能不全を起こしかけている今のままの姿でよいのか。また、すでに膨大な業務を抱える厚生労働省に、これから小委員会が提出する大胆な提言を受け止めてもらえるのか。その問題意識から、厚生労働省のあり方が小委員会最初の各論の議論に選ばれた。

翌朝の「日経新聞」は「厚労省分割論　自民内に浮上　重要課題対応きめ細かく」の見出しで小委員会の動きを伝え、23日の毎日新聞朝刊は「厚労省　自民内に分割案　若手議員ら主張、塩崎氏は反発」と、塩崎恭久厚労相が記者会見で「国土交通省など巨大官庁はいくつかある。厚労省だけに絞っても日本全体の問題解決にはならない」と発言したことを報じた。

小泉小委員会は4月27日の第12回会合でも、厚労省のあり方についての議論を進めた。解決策、改革案などの出口に関する考え方は委員によって違いはあっても、厚生労働省を今のままにしておいては、いずれ機能不全が深刻な事態を招くという問題意識は共有されていた。

厚生労働省を分割せよ

問題は、厚生労働省の担当する政策分野が大臣や職員の数と比して多すぎることであるのは明らかだった。小委員会での議論を踏まえ、橘、小泉の方針を確認しながら村井が「厚生労働省分割案」を作成。5月11日の第13回会合で承認を得て、翌12日に「厚生労働省のあり方について」と題した分割案を稲田政調会長に提出した。

厚生労働省のあり方について

平成28年5月11日
財政再建に関する特命委員会
2020年以降の経済財政構想小委員会

当小委員会では、2020年以降の「第2創業期」における社会保障のあり方を検討するにあたり、まず「人生100年時代」において国民の安心の基盤となる重要政策を担うことになる厚生労働省のあり方について検討した。以下、当小委員会における議論の経過を整理する。

1．なぜ今、改革が必要なのか

「人生100年時代」において、国民が未来に安心して進んでいけるためには、少子化対策、学び直しによる就労支援、真に困った人を助ける社会保障の再構築が必要である。

現在、厚生労働省が社会保障、感染症対策、雇用対策、職業訓練、援護政策など広範な重要業務を担当している。しかし、このような多岐にわたる業務を「一人の大臣」・「一つの役所」だけで担当することは困難になりつつある現状が、議論の過程においても明らかになってきた。

例えば、厚生労働大臣は、平成27年通常国会において、300時間以上の委員会審議に参加し、3000回もの国会答弁を行った。これは、他の大臣と比較すると突出して重い負担である。また、厚生労働省は、業務量に比して本省定員数が少なく、職員の残業時間は霞ヶ関でワーストである。国会でも、両院の厚生労働委員会が審議すべき法案が非常に多く、重要法案の成立が遅れる原因となっている。

2020年以降の我が国社会の構造変化を見据えると、我々に残された時間は多くない。当小委員会が今後、社会保障改革の具体的な方針を検討するにあたって、着実な政策遂行が為されるための枠組みを確保する観点から、厚生労働行政の担い手たる厚生労働省のあり方を検討しておく必要がある。

2. 議論の経過

当小委員会では、主に以下のような議論を進めてきた。

（1）厚生労働省は、社会保障、感染症対策、雇用対策、職業訓練、援護政策など、国民生活と密接に関係する重要な政策を数多く所掌している。予算規模も約32兆円と国債費を除く一般会計支出の約4割を占める。

（2）厚生労働省は平成12年の橋本行革により設立された。当時は、「国民生活の保障・向上」と「少子高齢化社会における国民生活・福祉の向上」という機能を担わせるため、厚生省と労働省を合わせて厚生労働省とした。

（3）橋本行革が行われた20年前には、ここまで人口減少や少子高齢化が急激に進むことは想定されていなかった。この20年間で社会保障給付は大幅に拡大し、働き方も大いに多様化した。女性の就労が拡大し、子ども・子育てに対する支援ニーズも大幅に拡大した。

（4）100歳まで生きることが当たり前となる「人生100年時代」には、さらに社会保障、雇用政策、職業訓練、少子化対策等の重要性が拡大する。今後は、単に社会政策の観点だけでなく、経済政策や科学技術政策、教育政策との連携も重要になる。例えば、医療・介護・保育人材の確保は、雇用政策だけでなく成長戦略の観点からも検討する必要がある。

（5）これまでの行政改革は「政府を小さくする」ことを目標に、部局数や職員数等について厳しい組織・定員管理を行ってきた。しかし、省庁・部局ごとの管理にとどまっており、分野横断的な機構・人員配置の見直しが難しいため、厚生労働行政に必要な人員が確保出来ていない。政府全体で、必要な機構や人員の配置を強化できる仕組みが必要である。

（6）厚生労働省が所管する医療や介護などの業務は、地方自治体が担っているケースが多い。毎年度の制度変更は都道府県や市町村の職員にも大きな負荷となっている。自治体への権限・財源移譲もセットで検討する必要がある。

（7）麻生政権時には、同様の問題意識から、「厚生労働行政の在り方に関する懇談会」が開催され、最終報告（平成21年3月）においては、国会対応、組織・人員のあり方等について提言がなされているが、提言に沿った改革が実施されているとは言い難い。

（8）諸外国の厚生労働行政を所掌する省庁の機能分担を見ると、①『社会保障』『労働政策』②『社会保障』『年金・労働政策』③『社会保障』『年金』『労働政策』の3分類に分かれている。

3. まとめ

これまでの議論を踏まえ、当小委員会としては、厚生労働省のあり方の抜本的な見直しについて党内で議論を行った上、ただちに改革を実行すべきと考える。その際、国会における審議のあり方についても検討が必要である。

例1：厚生労働省の分割・新省設置

下記のように関連する機能で分割、および新たな省の設置を検討する。

①社会保障（年金・医療・介護）　子ども子育て（少子化対策・子育て支援）
　国民生活（雇用・再チャレンジ・女性支援）
②社会保障（医療・介護）　子ども子育て（少子化対策・子育て支援）
　国民生活（年金・雇用・再チャレンジ・女性支援）
③社会保障（年金・医療・介護）
　国民生活（少子化対策・子育て支援・雇用・再チャレンジ・女性支援）

例2：二大臣制の検討

なお、本提言における厚生労働省改革の検討とあわせて、「経済・財政再生計画改革工程表」に従って社会保障改革を着実に実施すべきである。

（以上）

「レールからの解放」会見から間髪を容れず、小委員会が提言した初めての政策である。発表直後に塩崎恭久・厚労大臣から「分割より増員が先」とコメントが出されたこともあり、翌12日の朝刊で各紙はこぞって報道した。さらに13日の毎日新聞は「厚労省分割案　自民が公約反映へ」の見出しで小委員会の提言が7月の参議院選挙の公約になるとの見通しを伝えた。

党内からは「(厚労分野の政策を専門に扱う自民党の）厚労部会を通さずに公約に盛り込むのは手続きとして問題がある」との批判もあったが、結果として、参院選の公約には「省庁再々編を含めた中央省庁改革について検討」という文言が盛り込まれた。「厚生労働省のあり方について」は、その後続々と党や政府の主要政策を生み出すことになる小泉小委員会の、最初の成果であった。

話は前後するが、厚生労働省のあり方を議論した4月27日の第12回会合で、橘委員長から、親会からの要望が伝えられた。①少子化対策も議論してほしい、②定年の見直しについて、光の部分と影の部分を洗い出してまとめてほしい、③今後、所得の二極化が進み、中間層がいなくなってしまうことについて議論してほしい――の3点であった。

少子化対策が日本の未来にとって喫緊の課題であることは論をまたない。やれることはたくさんある。が、財源がない、というのが実情だった。その中で、何を打ち出すことができるのか。この問題は、喉に刺さった小骨のように、小泉らを悩ませることになる。

小委員会の「議論のピン留め」

厚生労働省分割案は5月12日に政調会長に受理された。前日11日の第13回会合から、社会保障政策を提言するための議論に入ることになる。勝負どころである。２０２０年以降の社会保障改革をどうするのか。小委員会が目指すのは、それを提言し、政府の政策に反映させることだ。

4月の時点で小委員会の議論は、当初役員が想定していた「少子高齢化対策に向けた政策の方向性」という論点にとどまらず、「１００年間の個人の生き方はどうあるべきか」にまで発展していた。「人生100年時代」を捉えた結果生まれたコンセプトが「レールからの解放」だ。

とすれば、5月から再開する委員会でも、社会保障政策の前に、まずは100年人生における働き方や子育てのあり方を探るべきではないか——役員による検討の結果、まずは4名からのヒアリングが決定した。雇用対策の専門家や、先進的な人事制度に取り組んでいる経営者、事業創造のプロフェッショナル、保育の専門家など、各々が先進的な事例や主張を有しており、まさに多士済々である。

稲田政調会長に厚生労働省分割案を手渡す

それぞれの有識者の演題は「レールからの解放」に示したいくつかのメッセージをそのまま使用することとした。「レールからの解放」を文字通りのコンセプトとして位置づけ、そこから具体的な政策に落とし込んでいこう、という役員の戦略だった。小泉が繰り返し言い続けた「まずは総論。その後に具体的な政策の議論だ」という進め方が実態をもって現れた。この判断によって、「レールからの解放」はその後も小委員会の「ピン留め」として機能し続けることになる。

多様な働き方がある

その第一弾として、この日の会合では、リクルートワークス研究所の大久保幸夫所長を招いてヒアリングを行った。演題は「新卒や定年なんて関係ない」。

大久保氏は、リクルートで『B-ing九州版』『とらばーゆ東海版』編集長、人材総合サービス事業部企画室長、地域活性事業部長などを経て、リクルートワークスを設立した雇用問題の専門家。小泉純一郎政権時代、構造改革の先にある2030年の国のかたちを描いた「日本21世紀ビジョン」の編集メンバーを務めるなど、公の仕事の経験も豊富だ。小泉小委員会はこの日の大久保氏を皮切りに、10月5日開催の第21回会合までの実に9回の会合を、有識者からのヒアリングに費やした。大久保の発言の要旨は以下の通りである。

第13回　大久保幸夫　リクルートワークス研究所所長　講演要旨（2016年5月11日）

テクノロジーの進化などで、今後企業寿命はさらに短くなる。一方、個人の職業寿命は

50年へと延伸する。この2つを前提に、未来の働き方は考えなければならない。

新卒一括採用には若年期の就業率を高め、企業内人材育成を促す利点もある。正社員と非正規社員という二元論は不毛で、目指すべきは非正規社員の処遇改善である。これからの日本は、人口減少を背景に長期的な労働力不足に陥ることが予想され、労働者の価値は高まる。そのような背景を活用して改革を進めるべきだ。

未来の働き方についての私案としては、「個人事業主であるフリーランサー」「経営者やプロデューサーなどのクリエイター」「サービスやモノづくりの専門家」「事務職系のテクノクラート」の4つのワークモデルを実現させれば、すべての人がいきいきと働くことができるようになる。そのためには①フリーランサーという新しい自営型の就業形態を確立する、②専門家がいきいきと活躍する社会をつくる、③変化に対する適応を重視した新しいキャリアプランニングを進める――などの施策が求められる。

新卒で入社し定年退職する従来のキャリアモデルを壊すのではなく、もうひとつのモデルをつくり、併存させていくべきだ。フリーランサーや専門家の働き方や成長も、変化適応型キャリアプランニングも、AIやIoT、ビッグデータなどのテクノロジーによって促進できる。テクノロジーを活かすことが重要だ。

5月18日の第14回会合には、山田邦雄・ロート製薬会長兼CEOと山口揚平・ブルー・マーリン・パートナーズ代表取締役を招き、「いろんな生き方、いろんな選択肢がある」との演題で話を聴いた。

山田邦雄氏は1999年にロート製薬社長に就任し、2009年から現職。2016年から、社外での副業を認める「社外チャレンジワーク制度」と、社内で複数の部門・部署を担当できる「社内ダブルジョブ制度」をスタートさせ、社会の耳目を集めた。

第14回　山田邦雄　ロート製薬会長兼CEO　講演要旨（2016年5月18日）

ロート製薬はその名の通り製薬会社だったが、今では化粧品が本業となり、再生医療や食品にも取り組んでいる。これからは「多様性」が時代のキーワードとなると思っていた。長期的目標は循環型の社会構造をつくることだと思う。

変革しなくてはならないのは20世紀の遺物である価値観だ。有名大学、有名企業など、人の価値を一本のスケールで測り、上位にいることが大切なことだと思い込まされている。それを崩さなければならない。

企業に目をやると、大企業の経営者自身が方向性を見失っている。短期的利益を追い過ぎて長期的観点に立てない。政府の政策も、現場からはピント外れに見える。そんな中で、一民間企業としてできることは、企業を支える人材の育成だと思い、副業を解禁し、社内ダブルジョブ制度をつくった。外部人材も積極活用している。女性の活躍も重視し、産休復帰率は90%になった。

企業の枠を超えた新しいチャレンジも進めている。ベンチャー企業と協働する再生医療もそのひとつ。ロートは医療費を下げるための再生医療だと思っている。

農業のサイエンスハイテク化にも挑んでいる。雇用では、海外で通用する即戦力を確保するために、70歳の新人に活躍してもらっている。ただ、高齢者を外部から登用するのはいいが、社員がずるずると会社にいてもいいことがないので、定年延長には懐疑的だ。

政策は次の世代のための政策でなければならないと思う。そこに集中して努力すべきだ。

山口揚平氏は、海外の会計会社や日本のコンサルタント会社勤務を経て独立し、投資会社やコンサルタント会社などを起業したり、著作を発表したりとマルチに活躍する実業家。会社員時代にはカネボウやダイエーの企業再生に携わった。著書『そろそろ会社辞めようかなと思っている人に、一人でも食べていける知識をシェアしようじゃないか』(2013年、アスキー・メディアワークス)がベストセラーとなった。

第14回　山口揚平　ブルー・マーリン・パートナーズ代表取締役　講演要旨（2016年5月18日）

『そろそろ会社辞めようかな～』では新しい働き方を提唱し、10万部ほど売れた。今後は国民総幸福量（GNH）が指標になる。GNHはGDPとSocial Capital（社会関係資本）の和と考えられている。社会関係資本は社会や地域での人々の信頼関係や結びつきのことだ。

日本はGDPで中国に負けているが、人口が多ければGDPが増えるのは当たり前。それより先進7カ国中第6位と生産性が低いことが本質的な問題だ。重要なのは量の拡大ではなく、質の改善だ。日本は信用国家で信用がないと生産性が上がらない。だから、誰もが大企業に行きたがるが、本来、22歳で大企業に行く必要はない。

人々の幸せを考えたときに、より重要なのは社会関係資本だと思う。日本は若者の自殺者が多い。表面的には病気だが、本質は社会的関係の欠如だ。生存欲求は満たされているが、社会的欲求が満たされていない。AIやテクノロジーの弊害と言える。社会保障ではなく、社会関係保障が重要になる。

74歳まで働ける社会にするには、キャリア教育、新産業創造、健康寿命の延伸が求められ、具体的な施策が必要だ。これまでの教育のように1本のレールを提示するのではなく、複数のロールモデルを提示し、それぞれのキャリア形成を制度として確立すべきだ。新産業創造のためには、政治・官僚の影響を排し市場原理に従う新産業創生機構を設立して巨額の予算を投下し、民間の人材を登用する。健康寿命の延伸のため、健康管理を促す国民健康システムを構築する。

山田、山口両氏と委員の間では、以下のような意見が交わされた。

吉川「どういう仕組みにすると、74歳まで意欲的に働けると思うか」

山田「1日8時間、週40時間が長すぎる。1日6時間か週4日が適当なのではないか。無駄があまりに多い。ロートでは選択定年制を導入した。最近は早めに退職する方が多い。(長く働くには)むしろ早く次のスタートをしたほうが有利なので、それを応援していきたい。一方で、新しいビジネスを始めるのであれば、70歳でも相当フレッシュな戦力になる。いずれにせよ、15年を超えると人間はマンネリ化するので、企業は長期雇用の枠組みを超えればいいのではないかと思う」

村井「兼業についてだが、従業員が退職するきっかけになるとは思わなかったのか。プラスを1点挙げるとすればどんなことか」

山田「会社と合わない人は（兼業を認めなくても）出て行く。兼業は社員の生産性を上げるためにも、企業の労働生産性を上げるためにも必要。短期的にも会社にメリットがある」

安藤「日本は不景気。だから独立して起業しようという人が少ない。政府もインフラ整備に予算を使わない。不景気のときの政府の役割について、どう考えるか」

山口「私は28歳で独立した。不安だったのは生活だ。月15万円あればなんとか生きていける。独立する人の社会保障が大切だ。政府には最初にそこをやってもらいたい。独立や起業を成功させるのは、その人の実力ではなくて政府のインフラ。ひとつは長期投資、もうひとつはプロの登用。民間ファンドは5年で償還しなければならないため、ベンチャーがせっかく成功しても、売却してしまい育たない。超長期投資で育てる必要がある。事業は、思いがある人がプロフェッショナルと組んで仕事をしたときに成功する。ホンダもソニーもそうだった。国がプロフェッショナルを登用し、思いのある人の事業を支援する仕組みが必要だ」

キャリアの専門家である大久保氏、大手企業のトップである山田氏、そして連続起業家の山口氏。キャリアも肩書もバラバラの三者だが、共通して「人生１００年時代の働き方は多様化する。そして、社会保障制度も多様性を受け入れられるようにすべき」と主張した。この２日間の議論が、非正規雇用者を守る「勤労者皆社会保険制度」の提言へとつながっていくことになる。

子育て支援は成長戦略

第15回会合は5月25日に開催された。講師は病児保育と小規模保育園を運営するＮＰＯ法人フローレンスの駒崎弘樹・代表理事。旧民主党政権で内閣府政策調査員、厚生労働省「イクメンプロジェクト」推進委員、東京都男女平等参画審議会委員などを歴任し、現在は自公政権で内閣府「子ども・子育て会議」委員、厚生労働省「イクメンプロジェクト」推進委員会座長を務めている。演題は「いつだって子育てや家族のケアを最優先できる」だった。

第15回　駒崎弘樹　ＮＰＯ法人フローレンス代表理事　講演要旨（2016年5月25日）

子育て支援は福祉ではなく成長戦略だ。子育て支援により働く人の数が増え経済成長につながることがわかっている。合計特殊出生率にもプラスの影響がある。

優良な就学前教育の有無で、成人後の収入や持ち家率、生活保護受給率、犯罪率、自己肯定感に大きな差があることがわかっている。アメリカで1960年代に低所得者層が多く住むところで、就学前教育を実施し、受けた子どもと受けなかった子どもを40年間追跡調査した研究（ペリー幼児教育計画）の結果だ。就学前教育の費用対効果は大きいことが証明されている。

就学前教育・保育の家計支出を各国比較すると、対GDP比で日本は北欧やフランスの半分以下。学校教育の公私負担割合を見ると、高等前教育は北欧の100％公費、OECD各国の8割に対し、日本は公費が45％。大学もかなり低い。

結論として、もっと子どもに投資するべきだ。相続税の課税ベースの拡大、高所得者の配偶者控除廃止などで、年間7・6兆円の財源が捻出できる。

すぐにできるのは子ども・子育て支援法の改定、小規模保育の規制緩和、居宅訪問型保育の規制緩和などいろいろある。子どもの貧困対策も重要。コンビニやスーパーで廃棄される食品を配ることで、ロスをなくし貧困対策とする施策が有効だ。食品廃棄規制法も一案。超党派の子ども・子育て議連の創設も求めたい。

この日の会合には、白須賀の妻で、東京と千葉で保育園を運営する白須賀まり子氏が議論に参加した。

白須賀まり子　「保育士の不足が深刻。小規模保育園の規制を緩和すると、保育士の数がより不足することにならないか心配だ。保育の施策では建物より、人材確保と人材教育を重視してほしい」

白須賀　「0歳児は預からないほうがいいのではないか」

駒崎　「保育士不足に関しては同感。小規模保育と保育士不足だが、満4歳以上の場合、日本ではおおむね園児30人に対し保育士ひとりの人員配置が原則。しかし、現場ではそうはなっていない。日本の保育園の人員配置は保育士ひとりあたりの児童数が多い。スケールを小さくしてより手厚くしていかないといけない。とくに、発達障害の子どもや厳しい家庭環境の子どもの場合は、かなり手厚い保育が必要になる。そこは小規模保育などで見るなど、役割分担していけばいいと思う。

0歳児保育をなくすことには反対だ。働き続けられなくなる人が出てくる。すべての人が正規社員で全員育休が取れるという環境ならよいが、先に0歳児保育を切るのはよくない」

大沼　「子育て経験のある人が保育するパイを増やせばいいのではないか。また、女性は育休を取り、男性は取らないのが現状。父も半年、母も半年などと法律で定めなければいけない。子どもは母親だけでなく家族で育てるという意識改革が必要だ」

小泉　「お手伝いみたいな形で、子どもを持っているお母さんに協力してもらうのはいけないのか」

白須賀まり子　「保育園はただ子どもを預かっているだけではない。幼稚園との差はなくなってきており、計画を立て教育しながら預かっている。駒崎さんの言われる就学前教育の有効性を考えても、保育士の資格のない人が私の園に半分入って来たら、保育園の質は保てない」

駒崎　「親参加型は保育の潮流ではある。が、サポートはいいがメインはプロ。気をつけないと保育を（誰にでもできる簡単な仕事と）誤解している人が多いので、すぐに領域侵犯になる。保育園は子どもの可能性を広げる補助はできる。保育士不足解消のためには、プロの待遇改善が必要だ」

駒崎の専門分野である「子育て」が、10月の提言に直接盛り込まれることはなかった。しかしこの日、駒崎の子育て財源に関する提案を聞いて、役員たちの問題意識は確実に喚起されたと言える。

9カ月の時を経て、2017年2月から小委員会は少子化対策に向けた議論を始める。駒崎はその際にも有識者として招かれ、「こども保険」の議論を強力に支えた。

いよいよ「社会保障」の議論へ

小委員会は通常国会の閉会に合わせ、第15回会合を区切りにいったん休会。六本木の中華レストランで懇親会が開催され、役員とアドバイザー、オブザーバーが一堂に会した。稲田政調会長も出席し、「レールからの解放」への共感と今後への期待を語った。

息をつく間もなく、委員らは臨戦態勢に入った。参院選である。小泉の人気は絶大で、全国を応援に駆け回ることになる。そして幾多の街で、繰り返しこう唱えた。

「2020年よりも先を見据える必要がある。人口減少でも悲観することはない。減るものは減ると考えて、減っても大丈夫な国づくりをしていく」——。その夏、小泉は小委員会の理念を自らの口で直接、国民に伝えた。

6月23日には、英国が国民投票でEU離脱を決定という衝撃的なニュースが飛び込んできた。7月10日の参院選投開票。与党は議席の3分の2を獲得し、安倍政権は強力な権力基盤を得た。党内体制も盤石で、「安倍一強」と呼ばれる時代を迎えることとなった。

選挙の興奮覚めやらぬ7月14日、21日の両日、小委員会の再開に向け役員会が開催され、議論のテーマや講師、議論の取りまとめ、発信の時期など、小委員会の進行について意見が交わされた。

4月に定めた「レールからの解放」というコンセプトと、働き方・子育てに関するヒアリングを終えて、いよいよ本丸の社会保障に関する議論が始まる前夜であった。

年金制度では支給開始年齢や受給対象者の問題、医療保険制度では自助努力へのインセンティブの導入を議論のテーマとすることが合意された。後に提言で文言化され、耳目を集めることになる「健康ゴールド免許」のアイデアが飛び出したのはこのときだ。健康維持に留意する人を増やすためにはインセンティブが必要との議論の最中に、山下が「ゴールド免許のイメージ。マイナンバーが根づいたら、ゴールドマイナンバーでもいいのではないか」と発言したのが健康ゴールド免許の端緒となった。

なお、この日、小泉は役員に対して「湿布薬やうがい薬は本当に保険適用すべきか」と、身近な問題を提起した。この発言が、のちに小委員会の提言する「小さなリスクは自己負担。大きなリスクは公的に」という方向性へと昇華していくことになる。

また、大学卒業時点で多額の負債を背負う若者が多くなり、近年社会問題化している奨学金のあり方についても、小泉から問題提起があった。

「(給付型の奨学金を)間違った形でやるとモラルハザードが起きるのではないか。今でも頑張って民間奨学金を活用している学生もいる。公平性の問題は考えないといけない。大学の質も問題だ」

結局、給付型奨学金の問題は小委員会の議論のテーマとなることはなかったが、小泉が提起した「公平性の問題」と「大学の質」の議論は、後のこども保険の理念の一部に継承されることになる。優先すべきは幼児教育の無償化で、高等教育の無償化については、「大学の質」の議論が先という流れができた。余談の類だが、小泉の「与野党で反対が出ないような耳触りのよい政策こそ、本当に意味があるのか考えるべきだ」という言葉が印象に残っている。

医療に切り込む

7月27日、約2カ月ぶりに小委員会が再開され、第16回会合が開催された。2020年以降の社会保障のあり方について、各論を詰めていく議論の参考とするため、大和総研の鈴木準・主席研究員を講師に招いた。鈴木氏は日本の経済社会、税制・財政問題、人口問題等を中長期的な視点から調査・分析するエキスパート。翌第17回会合にも連続して招いた。この日のテーマは社会保険。演題は「安心の基盤再構築①〜リスクに応じた医療・介護、健康へのインセンティブの強化」であった。

第16回　鈴木準　大和総研主席研究員　講演要旨（2016年7月27日）

何よりも重要なのは健康の維持。現状では予防よりも診療が重視され、データヘルスはうまく推進されていない。国民一人ひとりが自身の健康管理に責任を持ち、医療・薬に関する知識を持つことが重要だ。そのため、医療保険の制度は健康維持とリスクへの対応をセットで考えるべき。現行医療保険制度は加入者の所得の違いを考慮するシステムへの改革が必要だ。

高齢化で医療費は増えた。しかし、増え方を分析すると、高齢化だけでは説明できない。医療の高度化も要因のひとつだ。

公的医療保険がナショナルミニマムとしてどこまでカバーするのかが論点になる。日本の外来受診延べ回数は20億回でフランスの4倍、スウェーデンの2倍。現行制度には免責制がなく、治療費が少額でも7割から9割の給付があるのも一因。フランスでは2004年に外来受診の定額負担を導入した。日本でも来年（2017年）、国会で議論が始まる。

市販の薬と病院で処方される薬の価格差も問題だ。市販で1500円の湿布薬が、保険給付が受けられる病院処方薬になると200円。医療費の中で伸びが著しいのは胃腸薬。モラルの問題ではなく制度の問題だ。

一人当たりの薬代は、日本は米国に次ぎ2番目に多い。医療保険制度の本来の役割は重い病気や怪我で家計が破綻することを防ぐこと。給付と自己負担を一律に設定しているのはおかしい。同じ効果の薬なら高いものを使う傾向があるのも問題。ドイツやフランスは、参照価格を超えた分を自己負担する参照価格制度を導入している。

介護離職も喫緊の課題。現行介護保険の制度の問題は、要介護度の軽重を問わず給付が一律であること。軽度者ほど生活援助の利用割合が高い。給付財源は中重度者に重点化し、介護離職を防ぐべきだ。

健康維持には健康管理の努力をするインセンティブの導入も一案。予防の努力をせずに生活習慣病になり、高額の治療費を使っている人の医療費を、予防に努力した人も含めて負担している現行制度では、健康管理に努力するインセンティブが働かない。一部の健保組合では、健康づくりに取り組んだ人にヘルスケアポイントを付与し、血圧計などの健康グッズなどと交換する制度を導入している。介護でもボランティア・ポイント制度の活用を考えるべきだ。

園田　「世代間の格差はなくすべき。でなければ社会保障が持たない。制度改正するなら、来年（2017年）の通常国会以外にチャンスはない」

小泉「年齢だけで区別する制度はつじつまが合わない」

村井「やはり政治が逃げてはならない。やるべきことはある程度見えている。あとは覚悟が必要。戦うことが重要だ」

山下「ジェネリック（後発医療薬）には質が悪いものもあると言われると、反論できない」

小林「コストカッターというレッテルを貼られないためにどうするか。削る場合には、これをやるからというのも重要。世論形成も大切だ」

鈴木氏が発言した「湿布薬」のくだりは、小泉が以前から疑問を抱えていた点だったが、専門家からも同様の問題が提起された。この日を境に問題意識が深まったのか、以降現在に至るまで小泉は「湿布薬」について、メディアの前でも折に触れて言及している。

余談の類だが、この日、アドバイザーで予防医学が専門の石川氏が、心臓病死亡率の80％減少を成功させたフィンランドの事例を紹介した。課題は脂と糖にまみれた国民の味覚を変えることだったという。

石川氏によると、味覚の嗜好を糖分や脂分から旨味に変えるのは簡単だそうだ。舌の味覚細胞は10日で入れ替わるため、毎日、食事の終わりに昆布茶を飲むと、自然と嗜好が変わるのだという。次の会から、会合では昆布茶が振る舞われるようになった。小泉の発案である。細かな気配りとユーモアが垣間見えた一幕だった。

8月2日の第17回会合でも、鈴木氏を講師に招いた。テーマは年齢別に制度設計されている現行社会保障制度のあり方。演題は「安心の基盤の再構築②〜年齢別の負担割合の見直し」だった。

第17回　鈴木準　大和総研主席研究員　講演要旨（2016年8月2日）

現行医療保険制度では同じ病気や治療でも、年齢区分で負担割合が異なる。医療制度は所得や保有資産は考慮されず、自己負担の上限額は高齢者が低い。「年齢ではなく負担能力に応じた負担」や価格意識の必要性という観点から見直しが必要だ。

現状認識のため現在の社会・経済情勢を見ると、現在の高齢者は資産を持っている。30代は住宅ローンなど負債が多い。しかし、高齢者間の所得・資産格差は大きい。消費額は高齢になるほど大きくなる。高齢者の自殺率は減少し続けている。運動能力は、1999年を基準とし現役世代で下降、高齢者は向上している。元気な高齢者が活躍し続けられる社会が必要だ。
高齢者の税制優遇も検討が必要。現役世代の控除額[※]は給与500万円で154万円だが、250万円の給与と250万円の年金の高齢者の控除額は213万円。合理的に説明できない。所得が十分にある高齢者に年金給付が必要かというそもそも論も議論する必要がある。
将来の社会保障制度は高齢者も若者世代も互恵的に行うべきである。

安藤　「高齢者に不安を与えるだけの議論はやめたほうがいい」

鈴木馨祐　「医療保険だが、負担の議論と同時に総額の議論をする必要がある」

白須賀　「社会保障は基本的には弱者を助けるという論理で導入された。財務省が考える医療・介護・福祉に支出可能な予算の限度はいくらか。提示があれば、総額から逆算して政策を考えたい」

財務省　「社会保障で『負担はしないけれど給付は受ける』はあり得ない。社会保障の規模（総額）や税率をどうするかは国民の判断。はっきりしているのは、給付と負担のアンバランスは許されないことだけ」

滝波　「高齢者は弱者だから給付しなければならないという発想を変える必要がある。力のある人がない人を支えるのが本来の意味。高齢者も一定以上の所得があれば負担すべき。ぜひ、打ち出していただきたい」

小泉「医療費の問題では、制度を変えて人々の行動を変える必要がある。高齢者が不安に思うのは、いつまで改革が進むかわからないから。早く改革を終わらせ、実行に移す時期だ」

鈴木氏の2回の講義を通じて、単に公助を抑制するのではなく、自助インセンティブとセットで検討するという大枠の方向性が委員間で共有された。21日の役員会で山下が提案した「健康ゴールド免許」は、この議論の延長線上で形づくられていくことになる。

小泉は会合後の記者ブリーフィングで「(社会保障を)次世代に適正な負担のまま制度を維持していくのは、今のままでは無理だ」と、抜本的見直しが必要との認識を示している。小泉小委員会再開は28日の「日経新聞」で伝えられた。

内閣改造で名実ともに「小泉小委員会」に

8月3日、安倍首相は7月の参院選大勝を受け、内閣改造を断行した。第三

控除額
実際の収入から控除額を引いた金額をもとに所得税が計算される。控除額はさまざまな要因によって変わるが、年金収入のほうが給与収入と比べ控除額が大きい。

次安倍第二次改造内閣である。

内閣改造に伴い、小委員会の顔ぶれも変わる。まず、政調会長で親会の委員長を兼務していた稲田が防衛大臣として入閣。稲田の入閣は内閣改造の目玉人事として当初は注目を集めた。後任の政調会長には茂木敏充・元経産相が就任し、親会のトップも茂木に代わった。茂木は頭脳明晰・理論派として知られる一方、優秀であるがゆえに官僚から恐れられている。役員も緊張感を抱いたことだろう。が、茂木はのちに小委員会の最大の理解者として、小委員会の提言を政府の重要課題として位置づけ、自ら推進することとなる。

小委員会の橘委員長は復興副大臣に就任。政府入りした議員は党職を離れる慣習から、橘委員長は小委員会を離脱した。同じく委員の越智隆雄と松本洋平が内閣府副大臣に、武井俊輔が外務大臣政務官に就任し、小委員会を去った。

委員長、委員の離脱に伴い、小泉が委員長代行に、村井が後任の事務局長に、そして大沼と吉川ゆうみ・参議院議員が事務局次長に就いた。さらに、離脱した委員の後に4人の議員が新たに委員に加わった。小委員会は名実ともに、小泉をトップとする小泉小委員会となった。

新たに事務局に加わった吉川は、東京農工大学大学院の出身で、前職は三井住友銀行。銀行員時代は、農業の知見を活かし環境・食品・農業・事業継続（リスクマネジメント）関連業務に従事した。控え目でもないが肩ひじを張ってもいない。新しい女性議員像を体現しているような人である。
9月13日の役員会は、新役員も参加し提言取りまとめに向けた「作戦会議」となる。席上、顧問の園田が親会である財政再建に関する特命委員会の座長になることが報告され、園田からは、10月20日までの社会保障制度改革の提言取りまとめの要請を受けた。尻に火が点いたわけだ。

役員会では提言の発信の仕方についても知恵を出し合っている。いくら党に素晴らしい提言を出しても、それが政策に反映されなければ意味がない。提言を政策に反映させるためには世論の後押しが必須で、発信の仕方を間違うと世論の後押しを受けることはできない。政策を実現するためには、政策を議論するだけでは不十分なのだ。

私は発信の布石として、著名人や有識者に小委員会の議論を知っていただく流れをつくることを提案した。小林・事務局次長からも「世論を味方につけることは大切。テレビの出演が多い有識者と関係をつくっておくことが必要だ」との意見が出された。この日、発信戦略を議論したことは、後のメディア戦略の成功に繋がっていくこととなった。

年金と世代間格差

翌9月14日の第18回会合では、役員人事と新役員、新委員が紹介された。出席した新委員は「社会保障の見直しは避けて通れない」（穴見陽一・衆議院議員）、「レールしかなかった時代から、レールもあるし道路もある時代へ変えていくことが重要。生活保護で困った人しか助けてこなかったのが最大の問題。困る前に支援することが重要」（大岡敏孝・衆議院議員）、「社会保障は全世代向けにしなくてはいけない」（佐藤啓・参議院議員）と自らの所見と抱負を述べた。

人事の報告、新委員の紹介に続き、小委員会は財政や公共経済が専門の土居丈朗・慶應義塾大学経済学部教授を招き、現行年金制度の問題点を聴いた。演題は「安心の基盤の再構築③〜年金の支給開始年齢の見直し」とされた。

土居丈朗・慶應義塾大学教授を招いた会合

マクロ経済スライド
そのときの経済状況に応じて年金給付額を自動的に調整する仕組み。現役世代の人数が減る、平均余命が長くなるなどの状況下では、年金支給額の伸びはインフレ率以下に抑えられるため、基本的に年金財政の安定に寄与する。

第18回　土居丈朗　慶應義塾大学経済学部教授　講演要旨（2016年9月14日）

現行制度の課題は、年金の持続可能性、世代間の受益関係、高齢者の取り扱いの3つだ。また、年金未納を防止し、低年金者を出さないために、厚生年金の非正規への適用拡大も急務だ。

年金財政は前提を認めると破綻しない。しかし、前提が間違っていないか、負担と給付のバランスは適当かが問題。世代間格差を是正するには、年金支給開始年齢の引き上げが必須。そのためには高齢者雇用の整備が欠かせない。

マクロ経済スライド※により世代間格差解消を図り、支給開始年齢引き上げで給付水準を維持・確保すべき。年金財政を考えると、団塊ジュニア世代が65歳を迎えるまでに、引き上げは終えていなければならない。

もうひとつの話題は、高齢高所得者の取り扱い。現行制度では公的年金控除で高齢高所得者が税制で優遇されている。これでは、高齢者の勤労を促すのは難しい。年金も給与も受け取っている人は現役並みの負担が適当だ。

穴見　「社会保障全体を考えるときに、年金だけに注目していては議論が進まない。生活保護の問題も同時に議論すべき。非正規で働き国民年金に加入している人が老後に生活保護に頼らなくてすむように、働く人はすべて被用者保険の対象にすべきだ」

土居「同感だ。生活保護が年金の議論の枠外とされてしまうと、生活保障という観点からは完結した議論とならない」

大沼「年金制度の持続可能性担保には、人口を増加させるという観点も不可欠。子育て世帯を社会保障や税・社会保険料の控除により支えていくことも、パッケージで議論を進めていくことが重要」

穴見「受給開始年齢を選択制にして、働ける間は年金を受け取らず、リタイアしてから多くの年金を受け取れるのであれば、働ける間は働くインセンティブが湧き、結果として年金支給額全体を抑えることができるのではないか。70歳よりも後に年金の受給を開始するという選択肢はつくれないのか」

石川「老後に明るい見通しを持っている方はそうでない方と比較し、7・5年長生きするという研究がある。特にこれからの健康づくりという観点からも、安心できる年金財政の見通しを構築することは重要だ」

社会保障制度改革国民会議
2012年、民主党、自民党、公明党の三党合意に基づき策定された社会保障制度改革推進法に盛り込まれ、同年11月に設置。同会議の最終報告をもとに成立した「社会保障制度改革プログラム法」は、少子化対策、医療・介護、年金の各分野の改革の検討課題と法案提出の目途、措置を講ずべき時期を定めており、これまで、それに基づき各改革が進められてきている。

レールからの解放で示された「明るさ・楽観」という理念と「第二創業期」というパラダイムシフトは、この後取りまとめられる10月の提言でも継承されることになるが、その背景には、この日の石川の最後の発言が強く影響したと思われる。「日本経済新聞」は翌15日朝刊で、この日の会合で小泉が小委員会の「事実上のトップ」となったと伝えた。

年金の持続可能性

9月21日の第19回会合でも、年金の議論は続いた。この日の講師は労働経済学が専門の清家(せいけ)篤・慶應義塾大学塾長と、年金制度や公的年金財政を研究するニッセイ基礎研究所の中嶋邦夫・主任研究員の2人。演題は「安心の基盤の再構築④～年金の持続可能性の確保」であった。

第19回　清家篤　慶應義塾大学塾長　講演要旨（2016年9月21日）

社会保障制度改革国民会議[※]の会長を務めてきた。社会保障改革の一丁目一番地は、少子化対策、子ども・子育て対策。その次に医療・介護、そして公的年金制度。

年金については①マクロ経済スライド制度の見直し、②短時間労働者に対する被用者保険の適用、③高齢期の就労と年金受給のあり方、④高所得者への年金給付の見直し――の4つを提言した。

支給開始年齢引き上げを考える際に重要なのは高齢者の就労だ。その文脈で年金制度を考えるべき。現行制度では65歳で支給開始すると所得代替率50%（現役時給与の50%の年金を受給）が確保される。

しかし、たとえば、50%の代替率を確保する支給開始年齢を66歳とか67歳にすると、年金財政の持続可能性にプラスの影響が出る。

年金の支給開始年齢が65歳だから、それに合わせて雇用制度が構築されている。働く意思と能力がある人が仕事を続けられる仕組みをつくるために何ができるかという観点から、支給開始年齢の問題を考える必要がある。

定年を経験すると18%程度、就労する確率が低下する。また、厚生年金の受給資格を得られると13%程度、就労確率が低下する。定年後の第2の職場でキャリアを活かせないのも問題。せっかく培ったスキルが活かせないのは社会にとっても損失だ。

年金には国民に広く「もらえなければ損」という認識がある。年金は保険であるにもかかわらず、貯蓄という意識が強い人が多い。年金を保険の問題として、もう一度しっかりと考えるという姿勢が必要だ。

保険である以上、それはリスクに備えるということ。リスクが予想外の長寿であるとすると、平均寿命より長生きした人にだけ年金を給付すればよい。一方、リスクが就労能力の喪失、つまり働けなくなることと捉えると、年金は働けなくなった人が受給する。

支給開始年齢引き上げは後者の観点で議論すべきで、現行の65歳は就労能力が喪失する年齢とは言えない。年金財政の問題は、支給開始年齢や給付水準といった、保険原理のところで解決すべきだ。

白須賀　「『財政が危ないから支給開始年齢を引き上げる』という印象を持たれてしまっている。年金の信用回復がきわめて重要だ」

清家　「信頼回復のためには、よい材料と悪い材料を洗いざらい出し、正直に説明していくことだ。『100年安心』と言われると、逆に不信感が湧く」

牧原　「ご意見に賛成。生涯現役でいられるように、意識革命が必要」

清家　「年金は保険。『年金がもらえるまで働こう』ではなく、『働けなくなったら年金をもらおう』という意識を持っていただくことが必要」

第19回　中嶋邦夫　ニッセイ基礎研究所主任研究員　講演要旨（2016年9月21日）

今後は企業年金や個人年金など私的年金が重要になるが、企業年金は、とくに中小企業で後退しているのが現状。人間はときに合理的判断をしないことがあり、加入が任意の個人年金は、必要性は理解されても加入につながらないという課題がある。公的年金の削減とセットで私的年金を活用する「リースター年金制度」を導入したドイツでは、わかりやすく加入を奨励し、終身年金を義務づけている。

あと10年経たないうちに基礎年金が減っていく。低所得の人ほど減り方が大きく、逆進的になる。逆進性を止めるには基礎年金と厚生年金の給付削減を同時に停止すべきだ。

支給開始年齢の引き上げについては、寿命が延びるからというのは単純すぎる。主目的は高齢者就労の促進。開始年齢を引き上げずに就労促進できれば理想的。

厚生年金の適用拡大も重要。失業給付の受給者も厚生年金に加入できるようにする。失業したら追い出すのではなく、再チャレンジする人も加入し続けられることが大事なのではないか。

中嶋氏の発言にある「リースター年金」とは、2001年のドイツの年金改革で導入された制度で、担当大臣の名をとってこう呼ばれている。基本的には自助努力の私的年金だが、公的年金の体系に位置づけられていて、加入者の積立金拠出に応じて国庫補助か税制上の優遇措置が講じられる。

安藤 「今日の議論は、少子化でデフレから立ち直れないことを前提としている。が、そんなことはない。支給開始年齢の引き上げに賛成する意見だけでなく、『支給開始年齢を引き上げなくても大丈夫』と主張する人の意見も聞かなくてはならない」

村井 「支給開始年齢引き上げの議論には、全員の開始年齢を引き上げて総支給額を削減する案と、個々人が受給開始時期を60歳から70歳の幅から選ばなくてはならない現状をより広い幅とする『受給開始年齢の柔軟化』の案があることを整理しておきたい。安藤先生がおっしゃったように、違う意見も聞かなくてはいけない」

小泉 「年金の問題は、一人ひとりが自分の選択で自分の実現したい人生を実現できるかという問題に行き着くと考える。こうした観点から『レールからの解放』という言葉を捉えると、自分の理想を選択できるような制度をどうやって実現するかを考えなければならない。現行の年金制度では、幅はあるが年金の受給を開始できるのは60歳から70歳の間であり、

71歳で働いている人がいたとしても71歳まで給付を受けないという選択はできない。働いている高齢者へのメニューを増やすという観点から、議論を進めている」

安藤 「報道されると、『年金の支給開始年齢を引き上げるべきという声が相次いだ』となってしまう。国民の皆様は『やっぱり年金はもらえないんだ』と感じてしまう。まずは、年金制度は大丈夫だという明確なメッセージを伝えないと、不信感を拭うことは絶対にできない」

「支給開始年齢」と「受給開始年齢」

村井が議論を整理したように、年金には「支給開始年齢」と「受給開始年齢」という2つの考え方がある。

「支給開始年齢」とは、国が定めた、年金を支払い始める基準となる年齢のことで、現在は65歳である。一方、現実に私たちは、自分が年金を受け取り始める年齢を、特定の範囲の中で決めることができる。これを「受給開始年齢」と呼び、現在は60歳から70歳までの間で受給し始めることができる。また、60歳から受給し始めても、70歳からでも、私たちが自分の平均寿命を迎えた年に、ちょうど受給総額が同じになるように設定されている。

結論を先取りすると、小泉小委員会では主に「受給開始年齢」が議論されることになった。

すなわち、私たち一人ひとりが選択できる受給開始の幅を、60～70歳から、60～75歳などに拡大すべきではないか、という議論だ。

１００年人生の中でより長く働くという道を選ぶこともできるように、制度を柔軟化する狙いだった。のちに、「人生１００年型年金」という通称が用いられるようになる。

しかしその一方で、全国民一律の「支給開始年齢」の引き上げの議論も開始する必要があるのではないか、というのが役員らの考えだった。世界の事例を見ても、引き上げには10年近くを要する。10年後には、今より多くの65歳が健康な状態を維持しているだろう、という判断からだった。また、財政的に必要な対策でもある。

実は、役員の中には7月当初、「支給開始年齢の引き上げ」を最終的な政策提言に盛り込むべきと考えていた者もいた。しかし、委員会での安藤らの反論を通じて、この論点は誤解を招きやすいということを痛感したのである。しかし、いつかはやらなくてはならないことは確かだ。悩んだ役員は、「議論を開始する」という表現にとどめたのだった。

若者の貧困

9月28日の第20回会合では、大阪大学社会経済研究所の大竹文雄教授を講師に招き、生活保護と若年世代の貧困について議論を交わした。大竹教授は労働経済学、行動経済学が専門で、『日本の不平等――格差社会の幻想と未来』（２００５年、日本経済新聞社）は、サントリー学芸賞、日本学士院賞など多くの学術賞を受賞し話題となった。

アメリカでは大統領選挙が佳境を迎えていた。冒頭、小泉は「なぜ、トランプが候補になり得たか。なぜブレグジットが起きているのか。若者の問題、財政的な問題、世代間の問題が底流に流れているのではないか。より正面から受け止めなければならない」と発言した。

大竹教授の演題は「安心の基盤の再構築⑤～生活保護・若者の貧困」である。大竹教授を招いた背景にあったのは、役員が強く抱いていた「中流階級の消滅」という問題意識である。

国民年金・国民健康保険は当初、定年のない自営業者の生活補助を狙いとして設定されたものだ。しかし、最近は非正規雇用者が急増している。彼らが老後受給できるのは国民年金であり、厚生年金は受給できない。自民党は党の設立以来、「頑張る人を後押しする」政党である。であれば、非正規だとしてもきちんと働く人には、老後の保障を充実させるべきなのではないか。こうした問題意識が、のちの提言にも結実することとなる。

第20回　大竹文雄　大阪大学社会経済研究所教授　講演要旨（2016年9月28日）

日本の貧困問題はどの指標も上昇傾向。かつては高齢層だったが、今では若者、子どもの貧困格差が問題。親の貧困が子どもの貧困につながることも明らかになっている。背景にはまず高齢化がある。生活保護の受給者増加もこれが原因。その一方で、若者の格差が広がっている原因のひとつは技能偏向的技術革新。定型的作業、肉体的作業がコンピューターに代替された。もうひとつはグローバル化。外注・輸入の増加で仕事が減った。コンピューターより人間が生産性で勝るのは、ビジネスアイディアや対人コミュニケーションなど非定型的仕事。この分野で男女に能力差はない。男性が有利な仕事が減ってきているのに、男は外で働き、家事は女という結婚の価値観はあまり変わっていない。それが結婚率の低下と離婚率上昇の一因。男女平等は望ましいが、価値観がついていっていない。

非正規雇用は2000年以降に急増した。男性のほうがより大きく変化した。無職の男性が増える一方で、女性の就業率は増え続けている。グローバル化・IT化によって労働市場は変わったが、価値観が変わっていないのが貧困の背景だ。

貧困率では、ひとり親世帯の貧困率が非常に高い。65歳以上の貧困率は下がっている。男性は高齢層よりも25～34歳の貧困率が高い。女性も同様に、25～34歳の貧困率が上がっている。父親が非正規または無職の子どもの貧困率が高い。

生活保護制度の現状と問題点は次の通りだ。生活保護の受給率は1・7%で総額3・8兆円。受給率は上昇中だが、歴史的に見ると戦後のほうが高い。生活扶助より現物支給の医療扶助の割合が高い。

受給者は高齢者世帯が右肩上がりで、勤労世代の生活保護も増えている。地域差もある。

総額を減らすというより、より有効な貧困対策を行うという観点からの改革が重要。就労支援策、子どもの貧困対策、医療の過剰受診問題、地域の生活実態に合わせた扶助基準などが課題だ。働く意欲を高める施策が今後は重要となる。

小林 「生活保護受給対象とならないギリギリの水準の低所得者への保護が手薄。生活保護のイメージが悪く、受け取りにくいという人もいる。勤労税額控除や給付つき税額控除のような、働いたらプラスになる仕組みが必要だ。大竹先生は勤労税額控除と給付つき税額控除のどちらが優れているとお考えか」[※]

穴見 「就労支援については、おカネによる動機づけには限界がある。一度、労働市場から退出してしまうと、そこに戻るハードルは非常に高い。おカネだけでなく、人的な支援を行う必要がある。生活保護にたどり着く前に餓死してしまうような例もある。このように本当に困っている人を見つける手段が必要だ」

大竹　「勤労税額控除がよいと考える。不正受給の問題があるが、マイナンバー制度が導入されたことなどを考慮すると、日本で導入できないとは思えない。

ノーベル賞を受賞したヘックマンの研究によると、学力などの認知能力とやる気などの非認知能力は、どちらも所得に与える効果が同じ。子どもの貧困で問題になるのは非認知能力だ。家庭環境が悪く非認知能力が乏しければ、後で学力だけ伸ばして認知能力を高めたとしても、社会的な成功を収めるのは難しい。子どもの家庭環境の改善に力を入れていくことは、将来の貧困を防ぐ上で有効だ。

生活保護の問題だが、伝統的な経済学では手続きを複雑にしたほうが本当に困っている人を見つけ出せるとされていた。しかし、最近の経済学の考えは逆で、貧困者はそもそも救済制度を知る余裕もなく、救済制度を申請する時間もない。複雑な制度では本当に助けが必要な人をスクリーニングできないと考えられるようになっている。行政の立場としては困窮者を発見しやすくすることが必要だ」

石川　「小さいときにストレスを受けると、第二次性徴が早くなることが知

勤労税額控除、給付つき税額控除
諸外国に例のある個人所得税における税額控除制度。一般に、勤労所得税額控除は、低所得者への就労インセンティブを付与する目的で、勤労所得に応じて受益額が増加する仕組みをとる。また低所得者に対して税額控除しきれない金額を給付する仕組みを給付つき税額控除という。

られている。結果としてホルモンバランスが大きく乱れ、大事な時期に勉強ができなくなってしまう」

小泉 「具体的に有効な対策は?」

石川 「一番いいのは母親のストレスが少ないこと。母親のストレスが高いと、子どもの認知能力に悪影響が出てしまう」

大竹 「経済学でも、小学校入学前の支援が効率的だと実証分析で示されている。『効率的』には、彼らが大人になったときの所得の増加という側面だけでなく、生活保護の受給率の低下、犯罪の減少という観点も含まれている。平等性の観点からも支持される政策であると思う。

アメリカの研究では、子どもへの支援だけでなく、親の教育も重要であると示された。この研究では、短期的には学力は向上しなかったが、非認知能力に大幅な改善が確認されている」

鈴木憲和 「突き詰めて考えると、乳児や幼児を義務教育の対象とすればよいのではという発想が湧いてくる。どうか?」

大竹 「ご指摘の通り。すでに幼稚園・保育園への入園率は非常に高いが、補助が足りていない部分もあるので、ピンポイントに支援することが重要だ」

小泉　「勤労税額控除と給付つき税額控除について、厚生労働省の見解は？」

厚生労働省　「勤労税額控除の最大の利点はインセンティブの設計ができること。給付つき税額控除を実施するには、税務署が把握していない課税最低限以下の所得の人の所得を把握しなければならず、膨大な費用が必要。マイナンバー制度での把握は理論的には可能だが、現状の生活保護予算以上の費用は確実に必要」

小泉　「生活保護だけでも特命委員会や小委が成り立つほど重要だ。ヒラリーとトランプの議論を聞いていても、そしてブレグジットを見ても、格差の問題はいずれ日本にも来ると思う。IT、グローバル化、高齢化という3点セットが貧困の前提であるなら、日本では加速度的に貧困の問題が顕在化してくる。これをどう取りまとめていくかは非常に難しいが、議論を深めるのは重要だ。いわゆるポスト資本主義の世界につながるかもしれない有意義な会合だった」

小泉の最後の発言が印象的だった。「レールへの解放」を作成していたとき、ITやAI、ロボット技術は、将来社会の形成にポジティブな影響を与えるという文脈で語られていたが、経済学者からは別の視点が提示された。人口減少は先端技術を受け入れる好機である、という基本的な理念は変わらないが、格差拡大のリスクも提示されたことで、委員たちはあらためて社会保障改革の必要性を認識した。

また、大竹教授を招致した狙いでもあったが、格差拡大のリスクをあらためて確認し、委員はレールに乗っていない非正規雇用者への社会保障の必要性を強く認識した。さらに、子どもの貧困にも議論が及んだことは、子育て世代への社会保障を強化する「こども保険」の議論にもつながることになる。

健康インセンティブ再論

10月4日の役員会。親会の園田座長から「10月中にお願いしたい」と取りまとめの要望のあった、「2020年以降の社会保障のあり方について」の提言の原案が配られた。執筆したのは村井である。

原案について、役員が緻密な議論を交わした。一言一句を仔細に検討し、発信した際の受け止められ方に細心の注意を払った。提言には年金支給開始年齢の引き上げや健康維持の努力へのインセンティブ制度など、国民に対し厳しい内容も含まれる。それをどう表現すれば理解を得られるか。真剣な協議が続いた。

小林「年金について、タイトルの『ライフスタイルに合った年金制度へ』は一案。いつから受給し始めるかを選択できる、と伝わることが重要だ」

小泉「年金のレールも1本ではない。『一人ひとりのライフスタイルに合った年金制度へ』はどうか」

村井「副題に『支給開始年齢引き上げ』を入れるか」

小泉「『引き上げ』は一律の話なので、一人ひとりとは言えなくなる」

吉川「医療の部分のタイトルだが、『健康管理に努力した人が報われる医療介護へ〜自助を促す自己負担割合の設定』とある。自助できない人はどうすればいいか。その一文は入れたほうがいいのではないか」

小泉「それはその通りだ。フォローは入れ込んだほうがいい。ここで言いたいのは努力すれば保険料の自己負担が下がっていく仕組みをつくることだ」

村井「年金支給開始年齢の引き上げ、健康管理の話など、かなり厳しい政策だ。それを柔らかく表現することも必要だが、あまり丸くなってしまっては意味がないのではないか」

小泉「高額療養費制度の上限額は所得に応じて調整が必要だとしても、窓口負担の原則3割については維持すべきだ」

こうして、小泉小委員会の提言が固まっていった。

提言の発信戦略についても議論した。「レールからの解放」の記者会見に始まり、小泉小委員会は国民に対して、議員の口から直接真意を伝えることを重視していた。

そこでこの日、私はインターネットメディアの活用を提言した。インターネットメディアは新聞・テレビとは異なり、特定部分を切り取られることなく、長いメッセージを発信できる。議論の結果、提言の記者会見にはインターネットメディアも招待することを決定した。先の話になるが、2017年3月の「こども保険」提言時には、小林の陣頭指揮でさらに徹底したメディア戦略を展開することになる。

役員会での議論を受け、村井は原案の修正にかかった。

医療はコストではなく「投資」

10月5日、第21回会合。この日は、株式会社ミナケアの山本雄士・代表取締役を講師に招き、議論を進めた。

データヘルス
特定健康診査（特定健診）や診療報酬明細書（レセプト）などから得られるデータの分析に基づいて実施する、効率のよい保健事業のこと。2013年6月、すべての健康保険組合に対してデータヘルス計画の作成と実施を求める方針が閣議決定された。

内科医の経歴のある山本の持論は「医療はコストではなく投資」である。噛み砕いて言うと、病気になったときに医療の世話になると高額な医療費がかかりコストになるが、予防を目的に日常的に医療を利用すれば低価格で病気にかからなくてすむため、高額な医療費を使う必要がなくなり投資になる、ということだ。

山本は病院の中でできることは限られていると考え、データヘルス支援事業に踏み出した。※医療報酬の明細書や患者データをもとにリスクの喚起や予防の提案を行う。演題はシンプルに「安心の基盤の再構築⑥〜医療」だった。

第21回　山本雄士　株式会社ミナケア代表取締役　講演要旨（2016年10月5日）

根底の考え方は「病気になってから病院に行くのは非効率」ということ。今の医療は基本的にはトラブルシューティングだ。

技術は先手を打てる（予防できる）ようになっているのに、使い方は依然として後手（病気になってからの治療）に回っている。コレステロール値に異常がある人のうち9割は何もしていない。健診しても受診につながらなければ無駄だ。糖尿病リスクのある人の3分の1は病院にすら行っていない。重症化してから病院に行く。この状況を放置して、医療費が上がると嘆いても仕方がない。

医療の問題は、財源の話から抜け出さないかぎりいつまでも泥沼だ。「次に泣いてもらうのは誰か」という議論で終わる。皆保険の維持のためというのも十分ではない。まずは医療費の価格設定と医療はどうあるべきかを論じ、次に保険のカバー範囲を決めるのが重要だ。医療の風景を変える。まずはコストから投資へ。延命ではなく健康寿命を延伸する。病気を治療する医療は非日常でよいが、健康維持は日常の風景であるべき。健康維持のために医療が存在するとするならば、医療が非日常なのはおかしい。

生涯医療費の平均はひとり2400万円。これをどう賄うか。予測可能な疾病と不慮の事態は分けるべき。予測可能な疾病は保険ではなく積み立てで、不測の病気や怪我は保険で賄うべき。また、個人の健康維持参加にはインセンティブを与えるべきだ。

ケアサイクルと考えると、予防は保健事業者、健診は健診機関、診断・治療は医療機関、慢性期管理は医療機関など、介護は介護施設、終末期は在宅と、サービスの提供者が分断され、サービスチェーンが日本では確立されていない。そこで非効率や患者不在のサービスが起こる。ケアサイクルを連携させ、全体最適化を進めることが求められる。

医療提供のビジネスモデルを変革しなければならない。「あらゆる人を救いたい」という医療側の望みから、「自分のリスクや病気を理解して、早く、うまく、安く解決したい」という患者の望みを叶える方向に、ビジネスモデルをシフトすべきだ。

佐藤 「予防への投資拡大が前提なら、健康意識が高い人と低い人が同じ病気になった場合に、同じ治療費では不公平感がある。健康意識の高い人の自己負担を安くするといったインセンティブ設計が必要だ」

白須賀 「高齢化と医療の高度化を比較すると、私は医療の高度化のほうが怖い。高度医療のどこまでを国がカバーするのかという議論に踏み込む必要がある」

小泉 「これまでの議論で、『小さなリスクは自分で、大きなリスクは公が』という方向性が示された。山本先生は保険がカバーすべき範囲についてどう考えるか。また、個人の自助努力を促すインセンティブをどのように設計したらよいと考えるか」

山本 「保険のカバー範囲について、自己管理しやすいものを保険の対象から減らしていくのはよいが、いきなり保険外にしてしまうのは苦しい。自分の医療費に使うための積立金の税控除を認めるのもアイデア。誰がなるかわからない病気や身体的・精神的に負担の大きい病気については、社会保障でカバーするというのがよい。

インセンティブの具体例でいうと、ある企業では健康診断を受けない従業員とその管理者のボーナスを削減するという措置が取られた。健診を受けず翌年の健診で不健康になった人のボーナスを削減するという制度も有効だ。

現在一律に設定されている健康保険の保険料の設定を、（健康維持への努力などを基準に）個々人に応じて柔軟に変更できるような仕組みが必要だ」

村井「国全体での制度設計についてはどう考えるか」

山本「社会全体でもこうした制度設計を導入すべきだ。そうしない理由がわからない」

村井「健診の受診は確認できるのか。個々人の履歴を見ることは可能なのか」

山本「それは、我々がお願いしたいことだ。長年の健康維持への取り組みに対する評価はあってしかるべきだ。窓口負担で調整するのもアイデアだと思う。保険料率でもよいだろう」

石川「健康維持に取り組んでいる人にはインセンティブを与えるという論旨はいいが、『健康維持に取り組んでいる』とは何かというのは難しい。たとえば、タバコとか体重は同意を得やすいが、実証分析では学歴が高いほど健康的であるという因果関係が示されている。他にも、孤独はタバコより体に悪いというデータもある。

すなわち、健康との因果関係が示されている要因のなかでも、合意形成しやすいものとしにくいものがある。合意できそうなのはタバコと運動と体重と検査データぐらいだろうが、体重に関しては、若いときは痩せていてもよいが、年を取ると少し太っているぐらいがよく、非常にややこしい」

小泉　「石川先生の意見では、健康であるためのインセンティブというのは現実的には設定するのが困難であるということか？」

石川　「たとえば『健康7カ条』のような行動リストを設定したとしても、100も200もあるうちの7個のファクターなので、この7カ条を守っても効果があるとは言い切れない」

小林　「7つでも確実なものがあるなら、やるべきでは」

健康インセンティブの議論は7月からスタートしていたが、この日はより具体的な議論へと進展した。「健康維持を日常に」という大方針と、自助努力に励む人の自己負担を下げるというインセンティブのあり方が明確になり、共通認識が深まった。小泉は会合が終わった際、「よい場だった」と手応えを漏らした。

3本柱が固まる

10月6日と7日の両日、役員会が開催された。4日に引き続き、取りまとめ案について議論。4日の議論を踏まえ、村井が加筆・修正した案を、村井、小泉、小林、山下、吉川の5人で練り直した。

議論が集中したのは解雇規制の緩和だ。雇用者側に有利で、企業の都合で解雇しやすくなると誤解を受けやすく、政治家にとっては繊細な問題だ。小泉の腹案は、解雇規制を緩和するかわりに、退職一時金と再就職のための職業訓練など学び直しを保証し、労働市場の流動性を高めるというイメージだったが、退職一時金と職業訓練の費用の出どころなど、コンセンサスを得るにはハードルが高い。

小泉「一時金を出して解雇するだけでなく、その後の支援策も考えないといけない。零細企業だと、そもそも十分な退職金もなく解雇されているのが現状だ。解雇規制緩和の真のメッセージは、退職金の保証はもちろん、その後の再訓練、再就職にかかる費用も企業が支援する、ということ」

吉川「仕方なく解雇に踏み切っている中小企業には、大変厳しいメッセージになる」

村井「人手不足が恒常化し、かつ、一人当たりの労働生産性を高めなければならない時代に、人を雇うために必要なコストを払えない中小企業は退場しても仕方ないのではないか」

提言の各項のタイトルでも意見が飛び交った。「名は体を表す」のことわざの通り、政策を理解してもらうには、一言で伝わるタイトルが非常に重要だ。タイトルを失敗すると間違ったメッセージが伝わる。小泉はそれを熟知している。

小泉「中身は3本柱。順番を整理すると、皆社会保険、年金、医療の順番か。レールからの解放と繋がる言葉はないか」

小林「日本の第二創業期を支える3本の柱」

小泉「馬車に乗っていたのが動力つきの自動車が登場し、飛行機で空を飛んだ。同じことが社会保障にも起きている。産業界はインダストリー4・0（第4次産業革命）。社会保障も新たな時代に対応することを端的に表す言葉がほしい。1973年は福祉元年。今回も〇〇元年と言えないか」

小林「それぞれが自分の価値観とタイミングで選べる未来へ」

村井「社会保障が人々のライフスタイルに合わせていくというイメージ」

小泉「その価値観は重要。ライフスタイル対応型社会保障。あるいは、社会保障から〇〇へ」

7日には茂木政調会長から提言案の方向性について了承を取りつけている。実は小泉と村井は、茂木会長に提言案が了承されないことを懸念していた。その可能性はあったのである。しかし、面会した茂木会長は思いの外好意的で、すんなりと了承された。その後、茂木は小泉たちの政策を党の立場から強力にサポートすることになる。理論家だけに、正面から政策を出してきた若手議員たちに感じるものがあったのだろうか。

役員会では記者会見に備え想定問答も作成することとした。

骨子案

こうして、村井は5月以降の小委員会の議論をまとめあげた。ここまでは、専門家の意見をもとに役員が提言案を取りまとめた段階だ。この後、委員間討議と役員議論を繰り返しながら、小泉小委員会は10月末の記者会見に向かうことになる。議論に加わった発信アドバイザーの高木からの助言も踏まえ、2日間の議論の後、村井が修正し書き上げた骨子案の全文を記す。

骨子案

はじめに ～人生100年時代の社会保障へ

２０２０年以降は「人生１００年を生きる時代」になる。終身雇用・定年という一つだけのレールだけでなく、多様な生き方が当たり前になる。こうした変化に対応し、労働法制や社会保障も変わらなければならない。

我が国の社会保障は、戦後の高度成長期に形成された。多くの方が「20年学び、40年働き、20年老後を過ごす」という典型的な人生を歩んだ時代。年金や医療介護は、こうした単一のレールを想定して整備された。

例えば、現在の社会保障の大宗は、所得ではなく、年齢を基準に給付を行っている。高齢になれば、充実した社会保障が受けられる。これは、定年後の老後に政府の支援を集中すれば、国民の安心を確保できたからだ。

しかし、これを今後も維持することは出来ない。終身雇用ではない働き方を選択する若者。定年を越えて働く元気な高齢者。子育てと仕事を両立する女性。今の社会保障は、こうした多様な生き方・働き方に対応出来ていない。

これからの社会保障は、いろいろな「人生のレール」に対応していく必要がある。そして、多様な生き方を選ぶことがリスクにならない社会を実現する。これにより、1人1人の国民が自立して生きていくことを目指す。

人口減少を過度に悲観する声もある。もちろん、今後も子育て支援の推進は必要だ。しかし、人工知能の活用や働き方改革、そして自助や自立を支援する社会保障改革を着実に進め、「人口減少でもやっていける」という楽観と自信を国民と共有することこそ、最大の少子化対策だ。

第2創業期における安心の基盤の再構築〜勤労者皆社会保険制度（仮称）の創設

2020年以降、グローバル化、IT化、高齢化が更に進展し、世界的に所得の二極化が進行する。人工知能やロボットなどの技術革新が急速に進み、機械が人間と協同して仕事にあたる時代になる。労働者の知識やスキルも常に更新することが求められる。様々な企業が次々に生まれ、転職も当たり前の時代になる。

こうした変化の激しい時代に、国民の安心の基盤を確保するためには、「雇用を守る」のではなく、「人を守る」発想への転換が必要だ。生産性の低い衰退産業に補助金を出して雇用を守るのではなく、労働者の学び直しを支援し、生産性の高い成長産業へと移動することをしっかり支援する。

このためには、新しい時代のライフスタイルに合わせた労働法制や社会保障の見直しが必要だ。まず、企業側にとっても、労働者側にとっても、また経済全体からみても、衰退産業に「雇用」を縛り付けることは持続可能ではない。今後は、衰退業種の企業が、労働者の学び直しのための費用を負担する場合には、「雇用」を縮小することを認められやすくすべきだ。

同時に、企業を飛び出した労働者が成長産業に円滑に移動することを支援するため、社会人の学び直しに対する支援を抜本強化する。少ない自己負担で、成長分野のスキルを身につけることを可能とする。

さらに、社会保障も、労働市場の流動化を前提とした見直しが必要だ。現在の社会保障は、終身雇用を前提に設計されており、新しいライフスタイルに対応できない。例えば、企業の社会保険は正規雇用のみを対象にしている。一定の所得・勤務時間に満たない労働者は、企業の厚生年金や健康保険に加入できず、セーフティーネットの対象になっていない。

今後は、いかなる雇用形態であっても、企業で働く方は全員、社会保険に加入できるようにして、充実した社会保障を受けられるようにすべきだ。いわば「勤労者皆社会保険制度（仮称）」の実現である。

また、所得の低い勤労者は、社会保険料を免除・軽減すべきだ。事業主負担は維持することで、社会保険の中での助け合いを強化する。政府も、社会保障改革により生み出した財源を活用して、激変緩和に必要な支援を行う。

こうした改革が実現すれば、所得の低い勤労者も、社会保険料負担の免除・軽減によって現在の手取り所得が拡大する。また、充実した年金を将来受け取ることができるようになり、将来不安が解消する。こうしたセーフティーネットが確保されていれば、学び直しやチャレンジに取り組む人も増えるだろう。

足下では、半数近くの若者が国民年金保険料を払っていない。これを放置すれば、将来、無年金・低年金の高齢者が増え、生活保護が拡大する恐れがある。改革により、こうした無年金・低年金という「将来の爆弾」も解決できる。

もちろん、解雇規制の見直し、学び直し支援の拡充、勤労者皆社会保険制度（仮称）の導入といった一連の改革は、一時的には大きな痛みが伴う。事業者は、労働コストが拡大するため、生産性の更なる上昇が必要になる。労働者も、学び直しなどにより生産性を上げ続けないと、安定した雇用は確保できない。

しかし、短期的には大きな痛みとなっても、中長期的には、この改革をやりきることで、生産性の向上とセーフティーネットの充実を同時に実現することができる。労働市場の流動化とそれを支える社会保障こそ、持続的な経済成長と安心の基盤だ。労使双方の理解を得て、必要な改革を断行すべきだ。

1人1人のライフスタイルに合った年金制度へ～年金受給開始年齢の柔軟化

今の年金制度は、財政面だけを見れば、十分に持続可能である。根拠無く「年金が破綻する」と批判することは無責任だ。政府は、年金財政が健全であることを国民にしっかり説明していく必要がある。

ただし、今の年金制度には大きな課題がある。2020年以降、健康寿命がさらに延びていく。人工知能やロボット等の技術革新に支えられ、高齢者はより長く元気に活躍できるようになる。

今後は、「40年働き、40年休む」という人生ではなく、より長く働くことを選択する方が増えていく。現在の働き方改革でも、より多様で柔軟な働き方が重視されている。

今の年金制度は、こうした働き方の変化に対応していない。例えば、定年を越えて働く高齢者は少ないと想定してきたため、現在の制度では、一定年齢を超えると保険料が納付出来なくなったり、働きながら年金を受給すると年金が減額される仕組みになっている。

これでは、働き方改革が進展しても、年金制度が障害となって、働く意思や能力のある高齢者の就労を阻害してしまう恐れがある。

年金制度は、「長く働くほど得をする仕組み」へと改革すべきだ。例えば、年金受給開始年齢はより柔軟に選択できるようにする。年金保険料はいつまでも納付できるようにする。働くと年金が減額される仕組みは廃止する。

これらにより、1人1人のライフスタイルに合った年金制度を実現する。働き方改革と合わせて、こうした年金改革を実施することで、高齢者がより長く働くことが当たり前になる。

こうしたライフスタイルの変化を見据え、諸外国でも長時間かけて実現している支給開始年齢の引き上げについての議論をただちに開始すべきである。

健康管理に努力した人が報われる医療介護へ～自助を促す自己負担割合の設定

2020年以降、高齢化の進展に加え、医療技術がますます高度化すると、医療介護費用が高額化していく。

医療介護制度の持続可能性を確保するためには、「病気になってから治療する」だけでなく、そもそも「病気にならないようにする」自助努力を支援していく必要がある。

医療介護費用の多くは、生活習慣病、がん、認知症への対応である。これらは、普段から健康管理を徹底すれば、予防や進行の抑制が可能なものも多い。

しかし、現行制度では、健康管理をしっかりやってきた方も、健康管理を受けずに生活習慣病になってしまった方も、同じ自己負担で治療が受けられる。これでは、自助を促すインセンティブが十分とは言えない。

今後は、健康診断を徹底し、早い段階から保健指導を受けていただく。そして、健康維持に取り組んできた方が病気になった場合は、自己負担を低くすることで、自助を促すインセンティブを強化すべきだ。

運転免許証では優良運転者に「ゴールド免許」が与えられる。医療介護でも、IT技術を活用すれば、個人ごとに検診履歴等を把握し、健康管理にしっかり取り組んできた方を「ゴールド区分」に出来る。いわば医療介護版の「ゴールド免許」を作り、自己負担を低く設定することで、自助を支援すべきだ。もちろん、自助で対応できない方にはきめ細かく対応する必要がある。

また、現行制度では、自助で対応できる軽微なリスクも、大きな疾病リスクも、同じように支援している。例えば、湿布薬やうがい薬も公的保険の対象であり、自分で買うと全額負担、病院でもらうと3割負担だ。こうした軽微なリスクは自助で対応してもらうべきであり、公的保険の範囲を見直すべきだ。

終わりに

人口減少は不可避だ。毎年人口が減り続けることを嘆いても、明るい未来は切り開けない。人口減少を前提に、経済社会システムを抜本的に見直すことで、人口減少を強みに変えていくことが必要だ。

社会保障も、終身雇用を前提とした制度から、多様なライフスタイルに対応した、自助を最大限に支援する制度へと改革する必要がある。働く現役世代が、安心して暮らせる社会にする。高齢者が働くほど得をする年金制度にする。病気にならないように努力した人は、自己負担が低くなる医療介護にする。

こうした安心の基盤を整備すれば、より多くの国民が、多様な生き方や働き方を選択しやすくなる。結果として、労働力人口が下支えされ、生産性も向上する。経済成長を維持して、社会保障も持続可能性になる。

今こそ、「人口減少でもやっていける」と国民に確信していただける社会保障改革が必要だ。

一時的に痛みが伴う改革にも逃げてはならない。国民の理解を得て、必要な改革を断行すべきだ。

骨子案を諮る

10月12日、第22回会合。専門家を講師に迎え7月27日の第16回会合から6回にわたり続けてきた社会保障のあり方についての議論が最終盤を迎えた。この日から取りまとめに向け、委員のみでの議論が始まる。

はじめに、村井が書き上げた骨子を事務局スタッフが段落ごとに読み上げ、村井がその都度、ポイントを解説するという仕方で委員に伝えた。

村井の解説にしたがい、骨子のポイントを整理しておきたい。

まず、「はじめに」の部分では「レールからの解放」を踏襲し、社会保障の方向性を示した。重要なのは人口減少とのつき合い方である。その点について理念をしっかりと書いた。村井は「何よりも大切なことは、国民の過度な将来不安を解消すること。経済社会の構造変化を踏まえ

第２創業期における安心の基盤の再構築
〜勤労者皆社会保険制度（仮称）の創設

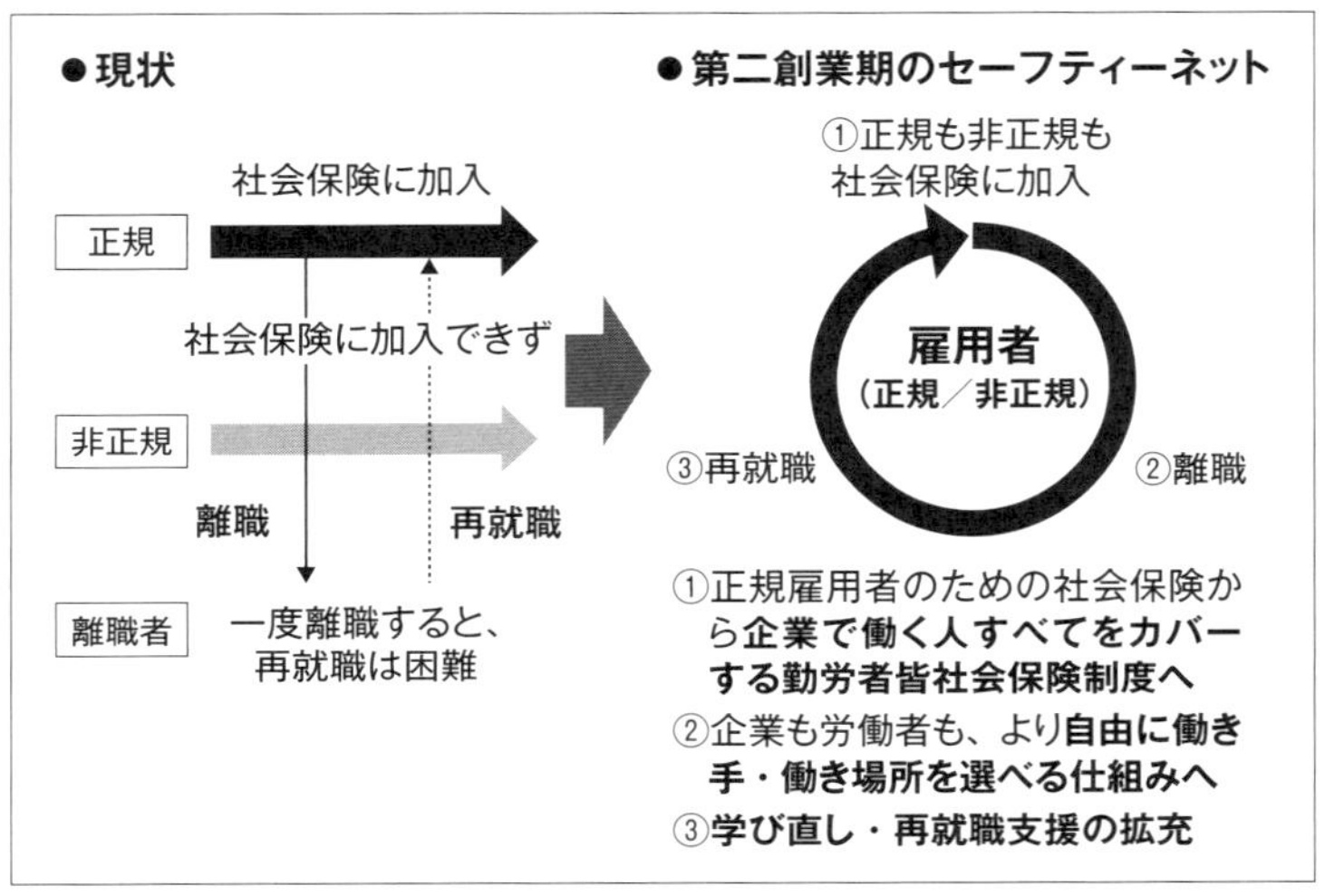

１人１人のライフスタイルに合った年金制度へ
〜年金受給開始年齢の柔軟化

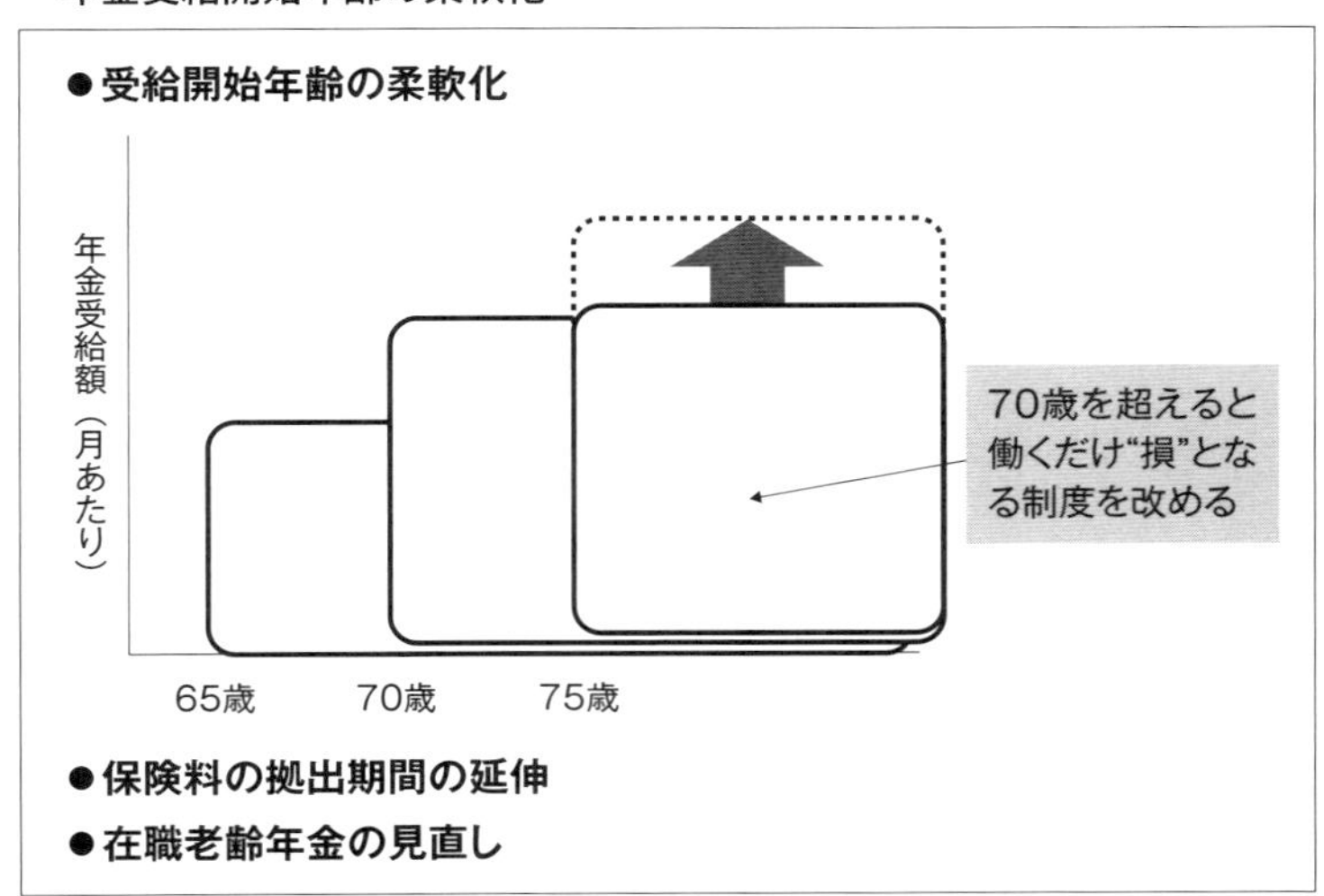

健康管理に努力した人が報われる医療介護へ
〜自助を促す自己負担割合の設定

●健康ゴールド免許

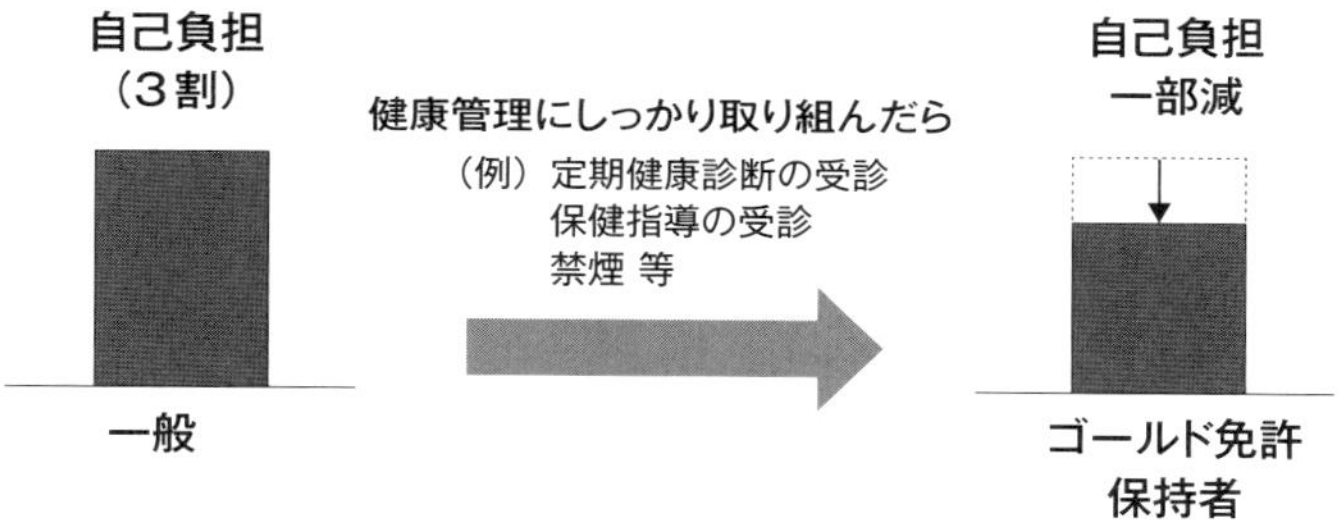

自己負担（3割）

一般

健康管理にしっかり取り組んだら
（例）定期健康診断の受診
保健指導の受診
禁煙 等

自己負担一部減

ゴールド免許保持者

●小さなリスクは自己負担

（例）湿布薬、うがい薬は現状公的保険の対象
（自分で買うと全額負担、病院でもらうと3割負担）
⇒こうした軽微なリスクは公的保険から外すべき

て、今後進むべき社会保障の方向性を国民全体と共有できれば、将来への安心につながり、それが結果的に少子化対策にもなるという方向性を示した」と強調した。

次に、「第2創業期における安心の基盤の再構築〜勤労者皆社会保険制度（仮称）の創設」が骨子案の目玉だと村井は解説した。将来不安を解消するため、基本的には社会保険の適用拡大と低所得者の保険料減免といった形で制度設計するという方向性を示した。前提となるのは、労働市場の流動化促進と働き方改革である。

「1人1人のライフスタイルに合った年金制度へ〜年金受給開始年齢の柔軟化」の最も重要なポイントは、受給開始年齢の柔軟化や在職老齢年金の見直しなど、年金制度を「長く働くほど得をする仕組み」へと改革すべきことを明示した点だ。

「健康管理に努力した人が報われる医療介護へ～自助を促す自己負担割合の設定」のポイントは、自助を促すインセンティブ制度の導入を提案したことと、小さなリスクは健康保険ではなく自助で対応すると書いたことだった。

激論

骨子案の解説の後、ただちに討議に入った。委員からは多くの注文がつけられた。まずは穴見である。

穴見「労働者が一番不安なのは、解雇されたあと次の就職が決まるまで食べていけるか、という点だ。雇用の流動化を行うのであれば、この不安を解消するような文言が必要だ」

穴見は内閣改造に伴い8月から小委員会に加わった新メンバーのひとり。大分県佐伯市の出身で、父は外食チェーン「ジョイフル」の創業者だ。

穴見も政治家転身まで2代目社長を務め、現在も代表権のある相談役の職にある。2012

年の総選挙で初当選の2回生で、経営者の立場から、働き方改革には熱意を持っている。自身の公式サイトには、「楽をして生きていける道は存在しない」と政治理念を書く。大柄な体躯に抑制の利いた話し振りも相まって、とても2期目とは思えない貫禄を醸し出している。小委員会では新顔ながら、早くも各論の議論をリードする存在となりつつあった。穴見は勤労者皆社会保険制度と健康インセンティブ制度にも注文をつけた。

穴見「勤労者皆社会保険制度は素晴らしいと思うが、社会保険の適用外の人がセーフティネットの外にいるような書き振りとなっているのは問題だ。健康維持へのインセンティブは、企業に従業員の健康診断を義務化させるなどの具体案がほしい」

白須賀は勤労者皆社会保険制度について企業側への配慮を求め、村井がそれに応じる。役員会でも表現に気をつかった部分だった。

白須賀「セーフティネットを充実させることは重要だが、これは企業に対して、社会に参画し、人を雇用するために最低限のコストを支払ってもらうことを意味している。素晴らしいことだが、雇用コストが増加するのであれば、解雇の自由もある程度認める必要がある」

村井「解雇の部分は仰る通り。勤労者皆社会保険制度を導入すれば事業主の負担は重くなる。一方、解雇という言葉は使いにくいため、『雇用の縮小』といった表現を用いた」

若者は何を求めているのか

保守を自任し、大きな政府を求める安藤からは、厳しい意見の表明があった。村井、穴見が応じる。

安藤「人口減少でもやっていけるという自信を持たせることは大事だ。しかし、私は若い人は終身雇用を求めていると思うし、終身雇用のほうが企業の活力も上がると思う。終身雇用ではないのが当たり前だと強調すると経済を停滞させてしまう。関連する記述は変えてほしい。

能力のある人はスキルを身につけて転職すれば大丈夫だと思いがちだが、そうではない人も多く、誰もが安心してもらえるようなメッセージにすることが大事だ。年金については、支給開始年齢引き上げの議論を持ち出すと、年金の持続可能性への懸念が強まる。支給開始年齢の引き上げは書かないほうがよい」

村井「年金財政は大丈夫としつつ、支給開始年齢の引き上げについても触れたことの本当の意味は、支給開始年齢の引き上げで生じる原資を若い世代の社会保険料の減免に充てようという考えだ」

穴見「業況のいい企業はできるだけ長く従業員にいてもらったほうがいいに決まっている。しかし、産業の転換サイクルが早くなり、大企業でも潰れてしまう時代となった今、労働者が終身雇用を前提としてゆるく構えていると、大変な地獄に突き落とされるかもしれない。労働者のためを思うからこそ、雇用の調整機能を利かせる必要がある」

大岡は雇用保険について問題を提起した。大岡も8月からの新メンバー。滋賀県の出身で、スズキでサラリーマン生活を送った後、スズキ本社足下の浜松市議、静岡県議を務め、2012年総選挙で地元滋賀1区から出馬し、初当選した。ラ・サール中・高時代はラグビー部で汗を流した体育会系で、豪快で威勢がいい。中小企業診断士の資格を持ち、自らのサイトには「27歳のときに、男一匹『金は貯金が200万！　地盤なし！　世襲なし！　知名度なし！』で市議会議員に挑戦しました」と政治遍歴に触れている。

大岡「雇用保険の柔軟化もお願いしたい。たとえば、離職してベンチャー企業の社長になったら、事業に失敗して失業しても雇用保険をもらえない。チャレンジして失敗したとしても救済される制度であれば、起業がもっと増加する。雇用保険や生活保護の支援のタイミングも見直してほしい。盛り込めないなら、今後議論したい。生活保護に頼る前に、失業してもすぐに働けるような支援を行うべき。超高度医療については、年齢によっては保険の対象としてもよいと思う」

集約

委員の意見を聴いた後に、進行役の村井が議論の集約を促した。「大まかに前向きか後ろ向きか教えていただきたい」

安藤を除き、各委員は方向性を了とした。

鈴木馨祐 「基本的に賛成。終身雇用を前提とした今の制度は、実は再チャレンジが利かない制度だということを強調してほしい。解雇規制緩和という出口の部分と同時に、新卒一括採用という入口の部分の改革にも取り組む必要がある。医療保険について、高度医療は民間の医療保険でリスクヘッジできる。民間の医療保険の活用を含めて、公的保険の適用範囲を見直すということを入れていただきたい」

鈴木馨祐は自由主義者らしく、今の雇用制度を改革するということと、高額医療費に対する改革案を述べた。

山下　「これで終わりではなく、今後の課題として、フリーランスの人に安心の基盤を提供する細かな制度設計を考える必要がある」

鈴木憲和　「全体として賛成。『生産性の低い衰退産業に補助金を出して雇用を守るのではなく』という部分を読むと、うちの地域はダメなのかなと感じてしまう人もいる。また、ダメなところは切り捨てて、よいところにだけ投資します、と読めてしまう。勤労者皆社会保険制度の部分で、企業で働く方は全員と書いているが、この対象に外国人を含めるべきだ」

議論は外国人の受け入れにまで及ぶ。

大岡　「移民も含めるべきということか」

鈴木憲和　「かまわないと思う」

滝波「全般的によくまとまっている。『働くと年金が減額される仕組みは廃止する』という部分だが、完全に廃止すると、もともと高所得の高齢者に負担いただき、高齢者の中で助け合うという考えが欠落するため、表現を工夫されたい」

大岡「国民は小泉代行に本当のことを伝えてほしいと期待している。たとえば、人口減少を強みに変えることが大事であると書いているが、そう思っている人は少ないと思う。しかし、チャンスだと思っている人はいるだろう。人口減少という変化に対して、国民の強みをぶつけるというメッセージを発信し、チャンスと思える人を増やすことが重要だ」

最後は小泉が楽観的なメッセージを発して、場を締めた。

小泉「インドは日本をうらやんでいると聞いた。インドは人口が増え、若い人が増加するから、ＩｏＴやＡＩで生産性を上げると社会不安に直結する。日本にはそんな心配がなく、ＩｏＴやＡＩの活用に躊躇する必要がない。それがインドからするとうらやましいということらしい」

年金支給開始年齢の引き上げに反対した安藤をのぞき、小泉たちによる提案は受け入れられることとなった。
夏以降、小委員会にはメンバー数名の入れ替わりがあったが、「レール」期の議論が定着しており、新しい委員もすぐに議論の雰囲気に馴染んだ。
加えて、議論のあり方も成長を見せた。「レール」期は落としどころが見えない中で、持論をぶつけ合う場面が見られたが、この頃にはしっかりとしたディベートが成立している。議論は真剣そのもので、主張が正面衝突することがなくなったわけではない。しかし、最後は着地できるという安心感の中で、激しく議論を戦わせる姿が印象に残る。

メディア発信のための詰め

前回第22回会合の議論を受け、10月13日に役員会が開催された。提言取りまとめの期日は10月26日。終了と同時に記者会見も予定されている。この日の役員会では、まず、記者会見について入念な打ち合わせを行っている。

小泉 「具体的な政策を列挙し、メディアにブリーフィングする1枚紙が必要ではないか」

村井 「皆社会保険、年金制度の柔軟化、健康ゴールド免許の3本柱はパワーポイントで説明したほうがいい」

大沼　「政策を1枚紙で示しておけば、優先順位がわかる」

政治の発信はメディアを通して行われる。報道されるためには、記者の関心を惹かなくてはならないし、伝えたいことを伝えるには記者に正しく理解されなければならない。そのためには、説明のわかりやすさはもちろん、新鮮味の演出や説明の順序なども重要な要素だ。小委員会の役員はその意識を共有していた。

10月18日にも役員会を開催した。前回の続きである。前回会合と役員会の議論を踏まえ、村井から骨子案に修正を加えた提言案が示され、表現の細部にわたり仔細に検討を重ねた。解雇規制の緩和と再教育についても議論されている。

小泉が恐れたのは、言葉だけが切り取られ、本意ではないことが独り歩きするミスリードである。たとえば、「雇用を縮小する」という表現だ。

小泉　「『雇用を縮小する』の表現はもっとうまくできないか」

小林　「真意は?」

小泉　「退職金の保証、再就職・学び直しの支援を前提とした解雇規制の緩和が、結果として労働者にプラスだと伝わらない。一般の感覚ではどう読める？」

高木　「今の文言では解雇してもいいよ、という意味にとれる。もっと柔軟に雇用できる、と書いたほうがいい。つまり、いまの制度では雇用にかなりのエネルギーが必要で、正社員の雇用はしづらい。だから、『もっと柔軟に雇用できる』という言い方はどうか」

小林　「具体的には？」

高木　「発想を逆にして『縛りつけても持続可能ではないので、企業がもっと柔軟に雇用しやすい社会をつくるべきで、その際には……』」

村井　「入口も出口も柔軟化するというメッセージであれば、『持続可能ではない雇用は柔軟化すべきだ』で包括はできる」

小泉　「解雇には一時金というメッセージがなくなる」

村井　「雇いやすくなるし、出やすくなることを言えばよいのではないか。解雇の話をどこまで出すかを先に決めるべきでは」

小泉　「心配しているのは『雇用』と『縮小』のセット。そこだけ切り取られるのは怖い。『雇用の縮小』は言葉のインパクトが大きい」

高木　「たしかに、切り取られそうだ」

山下　「企業はもっと自由に労働者を選べるべき。労働者はもっと自由に企業を選べるようにすべき。そのためにも企業が労働者の再就職の費用を負担する仕組みをつくっていく」

小泉・村井・高木　「それがいい」

幻となった「私的年金」

さらに、他の内容についても役員間で突っ込んだ議論が交わされた。幻に終わった私的年金の言及についてもそのひとつだった。

小泉　「『就労形態によらない私的年金の充実』とは？」

村井　「リースター年金からヒントを得た」

小泉　「政府は何ができるのか」

村井　「公助が増える、私的年金に補助を出す、など」

小泉　「まずは国の公的年金を拡充させるべきでは」

村井　「同感だが、さりとて公的年金への信頼が回復しきっていない中で、プライベートな年金を使いたいというニーズにどう対応するか、という話だ」

小泉「リースター年金を採用しているドイツは皆年金ではない。日本では皆年金。そこが整理できていない。優先順位は『公的年金の信頼回復』なのか『私的年金の拡充』なのか。私的年金が先では優先順位が違うと思う。国民が公的年金を信頼していく中で、私的年金にシフトするのか、公的年金に立ち向かうのか」

村井「わかった。私的年金は外そう」

吉川「『若年層を中心に自助を通じた』以下の部分は残してほしい」

小泉「それは重要。金融教育の『自助で老後に備えた資金形成』のところも、検討ではなく、『意識醸成をしなくてはならない』くらい強く言ってはどうか」

解雇規制の緩和や私的年金の導入など、世論に大きなインパクトを与え得る政策を扱っているだけに、役員は発信の仕方には細心の注意を払っていた。

この日、3本柱のネーミングについて、高木から提案があった。社会保険は「360。社会保険」、年金は「1人1人のライフスタイルに合った年金制度」か「人生100年型年金」「100年人生対応年金」などで、副題は「一人ひとりのライフスタイルに寄り添う年金制度」。医療・介護は「健康ゴールド免許」という案だ。

役員で議論・協議し、最終的には提言のタイトルは「人生100年時代の社会保障へ」。3本柱のネーミングはそれぞれ、「第二創業期のセーフティーネット〜勤労者皆社会保険制度の創設〜」「人生100年型年金〜年金受給開始年齢の柔軟化〜」「健康ゴールド免許〜自助を促す自己負担割合の設定〜」とすることを決定した。

徹夜の修正作業

村井は翌日の小委員会に間に合わせるため、直ちに提言案の修正に取り掛かった。ほぼ徹夜の作業であったと聞く。

余談だが、17日には発信アドバイザーの高木が政策案に異を唱える場面もあった。勤労者皆社会保険制度にフリーランスは含まれない、ということを聞いてのことだった。

高木は、今後確実に増加するフリーランスを含めるべきだと強く主張したが、村井は、望まざる非正規雇用は守るべきだが、自由を求めるフリーランスを一般並みに保護することは最優先ではないと譲らない。張り詰めた雰囲気に包まれた。どちらも強い思いがあってのことで紛糾もやむを得ない。

小泉が「高木さん、明日修正案書いてきてよ」と仲介に入ったが、高木は多忙を理由に難色を示した。

ところが、すかさず小泉が放った次の一言で、緊張がほどけた。

「高木さん、今度何食べたい？」

場は笑いに変わり、「じゃあ、焼肉で」と高木も苦笑い。翌日には、いったんは断った高木が修正案を持参した。

役員間で再協議した結果、フリーランスへの適用は実現性の観点からいったん見送られたものの、小泉の人間性がよく表れた一幕だった。

14日の「日経新聞」朝刊は「解雇規制を緩和　自民・小泉小委が改革案　雇用流動化狙う」の見出しで、早くも小委員会の社会保障改革案の骨子を伝えている。新聞社がなぜか提言案を入手した格好だ。

解雇規制の緩和が焦点になるだろう、という役員の予測は当たっていた。しかし、その後は山下が提案した「企業も働く側も、より自由に働き手・働き場所を選べるようにすべきだ」という表現に変更したので、記者会見では誤解なく受け止められ、ことさらに問題視されることはなかった。元新聞記者によるいぶし銀の活躍ぶりが垣間見える。

「生産性を上げ続けられる人などどこにいるのか」

10月19日、第23回会合が開かれた。26日の記者発表に向け、委員が議論する最後の会合である。提言の最終案を委員に示し、村井が主な変更点について説明したのち、意見交換に入った。安藤が真っ先に手を挙げる。村井は「やはり来たな」という様子。小泉は「どこを突っ込まれるだろうか」と、少し身構えた。安藤は年金の受給開始年齢の記述について、強硬に反対論を述べた。

安藤 「『受給開始の標準年齢の引き上げ』というように書き方を変えていただいたようだが、やっぱり日本の年金制度はダメだ、というメッセージだと私は受け取る。財政が破綻することを前提として考えていくと、やっぱりこういった話になってしまう。そうではなく、大丈夫だというメッセージを出さないと、夢も希望も持てない。『労働者も学び直し等により、生産性を上げ続けないと安定した雇用を確保できない』というところも疑問だ。労働生産性を上げ続けられる人などどこにいるのか。普通の人は普通の生活がしたいだけだ。『安定した雇用を確保できない』と言われると不安になる。

安心感がないと結婚したり子どもを産んだりすることができない」

村井・小泉が応じる。

村井　『年金制度は安心だ』ということは書いている。今の年金制度は健全だが、人工知能などの技術革新や働き方改革などを通じて高齢者が働きやすくなる環境を醸成して、長く働くことが当たり前になったら支給開始年齢を引き上げるということも視野に入れてくれ、という意味を込めている。そこで財源が生まれるなら、それは低所得者の年金保険料の軽減といったところに充てていこうと、大きいスケールで書いている。決して、年金財政が危ないから支給開始年齢の引き上げが必要と主張しているのではない。ご理解いただきたい。

『生産性を上げ続ける』という部分については、表現を検討したい」

小泉　「2050年ごろになると、女性の平均寿命は90歳程度になると見られている。そうすると、平気で100歳を超える方がたくさん出てくる。だから、人生100年時代でも大丈夫な社会保障制度という観点が大事だということをご理解いただきたい」

ノーサイド

佐藤啓・参議院議員からは「人生100年時代の社会保障へ」の社会保障の概念の中に、子育て支援が含まれていないとの指摘があった。これは、役員会でも悩んできたことだった。佐藤は総務省出身の元官僚で、7月の参議院選挙で初当選したばかり。子育て支援については、顧問の園田や大沼らからも同様の指摘があった。

佐藤「社会保障4経費といったときには、医療、年金、介護、子ども・子育てが入る。子ども・子育てが入っていないとなると一番大事な部分が抜けているのではないか。医療、年金、介護をしっかりやれば、子育ての問題は解消されますよ、と読めてしまう」

園田「子どもについてはもう少し強調したほうがいい。人口減少を恐れないのは大事だが、高齢者に対する3万円給付のとき、小泉さんが『子育てに使うべき』と言った通り、そこをもっと強調すべきではないか」

鈴木憲和「『終わりに』に、少子化対策は抜本的強化が必要だと書いているが、その後に人口減少を嘆いても仕方ないと書かれている。すると、子どもが増えなくてもいいのかな、というメッセージに見えてしまう。たとえば子育て支援のような未来への投資についてのメッセージが必要だ」

大沼「社会保障と聞くと、子育て支援も含まれるというイメージはある。ここに子育てを入れる必要はないが、今後この問題に我々若い世代は取り組んでいくということを継続的に発信していくべきだと思う」

「人生100年時代の社会保障へ」を取りまとめるにあたり、子育て支援の扱いは役員会でも悩んできたことだった。

結局、提言には書き込まないことになったため、役員会での詳細なやり取りは記述していないが、提言に書き込みたい一方、子育て支援はすでに多くが実施されており、新しい政策がなかなか見つからないことや、あったとしても財源論の壁がある、というのが断念した理由だった。委員の指摘を受けた小泉の発言が、その苦悩をよく表している。

小泉「悩ましいのは、子育て政策はすでに多くある。ここに踏み込んだときに、必ず話に上がるのが財源論だ。対外的な発信を考慮すると、財源論に注目が集まってしまうという政治的なジレンマの中、どこまで書くかというのは悩みだ。大沼さんのご指摘のように、今回の取りまとめの後に、子育ての部分について考えていきます、ということもありだと思う」

今回の議論では、安藤を含むすべての委員が方向性を了解した。また、今回の提言に含まれなかった子育て支援についても、大沼らから言及があった。

子育て支援については、実はこの後、年明け再開後の小委員会において「こども保険」という形で結実することになる。詳細は次章に譲るが、その背景には、財源問題で頭を悩ませながらも、子育て支援策について諦めずに検討を続けてきた委員らの積み重ねがあったことは、先に強調しておきたい。

この日の議論を受け、提言案は村井の手で大幅に修正され、完成する。

「レールからの解放」「厚生労働省分割案」の後、5月以来、社会保障のあり方について、ときに熱く激しく繰り広げられた小泉小委員会の第3ラウンドの議論は、ノーサイドの笛を聞いた。

ちなみに、安藤から指摘のあった「労働者も学び直し等により、生産性を上げ続けないと安定した雇用を確保できない」の部分は、牧島からの提案もあり「働く側も、着実に経験を積むと共に、テクノロジーへのキャッチアップが必要となる」と修正されている。原案の執筆に始まり、最終版が確定するまで修正は30回近くに及び、そのすべてを村井が執筆した。村井の献身的な奮闘がなければ、取りまとめはできなかった。確定した最終版は巻末に記載する。

練り上げられた会見

記者会見に臨む役員たち。左から小林、小泉、村井、山下、吉川

10月26日、いよいよ記者発表の日を迎えた。秋晴れの空に南風がほのかに吹く気持ちのいい日だった。会見に先立って行われた第24回会合で、提言案が承認された。

会見は自民党本部8階の会議室で行われ、小泉、村井、小林、山下、吉川の役員が出席。メディア側は大手新聞各紙とテレビ局の自民党担当の政治部記者が多数顔を揃えた。小泉小委員会の会見はこの日に限らず、記者クラブに加入していないメディアの記者も出入り自由としていた。この日は大手インターネットメディアの記者も訪れていた。

「勤労者はすべて社会保険に加入できるようにする。年金はいつまでも納められるようにする。在職老齢年金を廃止する。風邪薬・うがい薬は公的保険の適用範囲から除外する」

役員会で練り上げた戦術通り、冒頭、小泉は目玉となる政策を紹介した。

続いて、小委員会が生まれた経緯やこれまでの議論について簡単に経過を説明した。その中で、小泉は「これは日本版シュレーダー改革である」と発言した。社会保障を時代に合ったフェアな形に変える。自助努力に励む人にはインセンティブを与える。一方で、必ずしも弱者とは言えない人に対しては自助を求めていくという姿勢を、ドイツの前首相の改革になぞらえた。

会見は質疑応答へと進む。まず、実現可能性について問われた。

日経　「これまでの改革と今回の改革案の違いは。また、どのようにやりきるか」

小泉　「小委員会の名称が示す通り、２０２０年以降のことを言っている。２０２０年までは工程表に入っており、それを覆すつもりはない。提言は２０２０年以降の白地を見据えて、議論するためにつくった。今後の選挙では党の公約に盛り込まれることを目指している」

勤労者皆社会保険制度導入での国民の負担増や、年金、解雇規制についても質問が飛んだ。

朝日「都合の悪いことには言及していない。国費は投入しなくても国民負担は増えるのではないか。一時的な痛みから逃げていると思うが」

村井「勤労者皆社会保険制度は、事業主や高所得者に負担を求める制度だ」

共同「年金について。低年金者は生まれるか？　また、年金と勤労の位置づけは」

村井「低所得者が増えていくことが予測される中、皆社会保険制度で無年金・低年金は減っていく。将来は、現在より長く働ける労働環境となる。そのときを見据えた制度だ」

日経「解雇規制の緩和はどのような制度設計か」

小泉「解雇規制の見直しと解雇の自由化は違う。米国のように一方的な解雇を容認する気はない。正当な理由で解雇されたときの金銭支援がないので、再訓練や教育の支援を見直したいということだ」

村井「具体的な制度設計はこれから。企業が再就職する費用を負担する仕組みにしたい」

世界に向けて報道される

提言の公表はその日のうちに、ロイター電で世界に発信された。日本語の見出しは「自民若手が年金制度改革を提言、『健康ゴールド免許』創設も」だった。私が知るかぎり、小泉小委員会の動きが海外メディアに取り上げられたのは、これが最初だった。

翌朝の全国紙各紙でもニュースは取り上げられた。各紙の見出しは「健康ゴールド免許　勤労者皆保険　小泉氏ら自民若手が社会保障提言」(朝日)、「自民党　小泉氏ら若手が社会保障で提言『痛み伴う改革』」(毎日)、「湿布・うがい薬、公的保険の対象外に　自民小委が改革案」(日経)など。小泉らの狙い通り、健康ゴールド免許や湿布薬の公的保険対象外化に注目した報道が多く、反発を恐れていた解雇規制の緩和に焦点を絞って批判する記事はなかった。

反省点もあった。役員としては、3本柱の中で勤労者皆社会保険制度がもっとも本質的かつ練られたものだという自信があった。しかし、実際にスポットライトが当てられたのはネーミングにインパクトのある健康ゴールド免許のほうだった。それだけに、発信の重要性をより強く感じることになった。この経験が結果的に、年明け以降の「こども保険」の発信戦略に大きく示唆を与えた。

勤労者皆社会保険制度、人生100年型年金、健康ゴールド免許の「3本柱」はその後、茂木政調会長のもとで具体的な検討に移されることになる。小泉の「やり抜く力」、言い換えると信念の力が、小委員会にも乗り移っていた。

また、これまでに何度か登場した「シュレーダー改革」という言葉が、会見で小泉の口から発せられた意味は非常に大きい。ドイツ前首相のシュレーダーが、働き方・医療・介護にまたがる改革を行った結果、「欧州の病人」を脱し、欧州経済の牽引役となったことは前述した。その代償として、シュレーダーは政権を失った。しかしそれでも、真に国の未来を憂いて改革を断行したことは評価されるべきである。

私としても、時に厳しくとも、日本社会のためになることを言いたいという思いがあった。だからこそ、小泉の「やり通す力」を信じて進言したし、実際に小泉が「これは日本版シュレーダー改革である」と明言したときには、感じ入るものがあった。

実際にこの3本柱は、批判を受けることも少なくなかった。しかし、その後のこども保険では、さらにそれを超える批判が押し寄せることになる。そんな政策を進めていくとは、このときは想像もできなかった。

止まらない報道

記者会見以降の幅広い発信についても、ここで述べておきたい。

記者会見の翌日には、報道各社の論説委員向けの懇談会を開催した。先にも書いたように、インターネットメディアの取材を積極的に引き受け、ネットでのニュース配信も仕掛けた。中でも、11月にリリースされたＹａｈｏｏ！特集「小泉進次郎ら自民若手はなぜ新しい社会保障を構想したのか」では、小泉・村井・小林が設立当初から提言までの小委員会の軌跡を振り返ったことで、世間の耳目を集め、小委員会の知名度を押し上げることになった。

また、清水真人編集委員が日経電子版で連載する「政治アカデメイア」でも、「小泉進次郎世代が描く『人生１００年時代』の改革」と題した詳細記事が出され、広く一般に読まれた。小泉が特定メディアの取材を受けることは、この時点では珍しいことだった。

こうした発信戦略は、他にもさまざまな形で実を結んだ。出版社のＷＥＢサイトが小泉小委員会の提言に言及したり、全国紙が小委員会の会合や提言の一報を報じるだけではなく、特集記事を組んだり連載記事の中で取り上げたりし始めたのである。

東洋経済オンラインでは11月７日に、セレブレインの高城幸司社長が「そろそろ本気で考えたい『65歳以上の働き方』――小泉進次郎氏らの提言に思う」のタイトルで記事を投稿し、提言に言及しながら、「65歳以上の働き方」について考えを述べた。

毎日新聞は11月28日夕刊の特集面で「病気は『自己責任』か　小泉進次郎氏ら自民グループ『健康ゴールド免許』提言の波紋」の見出しで特集を組んだ。

日経新聞は年末の連載記事「２０３０年不都合な未来」の４回目に「政治に『老高若低』の呪縛――痛み伴う改革　及び腰（砂上の安心網）」の見出しで、「人生１００年時代の社会保障へ」を取り上げている。

明けて２０１７年１月17日の朝日新聞オピニオン面には、「若手政策の乱　小泉進次郎さん」の見出しで、全面を割いたインタビュー記事が掲載された。

また、記者会見以降、各県連の青年局でゲリラ的に「３本柱」の発信を開始した。鈴木馨祐青年局長の旗振りである。

私は夏以降、識者への発信、インターネットメディアを通じた発信のほかに、地域ごとにメッセージを工夫した発信の必要性についても指摘していた。地方重視は、この年６月のイギリスで、地方の反乱によりブレグジットが決定したことに衝撃を受けてのことだった。郊外の住民の反対によって不成立となった大阪都構想のことも頭にあった。

「人生100年時代の社会保障へ」は、「レールからの解放」や後の「こども保険」と比べると総花的になった面もある。一方、この時期に各地で小泉小委員会の議論を青年局が伝えたことによって、「人生100年時代の国家戦略」が少しずつ日本社会に広がっていった時期でもあったように思う。

第3章

こども保険をつくる

2016年11月15日～2017年3月29日

トランプ・ショック

２０１６年11月８日、ドナルド・トランプが米国大統領選挙で当選した。衝撃だった。自他ともに世界のリーダーと認めるアメリカの大統領に、保護主義を掲げ「アメリカファースト」を公言して憚らない人物が就任するのである。これからの世界はどうなっていくのか。その不安は、これからの社会保障を議論してきた自民党の若手議員にも共有されていた。

片や、小泉、村井、小林ら小委員会役員の面々は、少し違った捉え方をしていた。振り返って小泉は言う。「トランプ氏勝利のニュースを見て、ちょっと語弊があるかもしれないけれど、少しわくわくしたんですよ」

小泉は、トランプ当選がもたらす混乱を、チャンスと捉えていたのだ。小泉は続ける。「とう、日本人の底力が試される時代がきた、と感じましたね。この時代を生きる僕らの世代は、新しい日本の発展の土台をつくる役割を負っている、と強く思いました」

小委員会に一貫して流れている「楽観」というスタンスが、こうした言葉にも表れている。しかも小泉だけではなく、そうした雰囲気は自民党若手議員に広がっていた。

子ども・子育て支援に挑む

トランプ・ショックの中、11月15日正午から、「人生100年時代の社会保障へ」を公表後初めての小泉小委員会が予定されていた。第25回目会合である。

小泉ら役員陣は、次にどのテーマを検討するか、静かに考え続けていた。「人生100年時代の社会保障へ」では、勤労者皆社会保険制度、年金受給開始年齢の柔軟化、健康ゴールド免許など、これまでの社会保障制度のパラダイムを変える大胆な提言をつくることができた。

しかし、そこには社会保障制度改革国民会議が「一丁目一番地」と言い、親会からも強く要望を受けている、子ども・子育て支援についての具体的な政策が抜け落ちていた。重要性は深く認識しながらも、子育て世代やその予備軍の世代が希望を持つことができ、かつ財源の裏づけがある政策をそう簡単に立案できるものではない。それが小泉らの悩みだった。

自民党では、少子化対策の議論が何十年間も繰り広げられてきた。必要な施策については多岐に及ぶが、一定の結論を得ている。たとえば、待機児童対策・児童手当拡充など子育て支援の強化、若者の所得水準低下の問題への対応、晩婚化など少子化を助長するライフスタイルへの対応である。

これらの問題と対策がさまざまな政策議論の場で検討されるが、そこで常に問題になるのは財源論であり、少子化対策を議論するときには必ず最後に財源の壁にぶつかることが役員にはわかっていた。したがって、11月時点では十分な議論ができなかったことを踏まえ、「人生100年時代の社会保障へ」には盛り込まなかったのである。しかし、同時に、だからこそ少子化対策の恒久財源問題に立ち向かう必要性も感じていた。

当時開かれた役員会で政策形成のリード役である村井が最初に打ち出したのは、小泉の発信力を利用して「SNSでの呼びかけを通じて、有志の高所得年金受給者に年金を返納・辞退してもらい、その財源を少子化対策に充てる」ためのムーブメントを起こす、という案だった。以前から小泉が度々口にしていた案を、村井が具体化したのである。

しかし、小泉は首を横に振った。「自分が目立って何かをするのではなく、着実に政策に落とし込んでいくという正攻法で行きたい。たとえば、『骨太の方針』に記載されるようなイメージ」

村井と小林は、小泉の最後の一言を聞き逃さなかった。小委員会の次の目標が暗黙のうちに共有された瞬間だった。少子化対策の提言は、この小委員会の最後の提言になるだろう。その提言を「骨太の方針」に載せるというのは、極めてチャレンジングな目標であった。

先輩議員に学ぶ

11月15日の第25回会合からは、「社会保障の将来像」をテーマに議論を進めることになっていた。これまでと同様、まず識者から意見を聞き、議論を深めていく手法がとられた。

前月26日に発表した「人生100年時代の社会保障へ」について、先輩議員がどう受け止めているかを聞く狙いがあり、「自民党の先輩方に学び、複眼的に構想していく」（小泉）との方針の下、この日は政調会長代理の田村憲久・前厚生労働大臣を講師に招いた。

田村は第一次小泉内閣で厚生労働大臣政務官、野党時代の2010年9月に設置した自民党シャドウ・キャビネットで厚生労働大臣を担当した、社会保障のスペシャリスト。民主党政権時代の民自公3党合意から、政権復帰後これまでの社会保障政策について詳しく解説し、「世代間の不公平は嘘。問題なのは世代内の不公平だ」と締めくくった。

11月24日の第26回会合の講師には鴨下一郎・元環境大臣を招いた。医師でもある鴨下は厚生労働副大臣を2度務めた社会保障の専門家で、社会保障制度改革として「カフェテリアプラン」を提唱している。年金・医療・介護の制度を統合して一体運用し、自己選択の要素を取り入れる、というプランだ。

社会保障への期待は個人によって異なる。より多くの年金を求める人もいれば、年金は少なくても医療・介護を手厚くしてほしい人もいる。医療の受診が少ない人が年金を増額する仕組みをつくれば、無駄な受診を抑えられ、健康維持へのインセンティブにもなる。そうした考えを前提とし、最低限の給付サービスは一律とした上で、それ以上の部分の給付は個人が選択できる仕組みを導入する。それがカフェテリアプランだ。

鴨下元環境相は、今後の社会保障政策について、「インセンティブ改革と公的サービスの産業化、アウトソーシング」などを課題に挙げ、小委員会が提唱した「健康ゴールド免許」について大筋賛意を示した。また、「消費税10%、協会けんぽ10%、高齢者窓口負担10%を守りながら、どのように問題を解決するかが政治家の知恵」と指摘。「医療のどこまでを国民に保障するかについては、ナショナル・ミニマムを決める必要がある」と強調した。

印象に残った鴨下の言葉がある。

「あなたがたの提言は大胆でありながら、中身もよく練られている。しかし、老婆心ながら言わせてもらうと、国民にとって厳しい政策を立案することは、政治家の姿勢としては素晴らしいが、最終的に国民の理解を得られなくては、事態をより一層悪くすることにつながる。たとえ国民に負担を求める施策が正しかったとしても、そうした施策が原因で政権を失った場合、サンダースのようなバラマキ主義者が台頭することになり、逆に社会保障改革を後退させるということに留意する必要がある。したがって、なるべく国民に負担を求めることは避けるべき。求めるのであれば、国民にとって負担感のない政策を選ぶ。理想はインセンティブだ」。

政治家として脂の乗り切った時期に下野を経験したベテラン議員の言葉には、強い実感が備わっていた。

社会保障政策のこれまでとこれからについて、社会保障を専門とする先輩議員の意見を聞いたことで、人生100年時代の社会保障は一区切り。この後は子育て支援の議論へと移行することになる。

2016年の小委員会は鴨下の回で終了。国会の会期に合わせ12月、1月は休会とし、通常国会開会後の2月に再開することになった。

暮れには、役員とアドバイザー、オブザーバー、事務局で忘年会を開いた。高木の希望通り、焼肉を囲んだ。普段の政策議論を離れ、学生時代の思い出や家族の話などを語り合って親交を深めた。最後は、小泉が「来年は子育て支援・少子化対策を進める」と力強く宣言し、散会となった。

財源に悩む

小委員会の再開は2017年2月8日。子育て支援・少子化対策にどのような政策を打ち出すことができるか。小泉小委員会は正念場を迎える。

小委員会が休会していた前年12月には、野党民進党が子育て支援策として「子ども国債」の発行を次期衆院選の公約とすることを発表し、大きく報道されていた。

さらに、2月初旬には安倍総裁直轄の自民党教育再生実行本部に「恒久的な教育財源確保に関する特命チーム」（以下、教育財源PT）が設置され、幼児教育から高等教育までの無償化に向けた議論が始まることが報じられた。「教育国債」を中心に財源を検討すると報道は伝えた。教育財源PTには文科大臣経験者など、並み居る文教族議員が顔を揃えたが、なぜか小泉と村井も参画することとなった。

2人は考えた。負担を将来世代に先送りする国債でその場しのぎをするのは、古い世代の政治家の手法である。「将来世代に負担を先送りする政治と訣別する」という覚悟で立ち上げた小泉小委員会としては、その流れは止めなければならない。もちろん、前年から決めていたように、何らかの形で子育て支援・少子化対策の政策を提言する必要がある。では、どうするのか。焦りが募り始めた。

小委員会再開に先立ち、2日に役員会が開かれ、小泉は「消費税を8％から10％に上げる2％分の中身（使途）を変更できるのではないか」という趣旨の発言をした。2％の財源の使いみちは年金・医療・介護の充実と財政再建にあてられる予定であったが、そこから子育てに充当できるのではないか、という発想である。

その後間もなく、財務省を役員会に招致し、「税と社会保障の一体改革」における三党合意の経緯をヒアリングしている。小泉は、消費税増税に対し世論の反発が大きいのは、使い道の大部分が財政再建に充てられることに加え、社会保障の充実分についても、中身が玉虫色で効果が見えにくいことが原因であり、使い道を子育て支援に限定すれば世論の理解は得られると直感していた。役員に対し、「幕の内弁当では、食べ終わった後に何を食べたか覚えていない。そうではなく、カツ丼のようにはっきりと何を食べたかわかるものにしないといけない」と主張した。

しかし、財務省からのヒアリングの結果、三党合意を覆すのは現実的ではないという判断に至った。三党合意は当時の与野党が長期的な視野から政治的利害を超えて合意にたどり着いたものであり、足下の税・社会保障改革も本合意に基づいて行われていることを踏まえれば、与党側からその合意を覆すような主張をすることは、そもそもハードルが高い。さらに、年金・医療・介護の関係者はすでに10％への引き上げ充当分を見越して動いているという事情もあった。

加えて、10％への引き上げが延期された際、子育てに充てる予定だった7000億円の財源は、すでに先取りして充当されたという事実も確認された。結論として、2％分の中身を変えることは難しく、消費税が10％になっても子育て支援には今以上の財源が充てられることはない、ということだ。消費税を新たな子育て支援の財源として見込むには、10％からさらに増税されないかぎり難しいことがわかった。検討は振り出しに戻ったのである。

なお、2017年9月の民進党代表選においては、代表を争った前原誠司と枝野幸男の双方が三党合意を覆すかたちで10％引き上げに伴う増収分の使途変更を訴え、前原が代表に選ばれた。そうした中、安倍総理が使途変更を掲げて衆院を解散したのは周知のとおりである。

「あるべき人口構成」からのアプローチ

しかし、タイムリミットは迫っていた。毎年6月頃に発表される「骨太の方針」に入れるためには、4月までに提言を出す必要があり、取りまとめには少なくとも2カ月を要するのが通例だ。すなわち、2月には小委員会を再開する必要があった。

役員は、まずは少子化対策の前提として、当面は人口ビジョンを検討することで一致した。あるべき人口構成から目標とする出生率を導き出し、それから少子化対策の政策議論に入ろうという算段である。

2月8日、年明け初回にあたる小委員会第27回目の会合が開催された。2回連続で、あるべき人口ビジョンを検討する会合の第1回目である。講師は日本総合研究所の藻谷浩介・主席研究員で、演題は「人口と経済を考える」だった。藻谷氏は日本開発銀行出身のエコノミストで、著書『デフレの正体』(2010年、角川書店)は50万部を超す大ベストセラーとなっている。

第27回 藻谷浩介 日本総合研究所主席研究員 講演要旨(2017年2月8日)

生産年齢人口は18歳から67歳などに改めるべきだ。重要なのは総人口・高齢化率ではなく、年齢別の人口。東京の人口は増加しているが、生産年齢人口は2010年から75・4万人減少している。東京一極集中は一概に正しいとは言えない。中国も40年後には現役8億人、65歳以上4億人となる見込み。移民で埋められる規模ではなく、米国も移民を入れても子どもは減っている。

少子化の最大の原因は男性の晩婚化だ。2060年に向けて出生率をどう回復していくか。日本は人手不足で、今後も失業者が増えることはない。出生率向上のために必要な施策は、女性活躍の推進と外国人観光客の消費向上だ。何人産んでも働いて稼げる。母親が早期に職場復帰でき、柔軟に休める雇用環境と、父親も子育て中は柔軟に休める企業文化をつくる。日本の企業社会は、団塊の世代が引退すると、男中心の軍隊組織から、女性も活躍できる組織に変貌するはずだ。

2月15日には、第28回会合を開催した。あるべき人口ビジョンの検討の2回目。講師は吉川洋・立正大学教授。専門はマクロ経済学。東大で長く教鞭をとり、日本経済学会会長を務めた経済学の重鎮で、小泉純一郎内閣の政策ブレインでもあった。

第28回　吉川洋　立正大学教授　講演要旨（2017年2月15日）

私の立場は、人口減少楽観論ではない。人口減少下において財政は問題だが、経済成長は可能であり、過度に悲観すべきではないという立場だ。

戦前から戦後10年は「人口が多すぎる。雇用が確保できるか」という問題意識が主流だったが、1970年代から変わった。田中角栄内閣の老人医療費無償化が背景となり、「人口減少で社会保障が危ない」という論調になった。

バブル期には人口論は停滞した。今はマクロの経済成長停滞の原因を、人口減少に逃げている。日本の消費が重たい背景には、社会保障の将来不安、実質賃金低下がある。少子化の本質的問題は、結婚した夫妻の子どもの数ではなく、有配偶率の低下だ。結婚した夫妻の子どもの数はあまり変わっていない。

人口と経済成長の相関は弱い。高度成長期、労働力人口は1・3％増だったが、実質GDPが年率10％で成長した。経済成長の切り札はイノベーションである。


藻谷、吉川両氏へのヒアリングでは、あるべき人口構造という当初の問いへの答えは見つからなかった。

しかし、収穫もあった。人口減少は不可避だからこそ、過度に悲観しないことが重要だ。だがその一方で、今の急速な人口減少が続くと、経済社会すべてが成り立たなくなる。したがって少子化対策は必須であり、しかも今すぐに取り組むべき緊急の課題であるということが、委員の共通認識となったことだ。

悠長に施策を検討している暇はなく、できることをすべて実行しなくてはならない。だからこそ、恒久的な財源が今すぐ必要だ、という危機感を委員は共有した。加えて役員側にもこの頃には、これまでさまざまな政策討議の場でぶつかった財源の壁を今度こそ乗り越えるという決意が備わっていた。

だが、今までの識者は具体策を示していない。これまで議論されていなかった新たな財源案を練り出すことが、役員たちには求められていた。こうした背景を経て、「こども保険」が考案されることになる。

深夜の電話

藻谷氏を講師に招いた27回会合（2月8日）と吉川氏が講師の28回会合（2月15日）の間の2月9日、役員会が開催されている。そこで、小委員会の今後の進め方について突っ込んだ議論が交わされた。焦点は子育て支援の財源論だった。

役員会の前日、8日深夜のことだった。小林の携帯が突然鳴り響いた。村井からの電話だった。

「思いついたことがあるんだ。〝こども保険〟はどうかな」

村井の声が上ずっていた。村井がリフレッシュのために夜中散歩をするのが日課であることを小林は知っていたし、夜に電話を受けるのは初めてのことではなかった。2人は時折、皇居の周りを散歩しながら政策を議論し合う仲にまでなっていたのである。

しかし、この日の村井はいつにも増して興奮した様子だった。高齢者介護の財源を保険方式で手当てしたように、子育て支援の財源も保険方式で賄うことを発案したのだ。その後に世論で大きく話題となった「こども保険」という名前が出たのはこのときが初めてであった。

「これは絶対いける。こども保険だ」

そう繰り返す村井に、小林はまず「名前がいいね」と返した。

「こども保険は社会保険方式なんだけどさ……」

電話口で話し続ける村井を制し、翌日役員会の直前に2人で打ち合わせることとなった。小林は、村井から聞いた断片的な情報を反芻した。保険は共助である。小林は独身の自分が保険料を払うことで、誰かの子育てを支える側に回るという村井のアイデアは面白い、と考えながら床に就いた。

「村井さん、こども保険はいいと思う」

翌朝から、村井と小林は政策案を練り始めた。まだまだ粗かったが、一定の論点は潰すことができた。「よし。これでいこう」と村井がつぶやいたときには、役員会の時刻が迫っていた。そしてこの日、村井は初めて小泉の前に、「こども保険」の案を披露することになる。

村井　「子育て支援は、結局最後は財源の壁にぶち当たる。どう未来に責任ある形で打ち出せるか。いくつか恒久財源の案を用意した。

ひとつは、消費税が８％から10％に増税される際に、財政再建に充当される予定の１％超分を子育て支援に充当する案。問題は三党合意の使途フレームから外れること。

２つ目は子ども・子育て拠出金率[※]の引き上げ。この拠出金は、事業主に薄く負担を求め児童手当などの財源に充てられているが、これを大幅に引き上げる。問題は、事業主のみ負担が増加すること。

そして３つ目は社会保険。社会全体で子育てすることを旗印に掲げ、共助の精神に基づいて、年金・医療・介護に次ぐ新しい社会保険の仕組みをつくる。保険は負担と給付の構造が明確であり、文字通りのカツ丼だ。『こども保険』と仮称をつけた」

子ども・子育て拠出金
会社や事業主に課されている拠出金。従業員の厚生年金を納める際に徴収され、子育て支援のために充てられる。2017年4月以降の拠出金率は0.23%。

村井の口から第3の案が示された瞬間、今まで苦い表情を保っていた小泉の顔色が変わった。村井の説明が終わるや、これまで少子化対策については常に首をひねり続けていた小泉が「村井さん、こども保険はいいと思う」とすばやく言った。他の役員も賛意を示した。このとき、小泉小委員会では「こども保険」を軸に検討する方向性が合意された。

その後も、少子化対策に関する議論は続く。

吉川「核家族化している都心では1人目の出産が特に高い壁になっている。国が子育てを支援していくというメッセージが必要だ」

大沼「財源論から、あえて遠ざかってみるのもいいのでは」

小泉「1回、政策のアイデア出しをしてみてはどうか」

小林「そういう場は有効。各委員のプレゼンをしてみたらどうか」

小泉「まずは、平場(小委員会会合)で議論してみては」

村井「事前に提言を紙で提出してもらい、次々回の会合で、少子化対策についてひとりずつプレゼンする」

小泉「地域社会全体で子どもを支える。私の父はシングルファザーだったが、伯母や地域が支えてくれた。私の場合は恵まれていたからいいが、そうでない人がどう育つか。夫婦の3組に1組が離婚する時代で、そこを支えていくのは必要」

大沼の意見も踏まえ、小泉は幅広く各委員にアイデアを求め、小委員会で議論することを決定した。委員にはフリーハンドの提言を求めたが、小泉が特に期待していたのは財源についての提言である。

少子化の要因は若い世代の平均所得の低下、晩婚化、有配偶率の低下など多岐に及ぶ。しかし、少子化対策の肝のひとつが子育て支援であることは間違いない。子育てしにくい環境が、若い世代に出産をためらわせている。そして繰り返しになるが、子育て支援策については、問題の多くは政策の中身ではなく財源であることは明白だった。

保育施設が足りない、保育士が足りない、育児休暇が取れない、出産後職場に復帰しにくい、子育てや子どもの教育におカネがかかり過ぎる……。日本の社会、企業風土の問題はゼロではないが、大半は予算さえあれば解決できる問題だ。

小委員会事務局は、「少子化対策に関する政策提言案について」という用紙を各委員に配布、次回の会合までに提言案を提出し、会合で委員がそれぞれの腹案を発表することを求めた。

2月21日に予定されている次回会合からは、小泉小委員会の本丸と言ってもよい少子化対策・

子育て支援についての議論を本格化させる。瞠目すべき提言が出てくれば、議論のたたき台とする腹だった。仮にいい案が出てこなくとも、「こども保険」という腹案を得られたことは、役員にとって大きな安心材料となった。

相次ぐ「保険方式」案

2月21日、第29回会合。この日から、小泉小委員会はいよいよ少子化対策・子育て支援についての議論に入った。天王山。講師はなし。議員同士の討議である。

予定通り、冒頭、各委員のプレゼンテーションが行われた。委員の提言案は多岐にわたっていた。父親に育児参加を促すパパクオータ制度の導入、子育て世代の税制優遇、出産一時金の制度化、シルバー人材のベビーシッター派遣制度、少子化対策の中央集権化や「子ども省」の創設を提案する提言案もあった。

その中に、財源に正面から切り込んだ提言があった。鈴木隼人・衆議院議員から、「保険方式の活用」が提案されたのである。

鈴木隼人は2014年総選挙で比例東京ブロックに出馬し当選した1回生議員。東大工学部出身で、同大学院修了後に経産省に入省し、社会保障政策やイノベーション政策分野に従事した元官僚だ。学生時代には芸能事務所に所属し、モデルとして缶コーヒーのジョージアのＣＭで飯島直子と共演した経験のある変わり種でもある。

男性の育児参加や企業の育児サポートを促す「育ｍｅｎサミット」、貧困問題に取り組む「Youth Aid Japan」、健康寿命の延伸を目指す「認知症予防の会」などの代表も務め、院外活動も活発だ。11月、小泉に直接志願して小委員会のメンバーとなっただけに、この日も積極的に提案した。鈴木隼人は以降、役員と並んでこども保険の議論の強力なリード役となる。

小泉は、あらためて保険だと直感した。小委員会が打ち出す少子化対策・子育て支援策は、これしかない。子育てにかかる費用を、社会保険で手当てしようという発想が新しい。そんなことはこれまで誰も言っていないし、諸外国にも例はない。

小泉が思いを巡らせていると、佐藤啓・参議院議員からも財源に関する提言がなされた。「少子化対策のための新たな財源の確保」と題された提言の中には、「将来世代への負担転嫁を防ぐ観点からは、目的税または保険料といったかたちが適当」と記されている。小泉の直感は、確信に変わった。

委員のプレゼンテーションが終わり、自由討議に入る。各委員からさまざまな提言案が発表されたため、議論は多岐にわたったが、予想通り、社会保険の案にも注目は集まった。

滝波「保険は現役世代の負担増になる。（社会保障費の政府負担を）消費税にした理由は、全世代が負担するから。保険に加え、高齢者も負担する仕組みの工夫が必要ではないか」

小泉「社会保障4経費※で保険がないのは子育てのみだ。違和感があった」

滝波「保険にするならば、子育てが何のリスクかを考えないといけない」

村井「子どもが生まれて生活が立ち行かなくなるリスク、という言い方ができるのではないか」

白須賀「給付があれば子どもを産むことができるか？　住居の問題など課題は多岐にわたる」

小泉「高齢者を支える国から、自分より若い人を支える国へ、という視点を重視したい」

時間切れでこの日の議論は終了。小泉は「次回は『こども保険』の議論」と明言し、小委員会として「こども保険」を政策提言の核とする方向で、村井と鈴木隼人が中身を詰めていくことが決まった。

社会保障4経費
年金、医療、介護、子育てのこと。

「こども保険」のたたき台をつくる

3日後の役員会には、村井と鈴木隼人が共同で作成した政策のたたき台が提出され、こども保険を小委員会として提言する方向で議論を進めていくことが合意された。

3月2日の第30回会合で、こども保険が本格的に議論された。議論には、前年5月の第15回会合で講師に招いた駒崎弘樹・フローレンス代表理事が加わった。子育て分野きっての論客であり、リベラルな思想を持つ駒崎の意見を聞くため、以降、継続的な参加を要請した。

冒頭、村井と鈴木隼人が「たたき台」を配布し、こども保険について説明した。たたき台で村井らが示した骨子は次の通りだった。

- こども保険は子育てを社会全体で支え合う仕組み。子育て中に高額の保育・教育費用等が発生したり、就労を断念することになったりして生活が立ち行かなくなるリスクを社会全体で支える
- こども保険で児童手当を抜本拡充することで、幼児教育を実質無償化
- 児童手当に加え、新たに就学前の子ども1人あたり月額2万5000円を給付

・財源は1・7兆円。保険料は厚生年金保険料に付加して徴収。保険料率は1％で、厚生年金同様、事業主と従業員で折半。国民年金加入者の負担は月額830円

村井は「究極の目標は少子化対策であり、子育て支援はそれに資するもの。多岐にわたる少子化の要因を大別すると、『未婚・晩婚化』『子育て世代の負担』『家族の助け合い』と、大きく3つに整理できると考えている。最大公約数的に言えば、子育て世代の資金、時間、精神的な余裕の確保が重要であるということ。国の本気度が伝わる政策、わかりやすい政策をつくる。その柱がこども保険、というのが議論の前提である。低年金高齢者に一律3万円を給付する政策とまったく違うのは、3万円給付が景気の上振れによる税収増を使った高齢者向けの一度だけの給付だったのに対し、こちらは、子育て支援で恒久的なもので、財源は長期的なものを設けているところだ」と、こども保険の意義と特徴を整理した。

また、鈴木隼人は、教育再生実行本部の教育財源PTで議論されている教育国債よりもこども保険が優れている点について、「国債では負担の先送りになり、財政再建目標が実現困難になる危険がある」「国債は一般会計で管理するため、子育て支援以外に使われる可能性がある」の2点を指摘した。

意見交換に入る前に、駒崎からこども保険に対し、好意的な意見が表明される。

駒崎「こども保険のアイデアは素晴らしい。わが国の子育て予算が少ないことが問題の根底にある。一方で、児童手当に使うかどうかについては議論が必要。子育ては成長戦略であり、投資だ。公共工事より成果が出るという試算もある。子育て支援に投資しないと日本の未来はない。社会で子どもを育てる仕組みになっていないから、親が教育費を補填せざるを得ない」

何にカネを出すのがもっとも効果的か

駒崎の意見を聞いたのち、駒崎やアドバイザーも加え、委員間で意見交換が行われた。行司役の村井が「使途」と「財源」の2つに論点を整理した上で、まずは「使途」からの議論を促した。

駒崎「現状の課題は待機児童問題でインフラが不足していること。保育園義務教育化も必要だ」

佐藤「現金給付だと、子育てに使われない可能性という議論を誘発するため、現物給付がいいのでは」

山下「保育園に預けず家庭で育てるなど、いろんな育て方がある。保育サービスなどの現物給付に限定するのはどうかと思う」

牧原「あくまで究極的な目標を少子化対策とするなら、幼児教育が無償化されても、その先の自己負担が重い。思い切って保険料を上げて教育全体を無償化したほうがインパクトがあるのではないか」

吉川「多様性を重視するのが重要。働きたい人もいれば、子育てに集中したい人もいる。多様性を考えると、サービス引換券や現金給付がいいと思う」

白須賀「政権は、現金給付のほうが国民の理解を得やすいと考えるのではないか」

鈴木隼人「待機児童問題もあり、シッターさんを利用する家庭もある。よって、現金のほうが助かる。公立高校に通う費用は補助されており、大学教育の無償化は議論されている。就学前までで問題ない」

鈴木憲和「資料によれば、ドイツは日本より子どもにかける金額は大きいが出生率は低い。子どもにかける費用と出生率に相関はあるのか。負担をお願いする以上、納得感がないといけない」

駒崎「出生率と子育て予算については相関があると言われている。フランスや北欧のようにV字回復した国はおカネをかけている。しかし、国の状況によって違いはあり、効果が出ていない国もある」

使途については、保育園の建設などの現物給付より、受給者側が柔軟に利用できる現金給付を推す声が多かった。しかし、このとき役員は、子育て支援の専門家であり保育の現場に精通している駒崎から提案されたこともあり、喫緊の課題である待機児童対策への目配りも必要と感じ始めていた。

誰が負担するか

議論は、「誰が負担するか」に移っていく。保険方式に対し、鈴木馨祐と白須賀が猛然と反対意見を述べた。

鈴木馨祐　「子育て支援は重要だが、子育て向けに限った財源を新たにつくることは、企業負担にしても個人負担にしても、昔の特定財源※と同じ轍を踏むことになりかねない。今の（財政の）枠内でどう配分するかが重要。新しい財源を生み出すのは違うと思う。教育国債もこども保険も賛成ではない」

小泉　「どこから出すべきか？」

鈴木馨祐　「医療から出せばよい」

特定財源
使途制限が設けられる財源を特定財源、制限がないものを一般財源という。代表的な特定財源には、過去、道路整備などに充てられていた揮発油税などがあった（現在は一般財源）。

白須賀 「高額医療費に上限を設定し、その分を充てればどうか。問題は、『医療のことは医者にしかわからない』と主張する医者の裁量権にどう斬り込むかだ。そこに政治が介入する必要がある」

鈴木馨祐 「税と保険で42兆円。本当にそんなに必要かという話だ。ここを組み替えなくてはいけないが、時間がかかる」

村井 「さまざまな議論があるが、政治としては具体的政策が必要だ。現在政府は社会保障費の伸びを5000億円に抑制しようとしている。それでも四苦八苦している状況だ。本当にこれ以上の削減が可能なのか。難しいのではないか」

牧原 「もう少し緻密にやってみたらどうか。医療費を削るにしても、こども保険にしても、両方とも設計をしてみればよい」

鈴木馨祐 「保険であろうが国債であろうが負担は負担。新しい政策を打ち出す度に財源をつくるのは危険だ」

鈴木馨祐はそう言い切って、席を立った。次の予定で時間切れだったのである。議論は続く。

柳川 「この話は大きな社会システムの改革案だ。高齢者に払っているところ(年金、医療、介護)

を削るなら大義名分が必要。高齢者が負担したくなる仕組みを考えなければならないのではないか。たとえば、ふるさと納税のような、介護保険の給付や医療保険の給付を自分の地域の子どもたちの教育に充ててくれ、というやり方はないか」

小泉「ふるさと納税は仕組みとしては突きどころがあると思うが、国民の手に実感が得られる政策という意味で、今後の政治には重要な視点になっていくと思っている」

藤沢「保険料にしても医療費カットにしても大きな政治的負担が想定される。(国民全体で高齢者を支える) 年金同様、国民全体で若い世代を支える相互扶助であるという議論は可能かと思うが、いずれにしても大変な道だと思う。年金からの天引きによって高齢者も負担している介護保険の保険料のように、こども保険も全世代で負担する方法もある」

駒崎「新しい財源を生み出すだけではなく、医療費や年金も(改革の余地が) ある。財源論になると縮小均衡の議論になりやすい。出生率が下がり止まらないのは、団塊がいて団塊ジュニアがいて、もう1回、ベビーブームが来ると楽観していたからだ。高齢者の年齢定義を変えること、1億円以上持っている人の年金を例外とすること。相続税や配偶者控除も改革しきれていない。政治は実行するのが重要なので、頑張っていただきたい」

小泉「経団連の役員の皆さんには年金を返上してとお願いした。すると、自分が働いた厚生年金の部分はもらいたいが、基礎年金はいらないかもという意見もあった」

村井　「誰が負担するのか、どう使うのかについて意見を聞いたが、一番重要なのは綺麗ごとではなく、おカネだと思う。それも、必要な額は毎年兆円単位だ。兆円単位で実効性のあるものを打ち出すことが、いま政治に求められている」

この日の議論は、熱く燃え上がった。途中で退席した鈴木馨祐はこの日、別の会合に出席する予定があり、序盤のみの参加予定だった。しかし、熱い思いが勝ったのか、自身の意見をはっきりと言い切るまで席を立たなかった。

そもそも、前回会合の最後に、小泉から「次回は『こども保険』の議論」と宣言があり、こども保険を提言することは委員の多くがすでに了承していた。しかし、そのような流れなど歯牙にもかけず、強く反対意見を述べた。その姿に、私は鈴木馨祐という政治家の意志と胆力を見た。

「長期的な制度をつくる」という覚悟

小泉ら役員陣は、明らかに勝負に出ていたと思う。保険という枠組みで話をリードしたのは、長期的な制度をつくるという覚悟を示すためだ。この日の議論では、高齢者向け給付の削減により子育て支援の財源を拠出することも含め、財源に関する議論が深まった。

財源の議論はともすれば生臭さを伴うが、若手がここまで真正面から取り組んだことは特筆すべきであろう。少子化対策・子育て支援は古くからの論点だが、過去の部会や委員会での議論は財源に関して玉虫色の結論しか出しておらず、きれいごとではもはや子育て世代を真に助けることはできないという問題意識が彼らにはあった。

その問題意識と、自分たちがこの国の課題に決着をつけるという強い意志がこの1年間で共有されていたからこそ、徹底して現実的な財源の議論を繰り広げることができたことをつけ加えておきたい。

この日はアドバイザーの駒崎がこども保険に賛意を示したが、鈴木馨祐と白須賀の反発を受けて、役員間で再度使途や財源について整理し直すことになった。

翌日の日経新聞には、早くも「『子ども保険』創設検討、自民小委」の記事が掲載された。

0・5%の負担は本当に大きいのか

3月7日に開催された役員会では、2日の小委員会で論点となった財源について、議論を整理した。鈴木馨祐や白須賀から再三指摘を受けた現役世代の負担増や医療費削減による予算の捻出についてである。

小泉　「現役世代はこども保険0・5％の負担増に耐えられるか」

村井　「この20年間、社会保険料率は個人負担ベースで0・2〜0・3％ずつ上昇を続けてきた。しかし、今年度は雇用保険料率が下がったこともあり、全体の料率も低下した。今後について言えば、長年続いていた年金保険料率の上昇は今年で止まることが定められている。また、雇用保険料率はさらに引き下げが可能かもしれない。医療・介護の料率の急激な上昇を防ぐことができれば、十分に負担可能ではないか」

小泉　「白須賀さんから指摘があった医療費負担を減らして子育てに充てるという案はどうか」

村井　「医療費は今後も拡大するため、保険料率も上昇が予想されている。また、医療・介護の効率化分は医療費・介護費の上昇抑制に充てるべきで、子育て分は別で議論すべきと考えている」

小泉　「逆に言えば、医療・介護の保険料率上昇を抑えることができれば、こども保険が入っても、想定されるほど保険料率が上がらないということではないか。こども保険を含めて、社会保険料率の伸び率の上限を設定する。そうすれば、現役世代の負担はこども保険が入っても必要以上に上がらない」

この日の役員会で、主な財源はたたき台通り、年金保険料の引き上げとすることが再確認された。理由は2つ。

第1に世代論だ。直接受益できる子育て世代、その上の現役世代、そして高齢世代。その3世代に分けて考えたとき、子育て世代の上の現役世代も、将来自分が社会保障の受け手になった際、社会保障の支え手が増えることにより受益することができると考えた。その一方、高齢世代については、子どもが増えることでの直接的な便益は少ないと考えた。

第2に行政的な観点。年金は医療・介護と比べて保険の運用主体が少なく仕組みがシンプルであるため、年金保険料に上乗せすることで間接コストを抑えることができるとした。

また、医療・介護の保険料率上昇を抑えていく方向性が初めて議論された。後にこども保険提言の副題に「世代間公平のための新たなフレームワークの構築」という言葉が加わることになる、契機となった日であった。

論点を整理する

翌々日の3月9日には、年金保険料引き上げに猛反発し、医療費削減による拠出を主張した白須賀と鈴木馨祐から意見を聞くために、第31回会合を開催している。冒頭、村井がこれまで

こども保険・消費税・教育国債の比較

	こども保険	消費税	教育国債
負担	勤労者と企業 →高所得者や企業に応分の負担を求めることができる（逆進的ではない）	全ての国民 →低所得者の負担が重い（逆進的である）	負担の先送り →将来世代の負担が増える
使途	新たな財源を全額、子育て支援に回すことができる	消費税10％までは使途が決まっている	一般会計で管理する場合、子育て以外に使用される恐れ
納得感	給付と負担の関係が明確	社会保障目的財源とは言え、何に使われているか見えにくい	一般会計で管理する場合、何に使われているか見えにくい

誰が負担するか

	利点	課題
労使折半	①受益と負担が一致する ②金額を確保しやすい	①高齢者の負担がない ②現役世代の負担が重くなる
企業のみ負担	①個人負担がない	①企業だけが負担する理由？ ②中小・零細企業にも大きな負担 ③経済活動にマイナス
高齢者が負担	①高齢者に偏っている社会保障の見直しにつながる	①高齢者だけが負担する理由？ ②金額を確保しにくい（高齢者は負担増に極めて敏感）
社会保障改革	①高齢者に偏っている社会保障の見直しにつながる	①既に政府が取り組んでおり、PB黒字化の財源になっている ②金額を確保しにくい（毎年兆円単位で確保できるか）

どのように使うか

	利点	課題
現金	①あらゆる課題に対応できる ②メッセージが伝わりやすい ③受益が目に見えやすい（＝負担の納得感がある）	①子育て以外に使われる可能性 ②保育所設備等のほうが喫緊の課題か
現物	①保育所設備等の喫緊の課題に対応できる ②かならず子育てに使われる	①受益が見えにくくなる（＝負担に納得感がなくなる） ②メッセージが伝わりにくい ③サービスの過剰供給になる恐れ
教育 バウチャー	①メッセージが伝わりやすい ②かならず子育てに使われる	①何が「子育て」「教育」か、バウチャーの使途範囲の確定が困難 ②執行コストが大きい ③家計の行動を歪める恐れ（施設サービスを必要以上に使用等）

誰に使うか

	利点	課題
小学校 未就学児まで	①約600万人に支援 ②幼児教育の無償化という政策目的 ③所要財源が比較的小さい	①中学生・高校生を持つ家庭を支援できない
中学校修了まで	①約1600万人に支援 ②義務教育の無償化という政策目的 ③児童手当と整合的（児童手当は中学生まで）	①所要財源が大きい ②高校生を持つ家庭を支援できない
高校修了まで	①約1900万人に支援 ②教育の無償化という政策目的	①所要財源が非常に大きい ②児童手当との整合性が問題になる（児童手当は中学生まで）

の議論を整理した。図表に、村井の整理を要約しておく。

まずは財源について。こども保険構想の提案は年金保険料の引き上げだが、他に、消費税、社会保障改革による歳出削減、教育国債の案が出ている。

使途については、こども保険の構想の提案は、児童手当拡充による現金給付。子育て世代を重視している国の覚悟が伝わるし、負担する側の納得感も得やすいが、子育て以外に使われるのではという議論もある。

現金給付に対し、喫緊の課題である保育所整備など現物支給という案も出された。受益者が見えにくく、サービスの過剰供給になる危険性もあり、負担に納得感がなくなる恐れがある。

教育サービス交換券などのバウチャー案もある。かならず子育てに使われる利点はあるが、何が子育てで何が教育なのかの範囲の確定が難しく、執行コストが大きいなどのデメリットがある。

誰に使うかについては、小学校未就学児まで、中学校修了まで、高校修了までの3パターンを示した上で、小学校未就学児（0〜5歳）までを対象にすべきとした。理由は3つ。第1に、もともとの目的が少子化対策であり、これにもっとも資するのは幼児期の負担軽減であるからだ。

第2に、技術革新の速い人生100年時代には将来を見通すことが難しいため、新しい環境に適応する非認知能力の重要性が増す。非認知能力が身につくのは幼児段階までであり、限られた財源を充てるなら幼児教育にすべきと考えた。

第3に、予算が少なくてすむ利点がある。一方で、中学・高校と一番出費のある時期の支援ができないという難点もあった。中学修了までとすると児童手当と整合的で、高校修了までだと教育無償化となるが予算規模が大きくなる。誰に使うかは、給付に所得制限をかけるという論点もありうる。

ヒートアップする議論

村井の論点整理に対し、白須賀、鈴木馨祐から、負担増を言う前に医療費など歳出の削減を先にすべきとの意見が表明された。

白須賀発言要旨

現在、医療保険と介護保険で社会保障費の56%を占めている。ベッド代に一番費用がかかる。介護保険だとベッド代は自己負担だが、医療保険では自己負担はない。削れるところはいろいろある。医療費のベッド代を自己負担にする、薬価を毎年改定する、介護は要介護度3以上に給付を集中する、高額医療費に上限を定めるなどだ。

総医療費はどんどん上昇しており、2025年に推定される医療費の金額は膨大な額になる。それを誰が負担するのか考えなければならない。

その状況で、新たな子育て支援策でさらに負担を求めるとすれば、もっと医療費削減に切り込んで、そこから捻出していく議論をすべきだ。本気で少子化対策をやるならば、社会保障を断ち切るか、消費税増税のどちらかだ。消費税を15%にすると言い切ったほうがいい。

鈴木馨祐発言要旨

全体の認識として、国民負担はいろんなものを先送りして今のレベルになっている。現在でも歳出と歳入のバランスを考えれば、消費税20%が必要な財政規模。負担は将来世代に先送りしている。個人や企業に負担を求めるのは限界に近い。あまり気軽に負担増の話はするべきじゃない。

それぞれの世界に大義はある。その大義をすべて認めていくと収拾がつかなくなる。保険も税も負担には変わりない。そうではない発想でやってほしい。これは国のあり方の問題。国ができるかぎり何でもやるのがいいのか、やらないほうがいいのか、どの立場に立つのかが整理されていない。

白須賀、鈴木馨祐の意見表明を聞いた後の討論は、小泉小委員会立ち上げ以来、最もヒートアップした議論となった。

村井「鈴木馨祐さんは、少子化対策なり子育て政策を新しくやらなくてもいいという立場か」

鈴木馨祐「もちろんやるべきだ。だが他の歳出を削れないならやらなくていい。というよりも、やれない。削ってでもやらなくてはいかんという覚悟がないなら、やるべきじゃない」

村井「社会保険の保険料率が今より上がっていってしまうなら、やらなくていいと」

鈴木馨祐「保険にせよ税にせよ、負担増はあってはならない。一般財源を削るべきだ」

白須賀「年金保険料率はもう上がらない。一方、医療については2025年問題もあり、先がまったく読めない。これをどうするかという議論が必ず出てくる」

村井「将来の医療保険料率の上昇を心配して、いま子どもに財源を充てられないという意見は、最終的には優先順位の話だ」

白須賀　「片方に生死の問題があるときに、政治は議論に耐えられるのか。それなら治療の範囲を決めたり社会保障の新たなスキームをつくったりしてからでないと、新しい社会保険は相当きつい」

小林　「目指しているところは同じ。保険料でやるんだったら、保険料が上がって負担ですと。一方で医療費を抑えて財源とするのも国民の負担だ。保険料か医療費削減かは、財源のつくり方が違うだけだ」

鈴木馨祐　「医療費を抑えないかぎり、やる余地はない。自民党の恐ろしいところは、教育国債とかこども保険とか、歳出が大好きなところ。まるで社会主義政党だ」

小林　「現在議論しているのは、従来の『大きな政府か小さな政府か』という単純な論点ではない。『グローバル化やテクノロジーの進歩で二極化が進む〝人生１００年時代〟において、政府はどういう役割を担うべきか』という大きな論点の一部。

10月に『人生１００年時代の社会保障へ』で扱ったのは、中低所得層や共働き世帯の増加にどう対処するか、という議論だった。今回は『少子化対策や子育て支援をいかに実現するか』という議論であり、『レールからの解放』から続く大きな流れの延長線上であることをわかってほしい」

鈴木馨祐　「それは、配分を移す一番正当な大義。政府として優先順位が変わりましたと言うなら、順位が下がったものは削減すべきだ」

小林　「だから、子育て支援への重点配分と、医療・介護給付の効率化をパッケージでやることが重要ではないか。極論、高齢者の医療費自己負担を3割にするとか」

白須賀　「この小委員会は将来世代にツケを回すのはやめましょうという話から始まったはず。新しい制度をつくるのは後から出た発想だ。2025年の社会保障のことを真剣に考えるとき、こども保険のために1％分の財源をつくるなら、医療に回してほしい」

鈴木隼人　「将来への投資は絶対に必要。今、社会全体で子どもを育てていかないと構造的にはよくならない」

鈴木馨祐　「その財源は」

白須賀　「財政再建特命委員会の下の小委員会だから、財政再建を捨ててはいけない」

村井　「大きな視点で見れば、党内が教育国債を通じて教育無償化を実現する方向に傾きつつある中で、新たな財源の提案も行うことで、財政再建にも充分に責任ある立場でやろうとしている」

白須賀　「保険料は月1500円程度。それなら消費税を上げても同じではないか？」

小林　「消費税となると、議論は振り出しに戻る」

白須賀　「結局、若い人たちの負担増になる」

鈴木馨祐　「税だろうが保険だろうが変わらない。国債も同じ」

村井　「繰り返すが、まずは少子化対策・子育て支援に新たな財政支出は必要だよねという共通認識を持ちたい。その上で、医療費・介護費が上昇する中で、医療・介護の保険料率を抑え込んで、その分を子育てに使っていきましょうということは、同じ方向ではないか」

小泉　「白須賀さん、鈴木馨祐さんの意見は、いたずらに歳出拡大するのではなく、財政再建の柱を立ててくれということではないか。思い出してほしいのは、『人生100年時代の社会保障へ』の中で、医療・介護の歳出削減に向けた政策を議論し、提言しているということ。それを少子化対策への重点配分とセットで伝えていくことが重要だ。2025年については、我々はこう考えていますというのがしっかり説明できていればいい」

急遽設定した委員からのヒアリングは、反対意見にじっくり耳を傾ける意義深い会合となった。この日は財源についての話が中心であった。最後は、「こども保険構想と併せて、医療・介護の改革もパッケージであることをいかに見せていくかが重要」と小泉が議論を引き取り、村井には大きな宿題となった。

2016年2月の小委設立以来、議論の対立構図は時期によって変化してきた。

「レールからの解放」期は、安藤と鈴木馨祐の論争が、議論の場の主役だった。「私と安藤先生の双方に認められる提言はいかがなものか」という鈴木馨祐の発言が思い出される。「人生100年時代の社会保障へ」期は、「レールからの解放」の議論で培ったオープンな議論の雰囲気が新メンバーにも円滑に継承され、新加入の穴見や大岡が議論をリードした。そして「こども保険」期では、白須賀・鈴木馨祐・安藤対役員の構図となった。

期限まで、あと2週間

翌日、3月10日に役員会が開催され、少子化対策についての提言取りまとめに向け役員陣の動きが活発になっていく。

教育国債を中心に検討を進めている教育財源PTの会合で、小泉小委員会の提言をプレゼンテーションする日程が4月5日と決まっていた。少子化対策からスタートして子育て支援策を検討している小泉小委員会と、教育無償化を目指している教育財源PTの議論が、期せずして幼児教育の部分で連動し始めていた。これに間に合わせるには、3月24日までに親会の承認を得なければならない。期限ぎりぎりの24日を最終取りまとめの会合とし、29日に記者発表するスケジュールを確認した。

また、年金保険料への上乗せを財源とすることに理解を得るため、小泉以下役員5人で小委員会委員に説明して回ることを申し合わせた。役員会には、前日の白須賀、鈴木馨祐との激論を受け、村井が一晩でつくり上げた資料が提示された。3月15日に予定されている小委員会に示すものだ。

最初の論点は使途についてである。前回の小委員会では財源に議論が集中したが、肝心の使途についても、まだ検討が必要だった。

村井「こども保険は当初、現金給付を想定していた。一方で、前々回に駒崎さんから表明されたように、待機児童解消に向けた現物給付のニーズが高いこともわかっている。現金か現物かは詰める必要がある」

大沼「待機児童解消の具体的な打ち手は？」

村井「従来実施されてきた施策に加えて、どこまで取り組むかだ。たとえば保育所整備であれば3000億円程度が必要となる」

小林「やはり多くの親世帯に給付の実感を持ってもらうには、現金給付がいいのではないか」

村井「気持ちはわかる。だが、実際に困っている人がいる施策は緊急性が高いのも事実」

少子化対策の必要性

- 少子化対策の効果の発現には時間がかかるが、**2060年以降に極めて大きな差となる。**
- 2060年を見据えると、**今すぐ少子化対策を実行する必要**があるのではないか。

出生率	2030年	2060年
低位仮定 1.12	総人口：1億1,417万人 生産年齢人口：6,733万人（59.0%） 老年人口：3,685万人（32.3%）	**総人口：7,997万人** 生産年齢人口：3,971万人（49.7%） 老年人口：3,464万人（43.4%）
中位仮定 1.35	総人口：1億1,662万人 生産年齢人口：6,773万人（58.1%） 老年人口：3,685万人（31.6%）	**総人口：8,674万人** 生産年齢人口：4,418万人（50.9%） 老年人口：3,464万人（39.9%）
高位仮定 1.60	総人口：1億1,924万人 生産年齢人口：6,807万人（57.1%） 老年人口：3,685万人（30.9%）	**総人口：9,460万人** 生産年齢人口：4,909万人（51.9%） 老年人口：3,464万人（36.6%）
1億総活躍 仮定 1.80～2.07		総人口： **1億30万人**（2045年に2.07まで回復） **9,884万人**（2050年に2.07まで回復）

（出典）国立社会保障・人口問題研究所「日本の将来推計人口（平成24年1月推計）」

簡単に答えが出る議論ではない。論点は財源に移った。

村井「まず前提として、使途の議論でも明らかな通りだが、しっかりと少子化対策を進めるためには新たな財源が必要であることを、改めて認識合わせをしたい」

小林「たしかに。大方の理解はあるが、もう一度ピン留めが必要かもしれない。馨祐さん、白須賀さん、安藤さんは強硬に反対している」

村井「なので、社人研（国立社会保障・人口問題研究所）のデータを使いながら、少子化対策を行わずにこのまま人口減少が今のペースで続いたら、どのような人口構成になるかを図表化した」

少子化対策の新たな財源として、どのような方策が望ましいか

案①：国債	○現在の世代が負担する必要がない ×将来世代への負担の先送り
案②：消費税	○全ての世代が公平に負担 ×消費税10％までの使途は既に決まっている。10％以降の議論について国民の納得を得ることは難しい。また、逆進性が高い
案③：こども保険	○現役世代のうち、高所得者や企業により多くの負担を求められる ×高齢世代の負担がない

小林　「よいのでは。これで、少子化対策の緊急性も伝わる」

村井　「財源のパターンを改めて整理した。国債、消費税、保険の3つがある。そのほか、社会保障費削減分から拠出するという考え方もありうる」

小泉　「社会保障費削減分から拠出という結論は実は玉虫色で、問題の先送りに過ぎない。根本的な解決が必要だ」

村井　「消費税、国債については過去にも議論してきた通り。消費税は逆進性も高い上、すでに2％増税予定分の7000億円が子育てに充当されている。国債は負担のつけ回しだ」

小林　「とすれば、最後は『我々のこども保険が認めてもらえるかどうか』という議論になる」

村井　「予想以上に反対が多かったことを踏まえると、スタート時から（料率）0・5％はインパクトが大きすぎるので、0・1％で始めるのはどうか。まずは全体の給

付を高齢者から子育てに移していく橋頭堡としたい」

小泉「０・５％案と０・１％案の両論併記でいいのでは。また、前回の小委員会でも話した通り、医療・介護の改革をパッケージとして捉える全世代論が入ってくるだけで、見え方は全然変わるのではないか。さらに、現役世代の負担が増えることへの危機感を植えつけないように注意する」

村井「わかった。０・１％が大きな負担ではないことが理解できるよう、丁寧に発信する必要がある」

小林「０・１％だとだいたい３０００億円。ちょうど保育所の問題は解決するボリュームだ」

村井「ゆくゆくは０・５％にできればよい。将来的な目標はあくまでも無償化」

小泉「その方向性でよい。あとはもう一歩。０・１％から０・５％への道のりを示したい」

　この日はまず使途について話し合われ、続いて財源について議論された。15日の小委員会では、まず使途について議論を深めることとなった。その上で、少子化対策に新たな財源が必要であることをピン留めしつつ、負担感の軽減に向けて０・１％案についても示すこととなった。15日に向けて、残された「宿題」はあとひとつである。

「若者も社保の改革に無関心ではいられなくなる」

翌々日、3月12日。村井は最後の「宿題」への答えを頭の中で完成させつつあった。「こども保険は医療・介護改革とのパッケージであり、全世代型社会保障に向けた構想の一部である」ということを、次回小委員会までに示す必要があった。前日11日は、東日本大震災からちょうど6年。小泉は11日から宮城県の南三陸町を訪れていて、20時に赤坂宿舎に帰ってくるとのことだった。

村井は20時ギリギリに「宿題」を完成させた。「こども保険の導入と世代間公平の実現」と名づけたペーパーである。待っていると、間もなく小泉が現れた。

「村井さん、お疲れさま」と村井を労った小泉は、両手に持つ「伊達政宗麦酒」と笹かまを村井に差し出しながら、ペーパーを手に取った。

村井はペーパーを読む小泉に対し、説明を加えた。

「現状、年金・医療・介護の保険料率が合計約15%。内訳を見ると、まず年金保険料は今後も9・15%で固定されることが決定済み。次に医療・介護は、将来の給付増に伴って料率上昇の可能性がある。

そこで、まず、直近2年間の雇用保険料率の引き下げを生かして、0・1%でこども保険を

こども保険の導入と世代間公平の実現

- 厚生年金保険料は、平成29年(2017年)9月に9.15%で固定。
- 雇用保険料は、平成28年度と平成29年度に、0.1%ずつ引下げ。
- 医療介護の保険料の伸びを抑制できれば、現役世代はこども保険料を負担可能。

→**高齢者の世代内格差にも十分配慮しつつ、医療介護の給付改革を行い、全世代型社会保障を実現**

勤労者の社会保険料(本人負担分)

年度	厚生年金	医療保険(協会けんぽ)	介護保険(協会けんぽ)	雇用保険	こども保険	合計(本人負担分)
2013	8.560	5.000	0.775	0.500		14.835
2014	8.737	5.000	0.860	0.500		15.097
2015	8.914	5.000	0.790	0.500		15.204
2016	9.091	5.000	0.790	0.400		15.281
2017	9.150	5.000	0.825	0.300		15.275

9.15%で固定

政府の見通しでは負担増
→可能な限り伸びを抑制

更なる引下げを模索

まず0.1%で導入

2020年代

0.5%を実現

導入する。その後、医療・介護の給付改革を進め、保険料率全体の上昇を抑えながら、こども保険料率を0・5%とし、子どものための財源確保と全世代型社会保障を目指す。これが、現役世代の社会保険料を横断的に議論するフレームワークだ」

小泉は一読し、村井の説明を聞き終わるとすぐ、口を開いた。

「いいね。こういうことだよ、村井さん」と興奮気味に言った小泉が確かな手応えを持っていることは、500日近く女房役を務める村井には一瞬にしてわかった。

小泉は続けた。「これで、若者が社保の改革に無関係でいられなくなる。今回は雇用保険料率の削減分と説明することも可能となるし、いったんこども保険を導入すれば、医療・介護改革を進めるインセンティブにもなる。ありがとう、村井さん」

満足げに去る小泉を横目に、村井は安堵したのもつかの間、役員にメールでペーパーを送付し、確認と修正を依頼した。国会議員の週末は、地元の予定が詰まっている。そんな中、役員たちは休みの日もメールでやりとりをし、微調整を続けた。

「0・1%」案と「0・5%」案を併記

3月15日、第32回会合で少子化対策についての議論は4度目を迎えた。残りはこの回を含め

2回。取りまとめに向けて議論は一層熱を帯びていく。

議論を整理するため、事務局は全25ページに及ぶ資料を配布した。資料は、これまでの小委員会の議論の経緯、論点の整理、こども保険案の3本立て。論点整理には、前提である「少子化対策・子育て支援に新たな財源が必要か」に加えて、

（1）少子化対策に有効な使途は何か

（2）少子化対策のために新たな財源的手当てが必要か否か。また、新たな財源として「国債」「消費税」「こども保険」のいずれが適当か

の2点が記された。

また、こども保険の制度設計案は保険料率0・1％（被保険者負担）のベース案と、将来を見据えた保険料率0・5％（同）案の2通りを示した。0・1％案では財源規模は3400億円。現行8％から10％への税率引き上げが予定されている消費税増税で確保する7000億円と合わせた約1兆円の安定財源で、待機児童解消に必要な保育所の整備などで現物給付する。一方、0・5％案では財源規模は1・7兆円で、児童手当に現金給付を上乗せし、幼児教育を実質無償化する。

会合の冒頭、村井が資料に沿って論点とこども保険の設計案を解説し、意見交換に入った。

前回の紛糾もあり、役員の面持ちには緊張感が漂っていた。

口火を切ったのは、保険方式の推進派である鈴木隼人だった。使途について鈴木隼人は、保険料を集めておいて保育所整備などの現物給付では、理解が得られないと問題を提起した。

鈴木隼人「0・1%案だが、給付が保育所の整備である一方で、財源は保険料となっている。保険の考え方としてあり得るのか。保険料を広く薄く集めて必要な人に配分するという保険の考え方からすると、変則的だと感じる」

穴見「同感だ。既存の財源で保育所整備などは対応している。こども保険を創設するなら、保険は現金給付に使い、現物は税で賄うなど付け替えをしたほうが理解を得やすい。0・1%でスタートするのには賛成だ。年金、医療、介護に比べ、こども保険がいかに小さいか一目瞭然で、もっと上げなければという議論の出発点になると思う」

村井「ご意見は理解できる。保険原理からすれば現金給付が素直だと思うが、一方、医療・介護保険は主にサービス給付であることもあり、待機児童という足下の問題に迅速に対応するために出した案だ。使途の部分は議論の余地があると思う」

大岡「保険のいいところは、集めて皆で分配しようという理屈を組み立てやすいこと。0・1%とか0・5%とか、総枠を先に決めるというやり方ではなく、何にいくら必要かということから保険料率を割り出したほうがいい。保険ならば、給付と負担をバランスさせる制度設計をすべきだ」

駒崎「0・1%は現実的だが、やれることは限られる。はじめの一歩として、そこから上げていくのはいい。給付は児童手当論が強いが、少子化対策が目的なら、児童手当よりも保育所の整備のほうが効果的だ。何が目的なのかを考えなくてはいけない」

「これは日本改造論だと思う」

続いて手を挙げた福田達夫・衆議院議員からは、保育所整備では、給付は大都市に集中するとの地方の視点が提示される。福田の祖父は福田赳夫・元首相、父は福田康夫・元首相。理論派のDNAを受け継ぎ、2012年の総選挙で康夫元首相の後継者として出馬し初当選した。小泉とは互いに元首相の後継者で、農政改革で共に汗を流した仲だ。

福田「こども保険は負担する人と享受する人に齟齬があって、保険の概念と違う。保育所整備などの現物給付なら、地方では享受しない人が多い。そういう誘導をやっていいのかという思いはある。現物給付だと、首都圏をはじめ人口が密なところに落ちやすい。70%

の確率で大地震が起こると予想されているところに、そんな資本投下をするのが妥当かということも考えなければいけない」

駒崎「保育を保育園としてだけしか捉えていないのでは」

福田「哲学的な話になるが、社会や家庭をどうするのか。経済理論だけで考えるのか、価値観の転換をするのか」

小泉「（社会や家族のあり方をどうするのかという議論は）政府も政調もやっていない。（かつて列島改造論では）地方に行く道路を無料にするという話が出た。子ども政策でも、そういう異次元の少子化対策をしないといけない。これは日本改造論だ。

一方で党内の状況は一部の人たちが教育国債で突っ走ろうとしている。年間兆円単位の借金を生む。国家リスクを高めるようなことをやるのは違うというのは国家論に通じる。この議論は議論として、国家論を今後のテーマとすることはあってよいと思う」

不要論vs.原則論

福田の発言で議論は国家論にまで及びかけた。ここで、白須賀が手を挙げる。こども保険に反対の立場の白須賀は、不要論を主張。これに、牧原が原理原則論で応じる。論点は財源の問題へと大きく傾いた。

白須賀　「保険料0・1％で集まる3400億円なら、雇用保険の余剰分で確保できる額だ。安倍総理もどこかから予算を持ってきて待機児童問題に取り組むと明言している。新しく予算をつくる必要はないのではないか。3400億円あればプレミアム商品券プラスアルファのことができる。保育園をつくるのでは給付が目に見えにくいから、自由に使えるものがよい」

牧原　「この小委員会で一番大切なのは、国民、とくに若い世代にメッセージを送ることだ。新たな国家モデルをつくることに原点がある。うまい話をしても、これまでの政治の延長だ。少子化が最重要課題なら、今までとは違う発想をするということをメッセージとして発信していかなければならない。『子育てにはおカネがかからない、安心して子どもを産める国をつくる』というメッセージでなければならないと思う」

小林　「具体的には？」

牧原　「打ち出し方としては、保険料率はもっと高く、0・5％案でもよいと思う。『子育てにおカネがかからない国家モデルをつくる』というのをこの小委員会の提言とするなら、役割は現実的に詰めていくことではなく、明確なメッセージを打ち出すことだ。0・1％

は現実的な案だと思うが、それは厚生労働部会に任せておけばいい」

財政健全論の安藤からは国債を推す意見が出され、小泉と議論になった。小泉は小委員会の原点に立ち返っての理解を求めた。

安藤「結局は財源の話だ。皆さんと反対のことを言うが、日本の財政は破綻していない。日銀は日本の国債を４００兆円保持している。本当に返さないといけないのか。国債の残高が増えると同時に国民の金融資産が増えている。国債を発行することは国民の生活を豊かにすることだと発想を変えないと間違える」

小泉「つまり、安藤さんは財源は国債だと」

安藤「保険も悪くないが、中小企業は負担できない。税なら累進課税を強化したり、法人税を増やしたりして財源を求める方法もあるが、国債が一番早い」

小泉「この小委員会の出発点は、まずは財源論を抜きにして、本来あるべき国の姿を描いてから、それを目指して、財源論を含め現実的な着地点を見つけるということだ」

安藤「だが、結局は財源論になっている」

小泉「それは、あるべき論が先にあって、財政の制約の中で、あるべき姿に少しでも近づくための財源論だ。そういう順番であることを理解してほしい」

鈴木馨祐の翻意

委員と役員の議論の応酬が続く。前回まで反対派の急先鋒だった鈴木馨祐も手を挙げた。さすがの小泉にも、疲労の色が見え始めている。

しかし、前回までとは打って変わり、鈴木馨祐の主張は、こども保険創設を前提としたものだった。

鈴木馨祐　「財政も政策もやりたいことはあるが、きりがない。（税金や保険料など）人のカネでやることには抑制的であるべきだ。自由が失われると社会全体の活力が失われる。その中での少子化の話だ。社会全体で投資をするのはよいと思う。

ただ、本来別のところで生きるはずのカネを集めて、国が面倒を見過ぎるのは避けたほうがいい。保育は警察と一緒で、社会が責任を持つことに大義はある。しかし、現金給付は行き過ぎではないか。あまりお節介になり過ぎないほうがよい」

小泉　「今日事務局が用意した資料には、こども保険に充てる保険料は、０・１％から先は医療と介護を削減しないと出てきませんと書いた。全体の料率をまず規定するということ。フレームワークを保険全体の中でやるというのが画期的な仕掛けだ。そこも注視してほしい。

介護・医療費が伸びる中で、今まで以上に保険料率が上がり、個人や企業の負担が増えかねない中で、どこから財源を持ってくるのか。我々のこども保険は、単純に新しい社会保険をつくる構想ではなく、社会保険全体を横断的に捉えるフレームワークを構築することで世代間公平を実現し、真の意味での全世代型社会保障を目指していく構想であるということは、共有したほうがいいと思う」

鈴木馨祐　「このこども保険をうまく通すには、医療・介護の給付抑制は隠したほうがいいが、それでは意味がない。我々の価値観、問題提起として正々堂々と打ち出して、異論が出たほうがよい」

安藤　「必要ない負担を国民に求めることに意味はない。国債を無尽蔵に出せという話ではない。必要なものにだけ出す。日本の財政は心配ないというメッセージを出すべきだ」

鈴木馨祐　「国債を乱発して返さなくてもいい、となるのはまずい。財政の安心感と返済の意思とは違う。円と国の信頼の問題に関わる。クロスボーダーの時代にそんなことをすれば、企業は海外で起債できなくなる」

最後は小泉と安藤の議論の中で、鈴木馨祐がこども保険を容認する立場を明確にし、2時間におよぶ議論が終了した。

この日、鈴木馨祐がこども保険を受け入れたことで、財源の方向性については一応の決着を見た。すなわち、少子化対策には新たな財源が必要で、まずは0・1%でこども保険を導入。その後、医療・介護の給付の伸び抑制を前提として、徐々に0・5%に近づけていくという方針である。

一方で、給付方法については保留となった。使途については私も意見表明の機会を得て、介護保険が3年に1度サービスを見直すことを参考として、こども保険も定期的に給付のあり方を見直すべきと提案した。保険料を納めた人がまんべんなく給付を受けるためには、現金給付も一案である。その一方で、子育ての課題は地域によって異なる。より本質的な少子化対策のためには、現金給付なのか現物給付なのか、時代に応じて変え続ける必要があると考えたからだった。

そして、この日も前回の役員会に続き、使途と財源が議論された。政策の2つの側面を常に考えられることに、小委員会の議論の成熟を感じる。

提言案の作成

少子化対策の具体的政策提言の議論は大詰めを迎えた。3月16日、22日の両日、役員会を開催。残る委員会での議論の場は24日の1日のみ。小泉ら事務局は、これまでの議論を踏まえ提言案の作成作業に入る。

作成にあたり、スタート時の給付は保育所整備などの現物給付とすること、財源については「こども保険」とすること、こども保険は保険料率0・1％の小さな規模でスタートさせ、社会保障全体の枠組みの中で段階的に保険料率を上げていき、現金給付など給付を拡充させていく設計案を提示することなどを確認した。

また、こども保険を前面に打ち出すのではなく、「全世代型社会保障」を主役に据え、そのための具体策としてこども保険を提案することも申し合わせた。執筆は「人生100年時代の社会保障へ」を書き上げた村井であった。村井は記者発表対応のため、想定問答集も作成した。かくして、こども保険の発表に向けた方針がまとまった。

村井が書き上げた提言案は、以下の通りである。

提言（案）

「こども保険」の創設〜真の全世代型社会保障の実現に向けて〜

平成29年3月　2020年以降の経済財政構想小委員会

1．これまでの議論の経緯　〜人生100年時代の社会保障〜

当小委員会は、昨年4月に公表した『レールからの解放』において、2020年以降を「日本の第二創業期」と捉え、この国のかたちを創りなおすことを提案した。

2020年以降は、人生100年を生きる時代だ。いろんな生き方、いろんな選択肢が当たり前になる。学びも仕事も、年齢ではなく、自分の価値観とタイミングで選ぶ未来になる。

今後は、政治が用意した一つの生き方に個人が合わせるのでなく、個人それぞれの生き方に政治が合わせていく。このためには、いろいろな「人生のレール」に対応した、新しい社会保障が必要だ。

真に困った人を助ける全世代に対する安心の基盤の再構築は、小さなチャレンジや新しい人生の選択の支えになる。そして、子育て世代の負担を減らし、日本社会全体の生産性を高め、人口減少しても持続可能な社会保障制度につながる。

こうした基本的な考え方に基づき、当小委員会は、さらに社会保障改革についての検討を深め、昨年10月に『人生100年時代の社会保障へ』を公表した。

その中では、人生100年時代において、多様な生き方を選ぶことがリスクにならない社会を実現するため、2020年以降に必要な社会保障改革の方向性として、

（1）全ての働き手が充実したセーフティネットの対象となる、勤労者皆社会保険制度の創設

（2）長く働くほど得になる、人生100年型年金の実現

（3）病気にならないよう努力した人は自己負担が低くなる、健康ゴールド免許の導入

などを提言した。

2. 22世紀を見据えて ～全世代対応型の社会保障の実現～

上記の社会保障改革は、人生100年時代において、全世代に対する安心の基盤づくりを目指すものである。

しかし、22世紀を見据えると、上記改革だけで、全世代対応型の社会保障を実現するこ

とは難しい。社会保障給付の改革を徹底的に進めると同時に、少子化対策を抜本的に強化し、若者や現役世代を支援することが必要だ。

政府も、「待機児童解消加速化プラン」をはじめとして、少子化対策や子ども・子育て支援に全力で取り組んでいるが、最大の問題は、国の本気度が若者や現役世代に伝わっていないことではないか。

現在、少子化対策や子育て支援は、政府の一般会計から支出している。高齢者向けの社会保障給付が急増する中で、若者や現役世代に対する予算を大幅に増やすことは難しい。しかし、財源の制約を理由に政策を小出しにしている今の構造が続く限り、いつまでも高齢者偏重の社会保障は変えられない。「全世代対応型社会保障」の実現を言葉だけで終わらせてはならない。今こそ、若者や現役世代向けの明確なメッセージが必要だ。

3．こども保険の創設と世代間公平のための新たなフレームワーク

当小委員会は、「こども保険」の創設を提言する。「こども保険」は、子どもが必要な保育・教育等を受けられないリスクを社会全体で支えるもので、年金・医療・介護に続く社会保険として、「全世代型社会保険」の第一歩になる。

今後は、社会保障給付における世代間公平を実現する観点から、こども保険の導入を活

かし、社会保険料を横断的に議論する新たなフレームワークを設定し、医療介護の給付改革とこどものための財源確保を同時に進める。この新たなフレームワークは、医療介護の改革をより加速するインセンティブにもなり得る。それは、真の全世代型社会保障へのシフトを明確にする政治のメッセージでもある。

「こども保険」は、当面、保険料率0・2％（事業主0・1％、勤労者0・1％）とする。保険料は、事業者と勤労者から、厚生年金保険料に付加して徴収する。自営業者等の国民年金加入者には年間2千円の負担を求める。財源規模は約3400億円となる。

これにより確保した財源を、例えば、「待機児童解消加速化プラン」の実現に必要な保育所の整備等に活用する。子育て支援については、消費税増税により0・7兆円を確保しており、今回の財源と合わせて、子育て支援に必要な1兆円の安定財源を確保することが出来る。

医療介護改革を進めれば、こども保険をさらに拡大できる。こども保険の保険料率1％（事業主0・5％、勤労者0・5％）まで引き上げ、自営業者等の国民年金加入者には年間1万円の負担を求めれば、財源規模は約1・7兆円となる。

これにより、例えば、未就学児の児童手当を抜本拡充することも可能となる。現行の児童手当に加え、小学校就学前の児童全員（約600万人）に、こども保険給付金として、月

2・5万円（年間で30万円）を上乗せ支給することもできる。バウチャーも考えられる。現在、保育園や幼稚園の平均保育料は1～3万円程度だ。児童手当と合わせると、月2・5万円の上乗せ支給により、就学前の幼児教育を実質的に無償化することが出来る。仮に、さらなるこども保険の拡大が実現できれば、より踏み込んだ政策も可能となる。

なお、一部には、教育無償化の財源として、教育国債の発行を求める声がある。しかし、新たな国債の目的や名称がどうであれ、今以上の国債発行が将来世代への負担の先送りに過ぎないことは明白である。

4. その他の課題

当小委員会では、こども保険以外の課題についても検討を行った。

こども保険を導入し、抜本的な少子化対策に取り組む以上、現状の「縦割り行政」の問題も解決する必要がある。現状では、少子化対策は内閣府、保育園は厚生労働省、幼稚園は文部科学省と、担当省庁がバラバラで、役割分担も不明確だ。

昨年の提言でも厚労省の分割や複数大臣制に触れたが、国民に明確なメッセージを送るためにも、「子ども・子育て省」を創設し、少子化対策や子ども・子育て政策を一元的に担わせるべきである。こども保険の運営も、同省に担当させることが適当だ。

社会保障改革も、少子化対策と連動して行うべきだ。例えば、年金の支給にあたり、子どもがいる方に特別の加算を行うことも考えられる。

また、年金を受け取らなくても困らないような立場の方が年金を辞退される場合には、支給不要になった年金の一部を子育て支援に活用することを制度で明確にすることやインセンティブを設けることなどで、富裕層の年金辞退を促進することも考えられる。

なお、医療改革では、終末期医療が見直しのテーマとして取り上げられることがある。しかし、この問題は、国民、特に高齢者から見て、説得力のある議論ができる政治家が議論を主導すべきだ。先輩議員達の未来へ向けたリーダーシップを期待したい。


提言案には子ども省の創設や、高齢富裕層の年金辞退促進など、小委員会の議論で委員から出された提案の多くが盛り込まれた。

最終ラウンド

3月24日、こども保険の提案に向けた最後の小委員会会合が開催された。第33回会合である。冒頭、提言案と想定問答集を各委員に配布。村井が提言案と記者発表の際に併せて公表する想定問答集の一部を読み上げ、趣旨をよりわかりやすく解説した。

Q1．「保険」と言いつつ、単なる負担増であり、形を変えた増税ではないか。

・こども保険は、子育て支援に必要な給付を行うため、薄く広く、事業者や勤労者の負担を求めるもの。新たな負担は、全額、子育て支援に回る。負担額と給付額が一致しているので、国民全体で見れば、全く負担増にならない。給付が前提になっている点で、増税とは違う。

・（保険料０・１％の場合）年収４００万円の家庭の場合、月２４０円の負担増となるが、就学前の子どもがいれば、１人当たり月５千円の給付を受けられる。子育て世代には、大変な恩恵がある。

・なお、年金や医療・介護で、社会保険料は全体で約15％。また、安倍政権では、雇用保険料率を２年連続で０・１％ずつ負担を引き下げた。決して大きな負担をお願いしているわけではない。

Q2．「保険」と言いつつ、就学前の子どもがいない世帯にとっては、単なる負担増ではないか。

・子どもが増えれば、人口減少に歯止めがかかり、経済・財政や社会保障の持続可能性が高まる。こども保険の導入により、企業や勤労者を含め、全ての国民にとって大きな恩恵があり、子どもがいない世帯にとっても、単なる負担増ではない。

・なお、年金も、支給開始前にお亡くなりになると、給付は受けられない。また、医療や介護も、健康だと給付は受けられない。あくまで保険なので、完全に給付と負担が一致するわけではない。

村井の趣旨説明の後、意見交換に入る。最終ラウンド開始のゴングが鳴った。最初に手を挙げた大岡は「素晴らしい」と提言に賛意を示した。穴見もそれに続く。

大岡「政治のスピード感が遅い中で、これは素晴らしい。負担の自由度が高い点や給付と負担がイコールなので、この保険には可能性を感じる。しかし『世代間公平のための新たなフレームワーク』で、世代間の公平を言っているが、こども保険は厳密には現役世代内の助け合いなのでは」

村井「こども保険だけを見るとそうだ。しかし一方で、フレーム

会合の一コマ。最後まで真剣な議論が交わされた

ワークと言っているのは、医療・介護とセットで考えることを指している」

小泉「こども保険そのものは世代内の共助。医療・介護などトータルで見ると世代間になる」

大岡「保険である以上、給付が先に来ないといけない。おカネを集めてから考えるのは税だ。新しいフレームを出すのであれば、最低2兆～3兆円の財源規模があっていいのでは。保険という以上は、今までできなかった層にも給付できればよかったのではないかと思う」

穴見「2兆～3兆円の話をいきなり打ち出すと、跳ね返されてしまう危険性が高いことを踏まえると、いい切り口で大賛成。一点玉に瑕なのは、こども保険自体の課題ではないが、国民年金対象者に定額保険料の負担を求めることは、低所得者にとっては負担が大きいことだ。就業形態が多様化したことで、1200万人が厚生年金から国民年金に移っている。本来なら厚生年金に入るべき人にどう負担していただくかは重要」

村井「そこは、『人生100年時代の社会保障へ』で提言した勤労者皆社会保険でカバーしていくイメージ」

幼児教育・保育の実質無償化を実現するため、0・5％の負担を求めることが原案だったこども保険だが、小委員会の議論を受け、0・1％で小さく産んで大きく育てる考え方も記載。

また、給付についても原案は児童手当の拡充など現金給付だったが、0・1%案では待機児童対策などの現物給付もオプションとして示した。

ハコをつくるか、カネを配るか

鈴木隼人が異議を唱えた。また、鈴木憲和は「地方の視点」から所見を述べた。現物給付か現金給付か。議論は再度白熱した。

鈴木隼人 「使途例の最初がハコなのはどうなのか。若手が出す案にハコがあるのは心配だ。報道されるときは、『使途としては保育所の受け入れ拡大などとしている』と書かれる。変更か、あるいは、もっとうまく薄く書くことが重要だ」

鈴木憲和 「待機児童ゼロという表現には違和感がある。(待機児童は人口密集地の問題だから)『たとえば東京なら』と書くのはどうか」

村井 「給付については、まだまだ詰め切れていない点が多い。また、使途については今後もさまざまな意見が出てくることを踏まえ、あえて柔軟にしていることもわかってほしい。したがって『使途例』と表記した。最初の0・1%のときは待機児童対策、0・5%のときは幼児教育・保育の実質無償化と併記している。一番シンプルな幼児教育・保育の無償化にしても、具体的な手法は現時点ではまだ詰め切れていない」

鈴木憲和「保険料率０・１％で３４００億円なら、給付は年間に生まれる新生児１００万人に一律34万円給付のほうがよいのではないか」

３人の議論を受け、白須賀が口を開いた。今までのような強硬な反対意見から、こども保険に対する前向きな発言に一変していた。

白須賀「給付が保育に偏り過ぎか。幼稚園を時間延長すれば課題は解決できる。私も一時金はいいと思う」

小泉「（出産一時金かどうかは別として）給付を現金給付に揃えるのは、ありだと思う」

佐藤「財源がなく予算を削減しなければならない中で、子育てのために予算を使うというと、納得感がある。給付については、保育に限定すると保育所に預けずに育てたいという要望に対応できない。現物給付なら、全員に行き渡るものを検討したい。財源は税でもいいと思っている。住民税の均等割で国民全員が５００円払えば５００億円。高齢者が負担しない仕組みになっているところが不十分だと思う。全世代で子育てを支える仕組みが必要」

鈴木隼人の意見を容れ、給付の使途例の最初は「幼児教育・保育の実質無償化への第一歩として、未就学児の児童手当の拡充に活用」と書き換えられることになる。具体的な案は、月額5000円の上乗せ支給である。保育所の整備は、その他の活用例として記述を残した。

安藤が矛を収める

一貫してこども保険に反対意見を述べていた安藤も、最後には矛を収めた。

安藤「こども保険、あってもいい。本気でやるというメッセージ性には好感が持てる。給付は現金給付に賛成する。ただ、医療・介護の給付の抑制につながるものではないということを明らかにしないと、マスコミの批判につながると思う」

前年11月から9回に及んだ少子化対策についての議論を、小泉は次の言葉で締めくくった。

小泉　「主張のぶつかり合いがあるからこそ、若手のつくる政策が世の中を動かすというイノベーションが生まれると信じている。自分の考えが当たり前ではないという環境で議論できたのはいいことだった。今回はここで取りまとめるが、さらに新しいこの国の形を議論しなくてはいけない。列島改造論を含む新しい形が求められる。来年は明治維新150周年だ」

取りまとめに向けた最後の議論を受け、村井は提言案を微修正し、最終版を書き上げた。その全文と説明資料は巻末に記載する。

反響

3月29日、記者発表を行った。この日の朝刊で「読売新聞」「日経新聞」はすでに「『こども保険』提言へ」の事前記事を報じていた。会場は党本部7階705号室。会見には小泉以下、事務局役員が全員席を並べた。小泉が提言について趣旨を説明し、村井から制度の詳細説明が行われた後、記者からの質問を受けた。質問は、教育財源PTとの関係、実現可能性などに及ぶ。

朝日　「教育財源PTでは、使途として大学無償化が議論されている。高等教育まで含めた教育のあり方をどう考えているか」

小泉　「何のための無償化か、どこの無償化かという議論はまだ決着がついていない。すでに無償化が始まっている小・中・高ですら、給食や修学旅行など、完全に無償ではない。

　個人的には、大学改革をせずに大学無償化に踏み切ることは疑問だ。東大でも世界ランクは第30位以下。大学の無償化が日本の経済にどれだけのインパクトを生んでくれるかは議論しないといけない。人工知能の開発が進み、人の力が変わっていく中で、大事なのは人生前半の社会保障だと思う。大学を無償化するなら海外留学を無償化するほうがよい。日本よりも海外大学のほうが安いとなれば、留学ブームに火がつくのではないか」

朝日　「子どもを持たない夫妻も多いという多様化の中で、コンセンサスを取るのが大変だと思うが、いかがか」

小泉　「本当に0・1％が負担か、ということ。どういう理解を頂けるかだ。この20年間、年金・医療・介護の保険料が年平均0・2〜0・3％も上がっている中で、0・1％は大きな負担と言えるのか。

　すでに年金・医療・介護で合計約15％も保険料負担がある一方で、0・1％のこども保険がダメだというのは全世代型社会保障の放棄ではないか。少子化を放置すれば社会保障の持続性が揺らぐ。少子化は子どもがいる、いないにかかわらず、リスクだと考える」

朝日 「導入はいつ頃を目指すか。給付に所得制限は設けるのか」

村井 「我々の案では所得制限は考えていない。子どもを育てることにかかる費用は所得の多寡にかかわらず同様であろう。そもそも、社会保険加入者からは所得に比例した保険料を徴収しており、給付段階でさらに所得制限を行う必要はないのではないか」

小泉 「政治の覚悟があればできる。高齢者に3万円給付する4000億円の予算はすぐできたのだから、できる」

日テレ 「なぜ今このタイミングで教育の無償化か」

小泉 「教育財源PTで教育無償化が議論になる前から、小委員会では子育ての議論を始めるつもりだった。小委員会が先に動いて政治が後からついてきている。発信源は小委員会だ」

NHK 「実現に向けた一番の壁は」

小泉 「新しい保険をつくるのは並大抵ではない。介護保険導入時のことを考えても、実現すれば相当画期的なものになる。与野党を超えて全世代型社会保障の必要性はわかっているので、産みの苦しみはあるが突破できる。子育ての一義的責任は親にあるとしても、もはや子育ては家族任せにできない。社会全体で子育てを支える国だということを、地道な作業を通じて発信していく」

NHK「再来年度から実施という理解でいいか」

小泉「できる限り早く」

毎日「こども保険は中長期的な構造改革。現政権の中で実現することは可能か」

小泉「可能だと思う」

毎日記者からの「現政権の中で実現可能か」の問いに、小泉がイエスと力強く即答したのが強く印象に残った。

小泉進次郎の「直感力」

私は参加しなかったが、この日の夜、小泉の誘いで村井と小林は六本木のステーキハウスで宴席を開いた。ささやかな打ち上げである。テレビの報道を確認しながら盛り上がり、気がつけば日付が変わっていたという。帰りのタクシーの中で、小泉は村井に語る。

「こども保険の話を村井さんがあまりに楽しそうに、情熱的に話しているもんだから、それを見て、俺も乗るって決めたんだよ」

「ありがとうございます」村井は感謝の言葉に続けて言った。「このうねりは、これからもっと大きくなりますよ。小泉さんが最初に言った『骨太の方針』に必ず入れましょう」

振り返ってみると、ターニングポイントだったのは小泉が役員会で「こども保険はいい」と発言した瞬間だったのかもしれない。小泉は一般には、その発信力が特筆されることが多い。実際に彼の言葉の力には目を見張るものがある。

しかし、小泉が真に優れているのは、物事を直感的に見極める能力である。高木氏が「レールからの解放」を持ち込んだときもそうだったが、優れたアイデアを目にしたときの判断力・決断力には驚かされるものがある。

翌日の新聞各紙は「『こども保険』提言」を伝えた。「教育無償化財源対案『こども保険』を提言　自民小委」（毎日）、「教育財源　自民内で白熱　負担　現役か将来か　小泉氏ら提言『国債より保険』」（読売）、「『教育負担、幅広く』こども保険、自民若手らが公表」（日経）、「こども保険創設を提言　小泉氏ら自民若手、教育無償化目指し」（朝日）などである。

どれもが好意的な記事だったわけではない。毎日は「リスクに備えるという保険の趣旨に合わない（厚生労働省関係者）」と厚生労働省の反発を臭わせ、読売新聞は「子どものいない世帯や子育てが終わった世帯は恩恵を受けないため不公平が生じる」と課題に言及した。

「こども保険」創設の提言は、予想以上のインパクトでテレビ局の報道番組や報道バラエティ番組でも多く取り上げられた。中でも、同じ自民党から提案されていた「教育国債」案との対比といった文脈で紹介されることが多かった。

雑誌やＷＥＢマガジンの取材も殺到し、５〜６月にはＷＥＢサイトの「BuzzFeed」「東洋経済オンライン」「日経ＤＵＡＬ」が特集記事を掲載した。

この時点で、小泉、村井、小林の３人も大きな手応えを感じていた。しかし４月以降、「こども保険」は、世間の反響を呼ぶどころか、彼らの予想を超えて、自民党内あるいは政府にも影響を及ぼし、大きな展開を見せることになる。

終　章

骨太の方針

2017年3月29日～

村井と小林の「根回し」

3月29日の記者発表は、新聞・テレビ各社で大きく取り上げられ、社会に波紋を広げた。小泉らが思い描いていたシナリオ以上の大成功だったと言ってよいと思う。

しかし、いくら反響が大きくても、提言で終わってしまえば絵に描いた餅だ。提言は政府により政策として立案されなければ、本物の餅にはならない。登山にたとえるなら、まだ5合目にも届いていない。つまり、越えなければならない難所はまだたくさん残っているということだ。

政策を実現するには、若手だけの議論の場から、政策決定に大きな影響力を持つ、たとえば小委員会の親会である「財政再建に関する特命委員会」や教育再生実行本部「教育財源PT」などの議論を経なければならない。そのためには、党の意思決定機関で発言力のある中堅、ベテラン議員たちの理解を得て、共闘に加わってもらうことが必須と思われた。さらに、提言が中堅、ベテラン議員の頭越しとならないよう、事前に説明し筋を通しておくこと、つまり、根回しも政治の世界では重要な手続きである。

実は、村井と小林はそれを見越して、こども保険の議論が始まるかなり前から、動き始めていた。部会長を務める農林部会で農業改革の只中にあり、多忙を極めていた小泉の別働隊として、２人が走り回っていたのである。

時間の針を少し巻き戻そう。

「人生１００年時代の社会保障へ」の記者発表が行われた２０１６年10月26日の前日の午前、村井は加藤勝信・内閣府特命担当大臣を訪問している。加藤特命相は一億総活躍、女性活躍、働き方改革など、安倍内閣の目玉政策を担当する政権のキーマンのひとり。少子化対策も担当する。旧大蔵省の出身で、村井にとっては役所の先輩にも当たる。翌日発表予定の提言の内容を大臣に説明し、30分ほど突っ込んだ意見交換をした。

加藤特命相と接触した村井は、好感触を得た。加藤は待機児童問題など子育て環境がより厳しくなり、子どもの貧困も社会問題化している中で、そうした社会環境の変化に対応した施策を大胆に進める必要があると、小泉小委員会の提言に理解を示した。その上で「俺もやっているけど、若いんだからより大胆に提言してもらってかまわない」と、村井を激励したという。

10月31日午後には、村井と小林が厚生労働大臣室を訪ね、塩崎恭久・厚労大臣と面会した。政策実現には、政府・厚生労働省の中で政策が立案され、それをもとに党内の厚生労働部会で議論するのが本筋である。部会を通過していない「人生１００年時代の社会保障へ」が政府方針にすぐに組み込まれるとは２人もさすがに思っていなかったが、塩崎は若いころから改革派として鳴らした実力もあり、一方では柔軟な面も併せ持つため、「もしかすると」という淡い期待もあった。

実際、2人の説明を受けた塩崎は提言の内容に理解を示したが、大臣としての立場もあるのか「若いうちはいろいろと勉強して提言をしたほうがいい」と励ますに止め、優しさを見せつつも、即座に行動する様子は感じられなかった。

それから塩崎は突然席を立ち、大臣室の奥から人口ピラミッドの資料を持ち出して2人に見せた。「わが国の最大の課題はこの人口動態だ。何かあると私はいつもこの資料を見るようにしている。少子化対策は早急に結果を出す必要がある。将来この国を背負って立つ2人には、この課題を考えてほしい」と語ったという。

村井と小林は、簡単に小委員会提言が政策として形になるものではないという現実をあらためて感じた。同時に、大臣として厚生労働行政の最前線にいる塩崎から見えている根本課題は少子化なのだということを知ることができた日でもあった。

根回しと同様、世論への発信も10月時点では手探りだった。前述のように、3本柱のうち最もよく練られている「勤労者皆社会保険制度」はほとんど注目されず、ニュースの見出しになりやすい「健康ゴールド免許」に焦点が当たったことは、役員に発信の仕方の重要性を再確認させた。

大臣経験者にも接触

こども保険の記者発表前にも、小泉らはベテラン議員への説明に駆け回っている。こども保険は子育て分野と教育分野の双方に関わるため、10月時点よりもさらに丁寧な対応が求められていた。

結果として、親会の財政再建に関する特命委員会委員長の茂木政調会長、園田座長らと、党税調最高顧問の野田毅・元自治相、田村憲久・前厚労相、渡嘉敷奈緒美・党厚労部会長ら厚労族議員、さらに下村博文・元文科相、馳浩・前文科相、渡海紀三朗・元文科相ら文教族議員にこども保険の概要を説明し、記者発表することへの了承を得た。この根回しの過程では、党政務調査会の積極的な協力を得ている。

当時、小泉、村井、小林の3人は、こども保険の政策形成のシナリオを3つ思い浮かべていた。ひとつは、小泉小委員会が新しい特命委員会に格上げされ、そこでの議論が政府の「骨太の方針」に盛り込まれる道で、小泉らにとっては最良の方法である。2つ目は、親会である財政再建に関する特命委員会から「骨太の方針」への道、3つ目は教育財源PTからの道で、後に行くほどハードルは高くなる。茂木の好感触に手応えを得た3人は、第1の道に期待を寄せる。そして、それはとんとん拍子で実現していくことになる。

親会で重鎮らから「批判の的」に

時計の針を再びこども保険記者発表翌日の3月30日に戻す。党本部で開催された小泉小委員会の親会（財政再建に関する特命委員会）に小泉、村井、小林、山下が出席した。主要な議題は整備新幹線で、こども保険は最後に概要のみ説明が行われる予定だった。しかし、開始直後、いきなりこども保険が批判の的となった。

「こども保険はおかしい」

反対の声を上げたのは党税調の重鎮、野田だった。

「年金・医療・介護・子育て支援の4経費は消費税を充てることになっている。こども保険は消費税から逃げている」

野田は一喝して席を立った。想定外の事態に場の空気が張り詰めた。

その後、予定通りまずは整備新幹線について議論が交わされ、数十分の議論ののち、議題がこども保険に移ると、小泉は提言案を簡潔に説明した。

小泉の説明を受けて最初に手を挙げたのは、厚労族トップの田村・前厚労相だ。「これは保険ではないのではないか」と疑義を唱えた。野田にも田村にも事前に説明に回っていただけに、厳しい反応だった。

中堅議員たちという援軍

しかし、ありがたいことに援軍も現れた。

「逃げているといっても、現実的に消費税は上げられていない。また、今のような危機的な財政状況になったのは、むしろ長い間議員を務めている側の責任。若手が思い切った提言を出してきたのだから、実現を一緒に模索すべきではないのか」

手を差し伸べたのは、後藤田正純・元内閣府副大臣ら中堅議員だった。

この日の特命委員会は、それまで若手だけの小委員会で議論してきた小泉らにとっては、こども保険を引っ提げて、中堅、ベテラン議員が揃う会合に乗り込んだ、いわばデビュー戦だった。若手だけの小委員会という内海から、外海の「大人の世界」に漕ぎ出したようなものだ。

当選15回の最古参の野田から「消費税から逃げている」と一喝される洗礼も浴びた。どこの世界でも同じだが、2つも3つも離れた世代の先達と直接コミュニケーションを図ることは、容易なことではない。それを小泉も村井も痛感した。

しかし、この会合以後、次世代の自民党を担う40代の中堅議員を中心に、小泉らに協調する動きが出てきたことは明るい兆しだった。さらに会合では「保険ではない」と疑問を呈した田村・前厚労相も、会合後には小泉を呼び止め「世代間扶養のための保険と考えれば、実現できるかもしれない。がんばれ」と激励した。

同じ日、茂木を政調会長室に訪ね記者発表を報告した小泉、村井、小林は、願ったり叶ったりの提案を耳にする。

「新しい特命委員会をつくろう」

茂木の口から飛び出した提案に、3人は思わず拳を握った。すでにこの時点でさまざまな批判も受けていたこども保険だったが、茂木政調会長の肝いりで特命委員会が設置されるということは、「骨太の方針」にこども保険を盛り込むための直接的な舞台装置ができ上がることを意味していた。こども保険実現のため3人が最も期待を寄せた道が開けた瞬間だった。

自民党という「アメーバ組織」

小泉は「自民党の強みはアメーバ組織であるところだ」とよく口にする。異端者にも比較的寛容で、若手の言うことに積極的に耳を傾け、よい部分を育てようとする中堅・ベテラン議員が珍しくない、という意味だ。この日の後藤田らの助け舟は、まさにその特徴をよく表していた。特に、その後のこども保険の議論に大きな影響を与えたのは木原誠二・衆議院議員の存在だったと、村井は言う。

木原は村井らより一世代上の47歳。２００５年に初当選したが、次の選挙では落選し浪人も経験した苦労人で、第３次安倍改造内閣では外務副大臣を務めた。旧大蔵省の出身で、東大、財務省の後輩議員に当たる村井に政治のイロハを教えたメンターでもある。

野田から強烈な洗礼を浴びせられた財政再建に関する特命委員会で、後藤田とともに、小泉らを庇ったひとりが木原だった。木原は、その後も若手とベテラン議員のボンド役を果たし、田村前厚労相らと議論を尽くし、ベテラン議員にこども保険への理解を広げていく役割を担った。

もちろん、一筋縄ではいかなかった。党や政府内には、こども保険への反発や冷ややかな視線も少なくなかった。塩崎厚労相は会見で「保険制度としてさまざまな課題がある」と述べ、慎重な姿勢を崩さなかった。世論も、こども保険を歓迎する層が一定数存在した一方で、「現役世代の負担増である」「増税と同じではないか」「高齢者から取らないのはなぜか」……との批判も受けた。

麻生太郎・財務相の援護射撃

しかし、これこそが小林の戦略だった。前回10月の提言では、3本柱のうち「健康ゴールド免許」が一定の話題を呼んだものの、全体的な発信には課題が残った上、提言がすぐに政府方針に容れられることもなかった。それを受けて今回は、まず「こども保険」というわかりやすい名前をつけ、賛否両論も覚悟の上で、シンプルかつ的を絞った提言とした。

また、新聞、テレビ、WEBなど多媒体での発信をしかけ、民間のオピニオンリーダーには個別に説明に回った。小林の仕掛けが功を奏し、こども保険は世間の議論を巻き起こすことに成功したのである。この周到な発信戦略がじわじわと党内外に効いてきたこの時期、新たな特命委員会の設立も決まったことで、確実によい流れができ始めていた。

4月5日には、教育財源PTの会合に呼ばれ、小泉と村井がこども保険を提案した。幼児教育、高等教育の無償化の財源に国債を充てる方向で動いていた教育財源ＰＴだが、この日は「幼児教育無償化の財源として、こども保険はよいのではないか」と一定の理解を示した。

同じ日、小泉は菅官房長官と面談し、こども保険の発表を報告。その席で、幼児教育無償化の財源としてこども保険を創設すべきと進言すると、官房長官は「しっかり受け止める」と明言した。

明くる4月6日には、茂木政調会長が「人生１００年時代の制度設計特命委員会」の設立を公表し、２０１７年6月に公表予定の「骨太の方針」に盛り込むことを目指し、議論を急ぐと宣言した。２０１6年2月に発足した「２０２０年以降の経済財政構想小委員会」は事実上、特命委員会に格上げされることが正式に決まった。


さらに、思わぬ援護射撃もあった。麻生太郎・財務相がこども保険への理解を公言したのである。4月7日、閣議後の記者会見で、茂木政調会長が公表した新特命委員会の設立についての評価を聞かれた麻生財務相は次のような主旨の発言をした。

「(こども)保険という話だと思いますけれども、詳しくは知りませんが、保険のほうが、教育国債よりは質がよいという感じはします。教育国債というのは借金ですから、子どもに押しつけるという話でしょう。子どもの教育は親がすることになっているのですから、とぼけてないですか。（こども保険は）どんな案が出てくるか知りませんけれども、小泉議員が一生懸命やりたいという話をしていたのは知っています」

官邸・政府首脳からも理解が示されたことで、新特命委員会は生まれる前から大きなアドバンテージを得た。

「人生100年時代の制度設計特命委員会」設立

4月13日午前、こども保険の実現を目指す「人生100年時代の制度設計特命委員会」の初会合が自民党本部7階の706号室で開催された。メンバーを以下に示す。太字は小泉小委員会に名を連ねた若手メンバーである。小委員会の委員の半数以上が新特命委員会の委員に人選された。

委　員　長：茂木敏充・政調会長

顧　　　問：園田博之・元官房副長官、塩谷立・元文科相、林芳正・元農水相

副委員長：有村治子・政調会長代理、石田真敏・元財務副大臣、河野太郎・党行革本部長、後藤田正純・元内閣府副大臣、柴山昌彦・元総務副大臣、田村憲久・前

厚労相、長谷川岳・参議院議員、福岡資麿・前内閣府副大臣、三ッ矢憲生・元外務副大臣
幹事長：後藤茂之・政調事務局長
事務局長：**小泉進次郎**
事務局長代理：**村井英樹**、**小林史明**、**山下雄平**
幹事：木原誠二、**白須賀貴樹**、**鈴木馨祐**、**鈴木隼人**、**福田達夫**、山下貴司、**大沼みずほ**、**佐藤啓**、滝波宏文、**吉川ゆうみ**

顧問や副委員長に閣僚や副大臣、党の要職の経験者がずらりと名を並べる。「大人の世界」の議論がいよいよ本格化しようとしていた。司会進行役は事務局長の小泉が担うことになった。初会合では、冒頭、茂木委員長が「『骨太の方針』のスケジュールを視野に入れて、こども保険を中心に議論し、その他も含めて夏前の中間取りまとめが当面のミッション」と述べた。

議論が始まると、財政再建に関する特命委員会でこども保険を批判した田村・前厚労相や柴山・元総務副大臣らが一転して賛意を示すなど、こども保険に前向きな発言が相次いだ。柴山は「保険という言葉はミスリードだと思っていたが、イメージをつかむためにはよい」と前言を軌道修正。田村も「保険にはなじまないと考えていたが、いろんな保険があるので、ひとつの方

法としてはよいと思う。可能性をすべて追求していけばいい」と同調した。

一方、批判や疑問を持つメンバーも少なくはなかった。特に、小泉小委員会に入っておらず、かつ事前の根回しもできていなかった議員たちからは、部会を通じて立案される通常のプロセスにこども保険が乗っていないことも相まって、さまざまな注文がつくようになる。

さらに、林・元農水相、後藤・政調事務局長ら重鎮からは、そもそも論を質す指摘が相次いだ。「何のために、何に、どのくらい必要だというのが先にあって、そのためにどのようにおカネを集めるのかという発想のほうがよいのではないか」「まず何のためにやるのかを詰めることが大事だ。その後に、税、事業者拠出金、保険など、財源確保の方法が出てくる」などが、代表的な指摘だった。いずれも、使途が明確にならないうちに、こども保険が独り歩きすることへの疑問を呈した発言だった。

ただこの日、各委員から出された論点は、財源、使途、給付対象者の所得制限、給付を受けない層の不公平感など、その多くが小委員会でも議論されたものだった。

小泉は、使途について「幼児教育・保育の実質無償化」とした上で、「子どもを社会全体で支えるという観点で忌憚なく議論したい」と訴え、茂木・政調会長は「いつまでに、どの程度の予算が必要か、所得制限はどうするのか、財源はどこから持ってくるのか」などの課題を整理した上で「課題を整理して、ロードマップを作成してほしい」と要望し、「保険はひとつのアイデアとして順次議論していきたい」と述べ、この日の議論をまとめた。

「党の存亡をかけてもいい話だ」

4月17日、第2回会合が開催された。この日の会合では、こども保険を否定する発言は影を潜め、実現に向けた細かな議論が繰り広げられた。

小委員会からのメンバーである、鈴木馨祐、白須賀らも、持論を展開する。鈴木馨祐は「財源は現状の枠内で予算のかけ替えで対処すべき」との小委員会での主張を繰り返し、白須賀は「全員に一律のおカネを配るというのは暴論。所得制限をかけて、バラマキではないとのメッセージを伝えるべきだ」と主張した。

財源や所得制限についてさまざまな異論が出されたものの、一方で、長谷川岳・副委員長は「今までの自民党の政策と異なり、これが自民党のターニングポイントになったという十分なインパクトが必要」と述べた上で、「料率1％という非常に高いハードルとしてはどうか」と主張。木原も「自民党が本気で子育て世代を支えるというメッセージを示すことが重要だ」とこども保険を支持した。

小林は特に印象に残った言葉として、長谷川副委員長の次の発言を挙げている。

「こども保険は日本にとって最も重要、党の存亡をかけてもいい話だ。この保険制度で出生率を上げて、ぱっと場面転換できるかどうか、日本の風土や雰囲気が明るくなっていったというインパクトを出せるかどうかだ」

この日に限らず、特命委員会のメンバーは総じてこども保険に前向きであった。しかし、新しいメンバーが増えた結果、社会保障改革や年金・医療・介護の効率化に向けた具体論に話が及ぶこともあった。

そのため、小泉は議論を収拾させるために、「すべてが人生100年特命委でやるべきことではない。特命委の目的は小委員会の提言を制度設計すること。財政特命委や行革本部があるのだから、組織ごとの役割を意識した上で議論していただきたい」と幾度となく論点を整理した。

この日、小泉は議論を「結論のひとつとして、こども保険に対する反対はないという点は共有できた」とまとめた。茂木政調会長もこの日、6月の「骨太の方針」に盛り込む姿勢を明確にし、「こども保険」は実現に向けまた一歩前進した。

4月25日。茂木政調会長と後藤政調事務局長は、小泉、村井、小林の3人を集めた。茂木は

6月上旬の「骨太の方針」閣議決定を見据えて、こども保険をいかに盛り込むか、5月のゴールデン・ウィーク前に決めたいと考えていたのである。この日は、特命委員会から政府に提案する文章を文言レベルまで決定したいという趣旨であった。若手3人は茂木の厚意を感じたという。

5人からはさまざまな案が出たが、「こども保険」をそのまま盛り込むのは、党内ではよいが政府文書には適さないだろうとし、結局「新しい社会保険方式」という文言を提案することとなった。

勝利

政調会長の太鼓判は得たが、6月の「骨太の方針」公表まではまだ時間がある。厚労省や教育財源PTからの巻き返しも予想され、まだ、予断を許さない状況は続いていた。

そんな中、特命委員会は会合を重ねていった。特に、ゴールデン・ウィーク明けの5月8日の第4回会合では、神奈川県立保健福祉大学の山崎康彦名誉教授から「保険制度」についてヒアリングを行い、「こども保険」が広義の保険制度の枠内にあることのコンセンサスが得られた。続く第5回会合では、財源や給付対象について詰めた議論が行われた。

この間、小泉らが懸念していたリスクケースは大きく3つあった。

第1は、首相官邸が難色を示すケースである。基本的には、政調会長の決定を覆す力があるのは官邸だけだ。その派生形として、経団連から横槍が入るケースも考えられた。経団連会長の榊原・東レ相談役は、「骨太の方針」を策定する経済財政諮問会議のメンバーである。経団連とは熟議の上での協調が求められた。4月27日には、経団連は「子育て支援策等の財源に関する基本的考え方」を公表し、こども保険に対し、世代間の公平性の問題、世代内の公平性の問題、使途の問題を指摘し、「国民的な議論の喚起」を求めた。その一方で、「子育て支援や人材投資のあり方について、一石を投じたものと受け止めている」との積極的な評価もあった。

第2は、厚労大臣・厚労関係の議員から反発を受けるケースだ。先にも触れた通り、当初、塩崎・厚労相はこども保険の課題を指摘していたが、少子化対策の重要性は共有できているはずだった。派生形として、塩崎が気を配る厚労族が反対に回るケースも考えられたが、厚労族の政策面での牽引役である田村・前厚労相や後藤からはすでに理解を得、他の有力議員への丁寧な説明も怠りなく進めていた。

第3のリスクは、文教族が抵抗するケースである。文教族の中心的存在で教育財源PTのトップである下村・元文科相は安倍首相に極めて近い。教育国債を糾弾し過ぎると、下村・前文科相が安倍総理に訴え、こども保険も潰されてしまう危険性があるとの危機感があった。

しかし、それぞれの議員への丁寧かつ地道な根回しが功を奏し、結果的に大きな対立が生まれることはなかった。この間、受動喫煙法案の制定をめぐって厚労相・厚労族がポリティカルパワーを費やしたり、文教族が天下り斡旋問題や加計学園問題に揺れたりと、多少の幸運もこども保険の背中を押したとは思われる。

しかし、小林の発信戦略が期待通りに機能していたため、こども保険がこれらの政治的話題に吹き飛ばされず、党内でも世間でも一定の存在感を示したことは特筆すべきであろう。

「自民党にとっては小さな一歩だが、偉大な飛躍である」

5月23日、第6回会合は、「骨太の方針」に向けた最終局面を迎えた。この日、小泉、後藤らが中心となって作成した「中間とりまとめ案」が示された。

中間とりまとめ案は、この日の議論を踏まえ、修正を茂木政調会長、後藤政調事務局長、小泉に一任することで了承された。最終決定された「中間とりまとめ」は巻末に掲載する。

一任を取り付けた後、茂木は次のように語り、「骨太の方針」への盛り込みに意欲を示した。「活発な議論と、とりまとめに感謝する。当初は骨太にどこまで書けるか見通せなかったが、

２カ月前に想定していたよりも、明らかに『前に』行っている。アームストロング船長の言葉ではないが、これは自民党にとっては小さな一歩だが、偉大な飛躍である」

アームストロング船長の引用は笑いを誘い、小泉は「茂木船長、どうもありがとうございました」の言葉で、この日の会合を締めくくった。

ついに「骨太の方針」へ

６月９日、２０１７年のいわゆる「骨太の方針」が閣議決定された。「骨太の方針」と俗称される「経済財政運営と改革の基本方針２０１７〜人材への投資を通じた生産性向上〜」の文書に、小泉ら若手議員が提唱したこども保険を念頭に、「幼児教育・保育の早期無償化」と「新たな社会保険方式の活用」の文言が入った。小泉小委員会の全面的な勝利だった。文言の詳細は以下の通りである。

経済財政運営と改革の基本方針2017
～人材への投資を通じた生産性向上～

第2章　成長と分配の好循環の拡大と中長期の発展に向けた重点課題

1．働き方改革と人材投資を通じた生涯現役社会の実現

（2）人材投資・教育

①人材投資の抜本強化

世代を超えた貧困の連鎖を断ち切り、子供たちの誰もが、家庭の経済事情にかかわらず、未来に希望を持ち、それぞれの夢に向かって頑張ることができる社会を創る。また、誰もが生きがいを持ってその能力を存分に発揮できる一億総活躍社会を実現する。その際、教育が果たすべき役割は極めて大きい。

小中学校9年間の義務教育制度、無償化は、まさに、戦後の発展の大きな原動力となった。70年の時を経て、社会も経済も大きく変化した現在、多様な教育について、全ての国民に真に開かれたものとしなければならない。その第一歩として、**幼児教育・保育の早期無償化**や待機児童の解消に向け、財政の効率化、税、**新たな社会保険方式の活用**を含め、

安定的な財源確保の進め方を検討し、年内に結論を得、高等教育を含め、社会全体で人材投資を抜本強化するための改革の在り方についても早急に検討を進める。

閣議決定翌日、新聞各紙は、幼児教育・保育の早期無償化を「骨太の方針の人材育成の目玉」と伝えた。

「天の時、地の利、人の和だ」

遡ること1週間、6月2日に政府の経済財政諮問会議が開催され、「骨太の方針」の素案がまとまった。素案は経済成長の底上げに向けた施策として人材への投資の重要性を強調した上で、「幼児教育・保育の早期無償化」を明記し、財源として「財政の効率化」「税」に加え「新たな社会保険」の3案を提示していた。報道を見た小泉は、「天の時、地の利、人の和だ」と言った。

「天の時」には、安倍首相が教育無償化を政策課題の俎上にあげたことなどが挙げられる。社会保障を管轄する厚生労働省で、受動喫煙対策に議論が集中していたこともあったかもしれない。

「地の利」としては、出発点で政調会長の下に小泉小委員会が設置されたことで、若手の提言を公的に扱わざるを得ない環境がつくられたことが挙げられる。

しかし、最も大きな要因は「人の和」だった。小泉小委員会での若手議員の結束。特命委員会に格上げされた4月以降は、若手の熱意と、中堅・ベテラン議員の援護射撃に茂木政調会長ら党重鎮の後ろ盾。これらが一体となって、こども保険は実現に向け、確かな一歩を踏み出すことができた。

最後に、「こども保険」について私見を述べておきたい。私自身は、保険料を納める人を必ずしも現役世代に絞る必要はないと考えている。小泉小委員会の提言では、現役世代を負担対象として年金保険料に上乗せし徴収することを想定し、高齢者には負担を求めていない。しかし、負担対象の拡大や相続税増税を含め、資産に余裕のある高齢者にも負担をお願いするのは一案だと思う。

一方で、小泉小委員会の提言全体を見渡せば、「レールからの解放」では生産年齢の定義の見直しを問題提起し、10月の「人生100年時代の社会保障へ」の3本柱では、年金受給開始年齢の見直しや、医療・介護で必ずしも高齢者を優遇しないとする提言を発表した。

これらすべてが、今では党の政策決定プロセスに乗っていることを考えると、小泉小委員会の提言は全体をパッケージとして見れば「世代間公平のための新たなフレームワーク」になっているとも言うこともできる。

いずれにしても、ひとりでも多くの方が小泉小委員会の諸提言を全体として理解し、負担と給付のあり方に関する議論が今後一層深まっていくことを願う。

おわりに

6月9日、こども保険創設を念頭に、「新たな社会保険」の文言を盛り込んだ政府の「骨太の方針」が閣議決定された。結果論だが、本書でその経緯を詳細に伝えて来た小泉小委員会が打ち出した「人生100年時代の社会保障へ」「こども保険」「厚労省分割案」の3つの提言は、すべて自民党の政策決定プロセスに乗った。若手議員が議論してまとめ上げ、発信した提言が党や政府に受け入れられたということは、小泉の言葉を借りれば「政策決定過程のイノベーション」にほかならない。

イノベーションが起きた「5つの理由」

なぜ「イノベーション」が起き得たのか。振り返ると、いくつか重要な要素を見出すことができる。

第1に背景にあるのは、「霞ヶ関・永田町の政策立案能力の低下」だ。小泉の父であり、私設秘書として仕えた小泉純一郎政権時代から、首相官邸の役割が強くなった。大きな改革も官邸主導で実施可能となっている反面、霞ヶ関や与党発の政策立案機能が弱まっているとの指摘がある。

事実、財務省は消費税以外の新しい歳入提案に踏み込むことはなく、厚労省は目の前の業務で精一杯。経済産業省では若手が「不安な個人、立ちすくむ国家」※を発表し気を吐いたが、具体的な政策には踏み込んでいない。

そして政治の世界においては小選挙区を勝ち抜くため、衆議院議員は選挙区での活動に忙殺され、政策立案能力はそもそも醸成されづらい。また、若手が政務官や副大臣になると、官邸のプロセスに乗って政策を立案することが多くなる。つまり、官邸をのぞき長期的・大局的に国家像を提言する機能が弱まっているのである。

第2に、「エネルギーを溜め込んだ若手議員の存在」が挙げられる。小委員会設立段階で、2012年に初当選し、ときには「魔の2回生」と揶揄されてきた議員が4年以上、政府の役職を得ることなく党所属としてキャリアを積んでいた。2005年9月の総選挙で当選した83

「不安な個人、立ちすくむ国家」

2017年5月に経済産業省「次官・若手プロジェクト」が発表したペーパー。内容の切実さや的確に表現された閉塞感が共感を呼び、SNSなどで話題になった一方、解決策がないという批判も目立った。

人のいわゆる小泉チルドレンが、3年半でほとんど姿を消したのとは対照的だ。

だが、党の中で議員としての存在感を出そうにも、大量当選で出番が回ってこない状況で、活躍の場がなく燻っていたのも事実だ。そこに、村井曰く、小泉という「とんでもない」人物が出現し、彼らの火種に着火したのである。


第3には、「新しい発想と小委員会の成長」がある。まず前述の通り、委員の人選に衆院3期、参院1期までという条件を設けた小泉小委員会は、500日間で大きな成長を遂げた。

設立当初から、委員の議員たちが自由闊達に意見をぶつけ合っていたのは事実だ。しかし、そこにはどこか「小泉進次郎のお手並み拝見」といった側面があったことは否定できない。委員として求められれば意見はするが、自らが政策立案の主体だと自覚するまでには至っていなかったと思われる。

ところが、小委員会の原理原則とでもいうべき「レールからの解放」から「人生100年時代の社会保障へ」と議論を重ねていくうちに、委員それぞれの小委員会に対する向き合い方が変化してきた。「こども保険」の議論に至ると、委員一人ひとりに、推進するのは自分たちだという気迫が備わっていた。

「人生100年時代の社会保障へ」は文字通りの政策提言だったが、「こども保険」はゼロからの制度設計であった。論点も多かったがその分、委員の当事者意識も醸成されやすかったのかもしれない。

また有識者も、ＡＩの第一人者である松尾豊氏、予防医学の専門家である石川善樹氏、そして私もそうだが、直接的な社会保障の専門家ではないメンバーが集められた。そこには、最初に近未来の社会変化を捉えた上で、国家戦略のコンセプトを示すという意思が表れている。

発信についても、小林を中心に、５００日の間に大きな改善と成長を見せた。人気の政治家はメディア対応にも気を遣う必要があり、特定メディアへの過度の傾斜は避けなければならない。小泉小委員会設立当初、小泉が特定メディアの単独インタビューを受けることは稀だった。しかし、最近は、全紙から単独の取材を受けるほどの勢いでメディア発信を続けている。日本記者クラブの会見も実施し、日経電子版（清水真人氏の「政治アカデメイア」は詳細かつ秀逸な記事が多い）、BuzzFeed、東洋経済オンライン、NewsPicksなどインターネットメディアにも登場した。

「魔の2回生」と呼ばれる若手議員の悪目立ちとは逆に、「日経新聞」には「若手議員　新分野で旗振り」と称する記事が掲載され、小泉、村井、小林の活躍も特集された。同じ特集では、安藤、福田、大野、牧島ら小委員会のメンバーも取り上げられている。村井、小林が単独でメディアに登場する機会も増えた。

第4に挙げたいのは、「新しい発想」に耐えうる「自民党のよい伝統を引き継いだ」ことにある。小委員会では、同じ自民党所属議員といえども、各論では激しく意見が対立する場面は多かった。振り返れば、民主党政権の失敗の本質は、政策の中身ではなく政策決定過程にあった。徹底的な党内議論の上で、最終的にはひとつの結論を出し、いったん結論が出れば一枚岩で推進していく、あるべき一連の過程を実行できなかったことにある。

しかし小泉小委員会では、議論の過程では時に激しく対立しても、いったん方向性が決まれば全員が一丸となって政策形成に尽力した。毎週2時間近くの議論を通じて、彼らの間には政策的な意見の相違を超えた人間的な信頼関係が生まれたのは明らかだった。

鈴木馨祐はその筆頭である。鈴木馨祐は社会保障費削減による財源捻出を主張し、こども保険に猛烈に反対していたが、「これで行く」と決まるや、自身がトップを務める青年局を通じてこども保険の発信に邁進した。こども保険への批判が相次いだときには、自らのブログでこども保険擁護の論陣を張るほどの熱意を見せた。

茂木政調会長のバックアップも欠かせないポイントだった。稲田会長から交代した当初、役員らに、茂木が小委員会の議論の広範さや提言の大胆さに難色を示すかもしれない、との警戒心があったのは事実である。

しかし、杞憂だった。茂木はこども保険を政府方針に載せるべく「人生100年時代の制度設計特命委員会」の委員長として政策形成を推進した。推測だが、安倍首相や菅官房長官が、提言を「若手の思いつき」と一蹴することなく、むしろ好意的に受け止めたのは、茂木の働きに負うところ大と思われる。また、茂木らベテラン議員だけでなく、前述のように後藤田、木原ら中堅議員も若手を支えた。若手が自由に政策提言をする余地が残っている自民党の懐の深さは、再認識する必要がある。

そして最後に、小泉進次郎の存在を挙げる。彼が優れている点は3つある。1つは、一般的に評価されているように、「発信力」である。もう1つは、前述したように、「直感的に物事の本質を見極める力」である。さらに1つ挙げるとすれば、一度決めた物事を貫き続ける「ぶれない力」だろう。この点により、世間からの支持だけでなく、同世代の若手議員からもリーダーとして尊重され続けている。

小泉はどの派閥にも属していない。が、小委員会が打ち出した数々の提言は、決してひとりの議員によって発信された政策ではない。むしろ、カネやイデオロギーではなく、信頼で結ばれた大勢の若手議員の思いが彼のもとに集約され、でき上がった提言なのである。小泉はそのことを誰よりも肌で感じていたのかもしれない。彼はおそらく、自らのミッションを「仲間がつくり上げた政策を世に広める」ことに置いたのではなかろうか、と思わずにはいられない。

これらさまざまな要因が噛み合った結果、小泉小委員会の政策が党内外に広がったのである。

第3次改造内閣は「小泉小委員会シフト」へ

2017年8月3日。安倍政権の第3次改造内閣が発表された。

第2次改造内閣で政調会長を務めた茂木は、経済再生担当大臣・人づくり革命担当大臣に就任。こども保険を中心とする小泉小委員会の政策を進めていく政府側のリーダーとなった。同日の記者会見で茂木は、リンダ・グラットンの『ライフ・シフト』(アンドリュー・スコットとの共著、2016年、東洋経済新報社)を引き合いに出し「年齢に従って教育を受け、就職をし、定年で引退する単線型をいっせいに進んできた。これからは、年齢を問わず3つのステージを自由に選び、複線的に生きる社会にする必要がある」と述べた。政府が新たに政策の柱に据えた「人づくり革命」の有識者会議の名称は、「人生100年時代構想会議」に決まった。厚労大臣には、こども保険に好意的な加藤勝信が就任した。

8月7日には副大臣・政務官が発表され、小委員会からも数多く配置された。こども保険の推進に関わる内閣府・厚労省人事は特に顕著で、内閣府大臣政務官に村井、山下、小林(総務大臣政務官と兼務)、福田(防衛大臣政務官と兼務)、厚労副大臣に牧原、政務官に大沼、田畑が就任。

まさに「小泉小委員会シフト」と呼べる厚い体制が敷かれた。

そして、小泉である。党役員人事も正式に決定し、翌8日、小泉が筆頭副幹事長に就任した。閣僚就任の噂もあったが、結果的にはひとり党内に残ることになった。小泉はこれから、選挙を含む党全体の取りまとめに奔走することとなる。

同日夜には、小泉、村井、小林の3人が、政調会長に就任した岸田文雄前外相を囲んで食事をし、こども保険の意義を語り合った。小泉は今後、岸田政調会長とも連携して、政府の政策形成をバックアップしていくことになるだろう。中心メンバーが前線で戦い、リーダーが距離を置いてそれを支える構図だ。次期総理候補との呼び声も高い岸田と、小泉の今後の関係にも注目が集まる。

そして、10月22日。第48回衆議院議員総選挙が開票を迎えた。小泉小委員会のメンバーは、旧メンバーを含めて全員が当選。村井・小林は順当に勝利し、埼玉5区の牧原は、選挙直前に人気を高めた立憲民主党党首の枝野幸男を相手に健闘、比例当選を勝ち取った。さらに、小池百合子の地盤である東京10区では、小池の地盤を引き継いだ若狭勝に鈴木隼人が勝利していた。

小泉は筆頭副幹事長として、小委員会メンバーの選挙区を重点的に応援に回った。特に鈴木隼人の東京10区では、最終日に3回連続で演説を打ち、勝負に出た。今回の選挙報道では、安倍対小池といったベテラン議員の政争が取りざたされたが、終わってみれば政権の勝利という印象は薄く、むしろ若い議員たちが軒並み当選を勝ち取ったことが特徴的であった。

そして小泉は、早くも次を見ている。開票日、池上彰とのテレビ中継のインタビューにおいて小泉は自戒した。「今回、もしも野党がボタンを掛け違えていなければ、政権交代が起こる可能性もあった。次の選挙でもそうだが、自民党は負け得る。その危機感を今回強く持って、じゃあどうしたら自民党を、消去法ではなく、応援したくなるような党に変えられるか。これを次の任期の中で取り組まなければならない」。そこには、世代交代の実感を得ながらも、仲間たちとともに次のステージを見据える男の姿があった。

すべては「子ども」のために

私はRCFという社会問題解決を担う非営利団体の代表を務めている。政府・企業・地域・NPOの連携を通じて、新たな価値を生み出すことを掲げている。

今回、小委員会をオブザーブしたことで、目の前で起きている問題を解決することにとどまらず、社会がどう変化し、動きを見せるかを踏まえて活動することの重要性にあらためて気づくことができた。この５００日間は、社会問題の解決に関わり続ける私の人生における、非常に重要な１ページとなった。

本書は多くの方々の力添えと幸運に支えられ、出版に至っている。

東洋経済新報社の各位と岩本宣明氏には、短いスケジュールの中で論稿のまとめに多大な協力をいただいた。

自民党政務調査会の髙橋祐介氏、高木真実氏は、小泉小委員会の事務局として、５００日間、彼らを支え続けた。彼らはもはや単なる事務方ではなく、小委員会の中心メンバーであった。執筆にあたっても、党内調整にご協力いただいた。

「レールからの解放」という言葉をつくり、小泉小委員会のコンセプトを結晶化してくれたコンテクストデザイナーの高木新平氏の功を忘れてはならない。また、ＲＣＦのメンバーである田久保彰太氏は、５００日間を通じて委員会に参加し、本書の基盤となる記録を残した。２人は小委員会参加者の中ではおそらく最も若い立場であったが、次の時代に求められている政策について、表現し続けた。

小泉、村井、小林をはじめとする小委員会メンバーは、党の委員会の活動履歴を書籍に残すという異例な取り組みを認めてくださった。あらためて感謝を申し上げたい。

最後に、パートナーのあゆみと娘の楓にこの本を贈りたい。小委員会設立時点で、楓は1歳半だった。500日間を経て、今では走り回り、はっきりと喋るようになった。片づけを手伝うことも覚え、徐々に社会性を身につけつつある。子どもが安心して生活でき、社会の中で役割を持つために、社会全体で子どもたちを支えることが重要である、ということを強く実感させてくれる。

藤沢 烈

2017年10月26日

資料編

レールからの解放
—22世紀へ。人口減少を強みに変える、新たな社会モデルを目指して—

2020年以降を「日本の第二創業期」と捉え、戦後続いてきたこの国のかたちを創りなおす。それは「人口減少」という確実な未来の中でも、日本が成長していくために、必要不可欠な変化である。

これまで日本社会は、一本道の「レール」を走り抜くような生き方を求めてきた。受験に始まり、新卒での就職、毎日休みなく働き続け、結婚して子どもを持ち、定年後は余暇を過ごす—「20年学び、40年働き、20年休む」という人生こそが普通で幸せな生き方だ、と。

それに基づき、終身雇用慣行や国民皆保険・皆年金などが生まれ、これまでは実際によく機能してきた。戦後日本が一丸となって努力し、ゼロから奇跡的な飛躍を遂げ、今日のような豊かさを持てたのは、そのような日本型経済モデルの賜物である。

しかし、人口減少による少子高齢化、さらに「人生100年」生きていくことが当たり前になる未来に、もはや戦後のやり方は通用しない。レールによる保障は財政的に維持できないばかりでなく、私たちが望む生き方とズレが生じてきているのではないか。

「一度レールから外れてしまうとやり直しがきかない」そんな恐れから小さなチャレンジにも踏み出せない。価値観が多様化しているにも関わらず、人生の横並びばかりを意識し、自分らしい選択ができない。かつて幸せになるために作られたレールが今、この国の閉塞感につながっている。

政治が、その「レール」をぶっ壊していく。
もっと自由に生きていける日本を創るために。

新卒や定年なんて関係ない。「65歳からは高齢者」なんてもうやめよう。現役世代の定義そのものから変えていく。

100年を生きる時代だ。いろんな生き方、いろんな選択肢がある。

10代のうちから仕事や起業という道もあれば、大学卒業後すぐに就職しないという選択もある。転職を重ねるのも、学び直しをするのも当たり前。いつだって子育てや家族のケアを最優先できる。何かに失敗したとしても、何度でもチャレンジできる。

学びも仕事も余暇も、年齢で決められるのではなく、それぞれが自分の価値観とタイミングで選べる未来へ。政治が用意した一つの生き方に個人が合わせるのでなく、個人それぞれの生き方に政治が合わせていく。そうすればきっと、100年の人生も幸せに生きていける。

それは同時に、働き方・生き方・教育の位置づけ、そして社会保障を見直すことにつながる。真に困った人を助ける全世代に対する安心の基盤の再構築は、小さなチャレンジや新しい人生の選択の支えになる。子育て世代の負担を減らし、現役世代を増やしていくことで、日本社会全体の生産性を高め、人口減少しても持続可能な社会保障になる。

簡単なことではない。しかし、終戦直後、敷かれたレールも無い中で、一人ひとりが挑戦を続け、世界に誇る唯一無二の社会モデルを確立したのが日本という国である。むしろ先人たちが遺した豊富な資産と、日々進化する新しい技術がある今、できないことは何もない。人口減少さえも強みに変える、22世紀を見据えた新しい社会モデルを、私たちの世代で創っていきたい。

「2020年以降の『第二創業期』に向けた議論の経過」

22世紀に向けて、2020年以降を日本の「第二創業期」と捉え、この国のかたちを創りなおす。それは戦後に築かれた「レールからの解放」を意味しており、人口減少という確実な未来の中でも我が国が成長し、国民の安全・安心を確保するために、避けては通れない道のりである。

当小委員会は、若手政治家が中心となり、各界の若手有識者との議論を重ね、2020年以降の日本社会の姿を検討してきた。本案は、「第二創業期」の「社是」とも言うべき、新たな経済社会の見取り図を巡る議論の経過を整理したものである。

1．第二創業期の必要性

(1) 第一創業期の成功 ～レールを走り抜いた日本人～

人口の5%、国富の四分の一を、我が国は先の大戦で失った。戦後の出発点は、想像できないほど過酷だった。

しかし、我が国は、国民一丸となった必死の努力により、大きな成功を収めた。非欧米諸国として初めて、安定した民主主義国家を作り上げた。世界第2位の経済大国となり、新たな経済発展モデルを提示した。世界に冠たる国民皆保険・皆年金を作り上げた。そして、優れた公衆衛生により世界一の長寿国家となった（図1，一部推計)。

この成功は、決して約束されたものではなかった。高度経済成長が始まる直前は、むしろ経済成長への悲観論が大きかった。「戦後復興が終わった今、もう成長できないかもしれない」。こうした雰囲気を打ち消したのが、池田勇人総理の「所得倍増計画」だった。国民所得を10年で倍にする。明るく分かりやすいビジョンを示した政治のリーダーシップにより、国民が一致団結して努力し、わずか6年で目標を実現した。

政治のメッセージに応えて、産業界も大胆な投資拡大に踏み切った。日本企業は、新卒の若者を一括採用。職場で教育した上で、終身雇用により生活を保障することで、新たな挑戦を応援してきた。その結果が、「プロジェクトX」に

図1　戦後日本社会の経済復興・成長図（名目GDPの推移、一部推計）

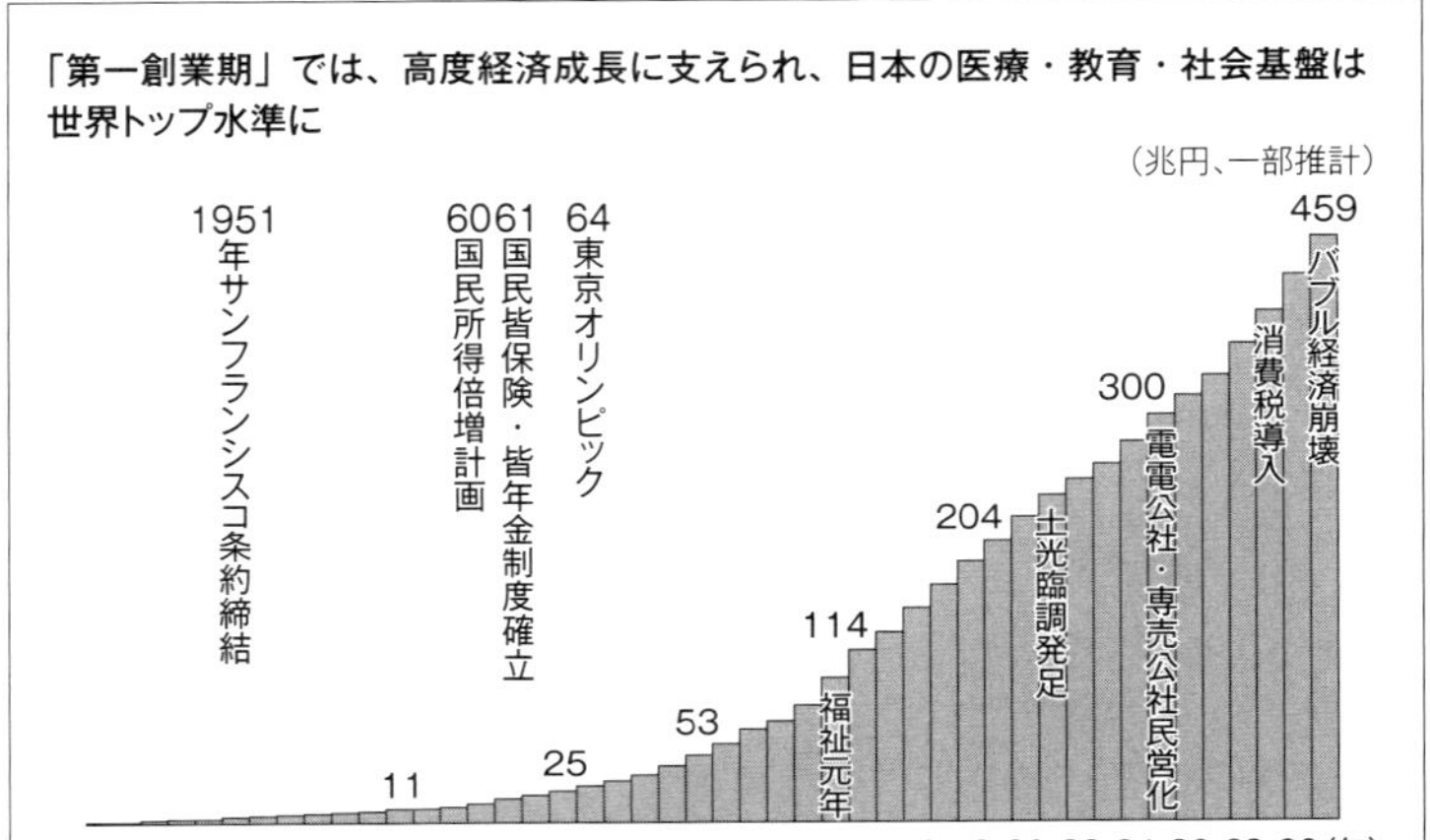

注：昭和29年度までは名目GNP、昭和30年度以降は名目GDPの値（昭和29年度までは財務省「日本の財政関係資料」から名目経済成長率を引用し、昭和30年度の名目GDPから逆算して推計。昭和30年度以降は総務省統計局「国民経済計算」による）

象徴されるような、多くの画期的な成功事例だ。

社会インフラも、企業の終身雇用慣行を前提に整備された。基礎教育は、企業に質の高い人材を供給することを使命とした。社会保障も、終身雇用の正社員に対する社会保険を中核としてきた。

第一創業期では、日本人は戦後復興を果たすため、がむしゃらに走る中、いつのまにか一直線の「レール」を創り上げていた。男性は、受験に始まり、新卒での就職、休みなく働き続け、結婚して子供を持ち、定年後は余暇を過ごす。女性は、家庭に入り、子どもを育てつつ、定年まで夫を支える。「20年学び、40年働き、その後休む」という人生を多くの日本人が迷わず送ることで、日本社会は奇跡的な飛躍を遂げることができた。

しかし、1980年代から始まった少子高齢化と、1990年代初頭のバブル崩壊により、我が国は「失われた20年」と呼ばれる長い停滞期に入った。第一創業期は、ここで役割を終えたと考える。

図2　人口ピラミッドの変化

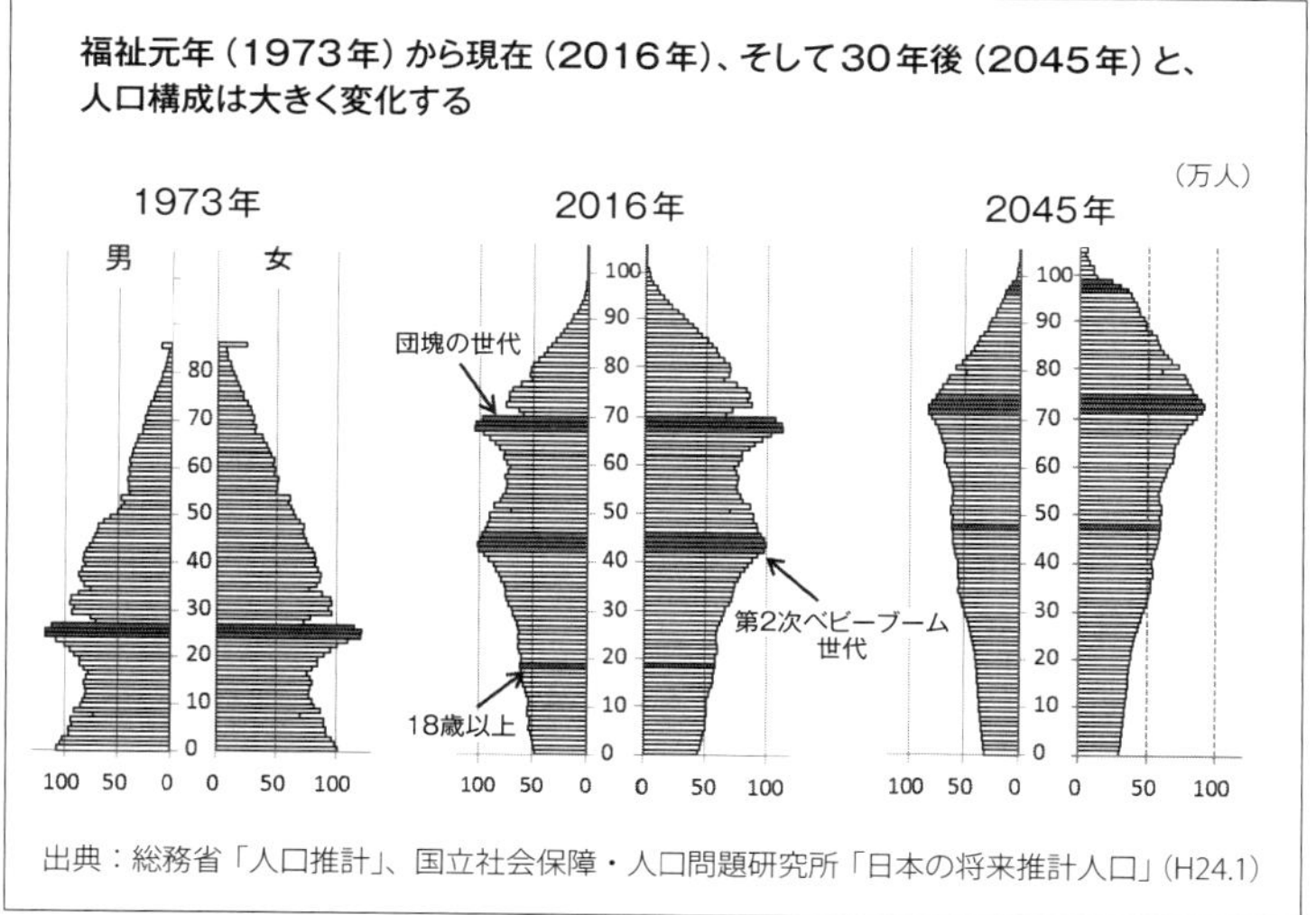

(2) 第二創業期へ 〜レールを壊し、多様な日本を創る〜

2016年は、国勢調査により初めて日本の人口が減少したと報じられた年となった。一過性ではない。人口は今後も減り続け、出生数が現状のまま推移すると、2050年には1億人を割るとの推計がある（図2)。

我が国の平均寿命は大きく伸び、22世紀には、100歳まで生きることが当たり前になる社会となる。

現在のところ、「現役世代（生産年齢人口)」とは、15歳から64歳までを指している。この考えを前提とすると、2020年代以降、我が国は大変厳しい現実に直面する。現在、現役世代は人口の約6割を占めるが、60年後の2078年には5割を切ることになる。このままでは、現役1人で高齢者1人を支える、高負担社会となる。

また、様々な世代に閉塞感が漂っている。若者世代は、受験、新卒、定年の一本道に違和感を抱いている。子育て世代、シニア世代が、働きたいのに働けない現状がある（図3，推計)。

人口減少と少子高齢化がより深刻化することを考えると、失われた20年はさ

図3　2045年における就労・非就労状況（推計）

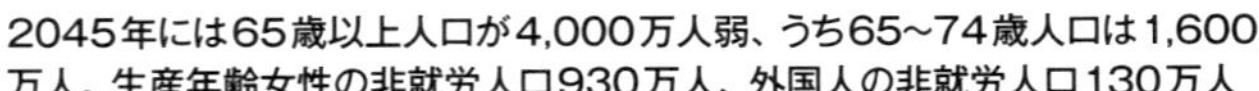

2045年には65歳以上人口が4,000万人弱、うち65～74歳人口は1,600万人。生産年齢女性の非就労人口930万人、外国人の非就労人口130万人

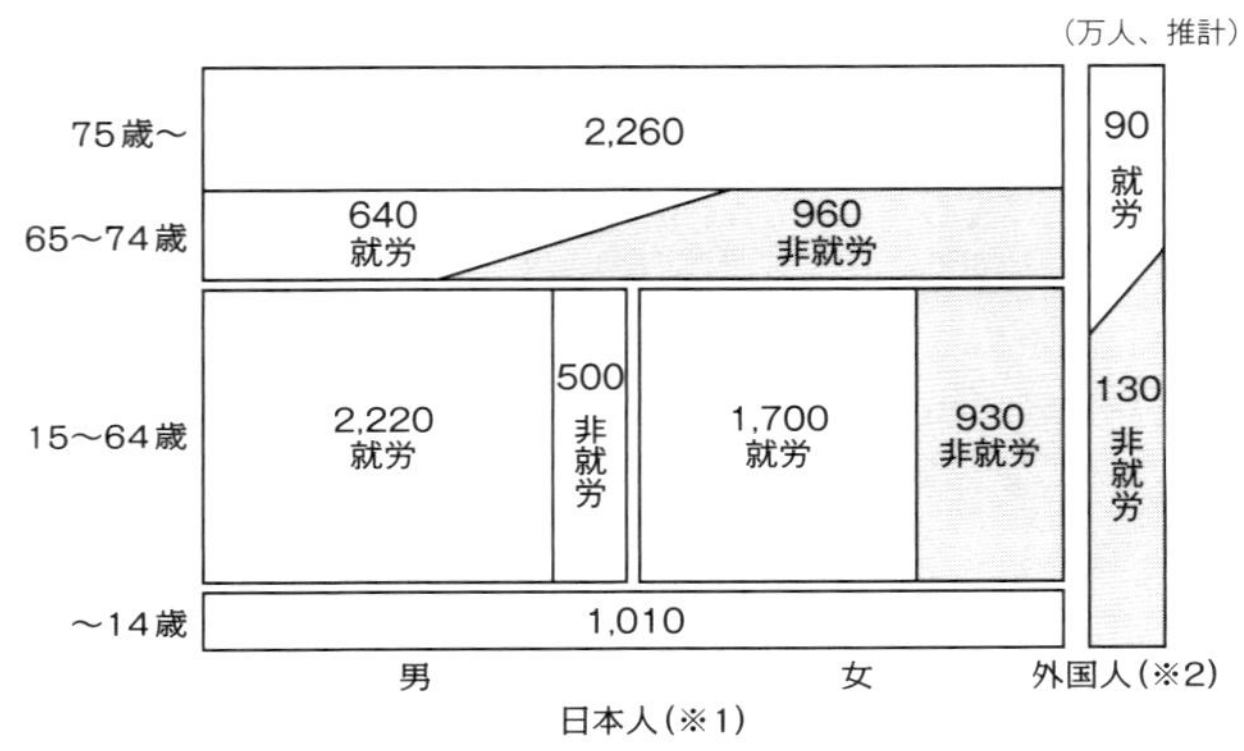

※1.世代別人口の出典は国立社会保障・人口問題研究所「日本の将来推計人口」（H24.1）。15～64歳の就業率は、総務省「労働力調査」をもとに2015年の値を、65～74歳の就業率は総務省『就業構造基本調査』をもとに2012年の値を、今後も就業率が同程度で推移すると想定して引用した。

※2.就労人口は厚生労働省「『外国人雇用状況』の届出状況まとめ」（H27.10）の値を、総人口は法務省『在留外国人統計』（H27.12）の値を引用

らに続くのではないか、と懸念される。

だからこそ今、人口減少を逆手にとって、「第二創業期」ともいえる新しい経済社会像をつくり上げる必要がある。ここで求められるのは、多様性の時代だからこそ、日本の歴史や強みを再評価すること。その上で、第一創業期を支えたレールを壊し、多様な生き方を選択できる新しい日本社会を創ることである。

2.「第二創業期」の基本的考え方

(1) 国のかたち（骨格）を変える

人生100年時代に向けて、年齢も性別も国籍も関係なく、現状の社会制度にとらわれず、多様な働き方や生き方を選択できる社会をつくる。

これまでの日本社会は、新卒で就職した会社で定年まで働くことが理想とさ

図4　生産年齢人口割合の推計

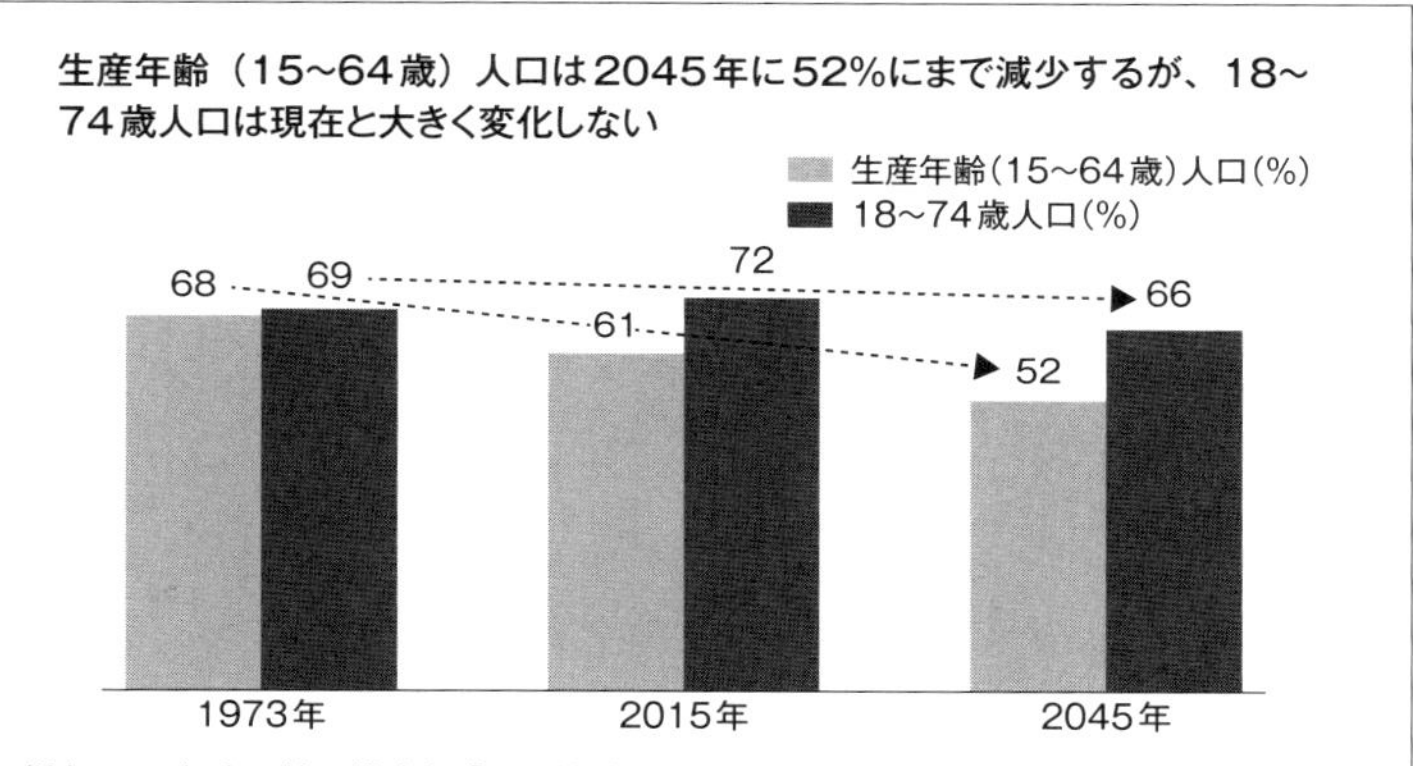

（注）1973年度の値は総務省「人口統計」、2015年度・2045年度の値は国立社会保障・人口問題研究所「日本の将来推計人口」（H24.1）による

れてきたが、今後はそのような働き方が「常識」ではなくなる。多くの国民が健康で長く活躍できるようになれば、医療や介護の負担も減少する（図4）。社会保障の負担が減少すれば、これまで以上に、子育てや教育に多くの投資が行えるようになる。

人生100年時代の働き方は、「20年学び、40年働き、その後休む」という第一創業期の終身雇用モデルではない。長期雇用は維持しつつも、一つの組織や職場に所属し続けることだけが選択肢ではなく、自らの関心に応じて、いつでも学び直しができるようになる。兼業や副業も当たり前になる。

このような多様な生き方を可能とするためには、労働や社会保障、さらには教育も、大きな変更が必要になる。

（2）人口減少を強みに変える逆転の発想

21世紀には、急速な技術革新が進む。コンピュータは人間の脳と近い機能を果たせるようになる。人工知能とロボットを組み合わせれば、単純作業はもちろん、より複雑な仕事もコンピュータが代替できるようになる。我が国の技術の強みを活かせば、人工知能とロボットは今後の我が国の基幹産業になり得る（図5）。

図5 人工知能技術の発展と社会への影響

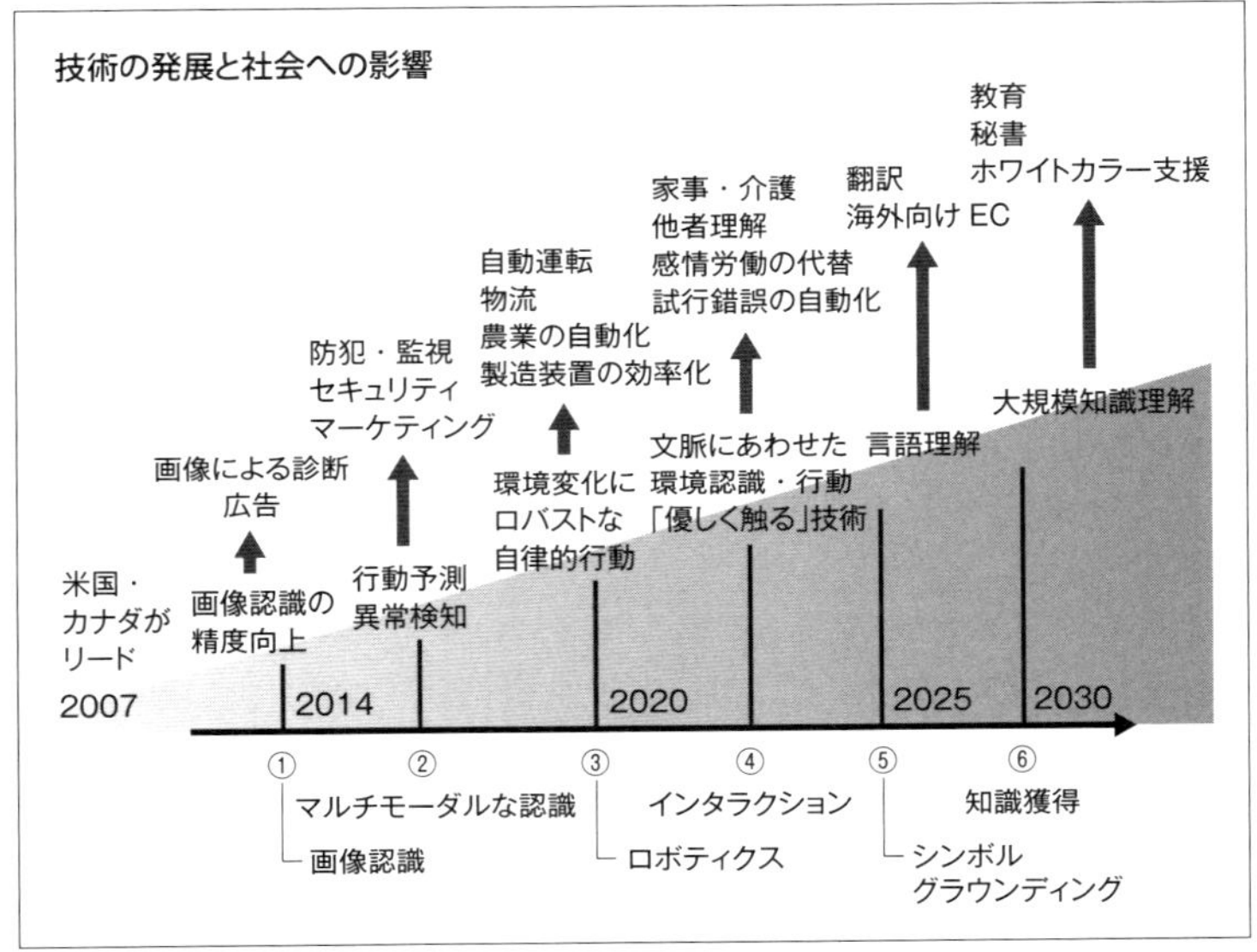

エディ＝ジョーンズは「JAPAN WAY」を掲げて、日本ラグビーの弱みを強みに変えることで、その躍進に貢献した[1)]。人口減少・高齢化が進んでいる我が国だからこそ、むしろ世界に先駆けて高度な技術を開発できるようになる。テクノロジーの進化を経済成長や国民の幸福につなげていくことで、「人口減少下でも経済成長できる」というビジョンを国民と共有していく必要がある。我が国が世界に先駆けて、人工知能などを活用したイノベーション創出・商品化・サービス化を進めるべきである。

人口減少が特に深刻な地方においても、革新的な技術を駆使することで、個性ある地域が自律的に発展することは可能である。新しい地方発展モデルを、国と地方が共に確立していく。

---

1) ラグビー日本代表の元ヘッドコーチ、エディ＝ジョーンズ氏は、日本に根付く“CAN'T DO”の精神を“CAN DO”に変えることを通じて、日本人の特性を逆手に取ったJAPAN WAYを志向。体が小さいからこそ、プロではないからこそ、農耕民族の精神を持っているからこそ、日本にしかできないラグビーがあるとした。

(3) 一歩目を踏み出しやすい社会へ

かつて幸せになるために作られたレールが今、この国の閉塞感につながっている。この閉塞感を打破すべく、学びも仕事も余暇も、画一的でなく、それぞれが自分の価値観とタイミングで選べる社会、そして、何度でもチャレンジできる社会を目指す[2)]。

人生100年時代には、意欲ある高齢者が、より長く働くことが自然になる。若いときに残業して猛烈に働いていた方でも、高齢になれば、時短型雇用など、より体力やライフスタイルにあった働き方を選択するだろう。

女性の就労が更に拡大すれば、育児との両立のために在宅勤務を選ぶなど、より柔軟な働き方が広がる。職場に縛られない、自由な働き方を選択する若者も増加する。

非連続的な技術革新が起きる際には、経済や産業構造が短期間に大きく変化し、雇用も不安定になる。身に付けたスキルも陳腐化しやすい。この変化をポジティブに捉え、全ての年代の国民に対し、いつでも学び直しができ、何度でも新しいことにチャレンジできる環境を整える必要がある。

人生100年時代では、教育はセーフティネットになる。高等教育段階でも、大学を中退して起業することや、失敗しても大学に戻ってくるなど、多様な学び方を許容する仕組みに変化する必要がある。成功だけを賞賛するのではなく、失敗を経験することも奨励できる社会となることが求められる。

さらに、日本社会において多様化が広がる中で、多様性に寛容な個人を育成するためには、特に基礎教育のより一層の充実が重要である。幼児教育や基礎教育の段階から、多様性とふれあい、共生の作法を学ぶ環境を整備する必要がある。また、「マス」から「個」を重視する教育へと転換する必要がある。

また、所得格差によって教育の機会が固定化されることのないよう、これまで以上に教育機会の平等の確保に向けた努力が必要となる。

さらに、グローバル化に伴い、我が国に優秀な外国人を引きつけ、思う存分、力を発揮していただくためにも、社会全体が多様性に寛容でなければならない。

---

2) かつて日本でも、「学び直し」、「何度でもチャレンジ」した先人がいた。例えば、福沢諭吉は著書『文明論之概略』の中で、開国・維新を機に漢学・蘭学・英学と研究分野が移り変わった自らの半生を、「一身にして二生を経るが如く…」と評したことで知られる。また、江戸時代日本最初の近代地図を作成した伊能忠敬は、49歳で隠居した後に天文学を学び直し、測量を始めたのは55歳。まさに「一身二生」の人生を送った。

「出る杭を打つ」のではなく、「出る杭を伸ばす」社会へと転換することで、日本社会において、多様な人材が、その潜在力を十分発揮できる環境をつくり上げる。

3. 安心の基盤（社会保障）の再構築

「第二創業期」において重要なことは、人生100年時代に長生きがリスクとはならない、安心できる社会を実現することである。このためには、社会保障・財政の面で、持続可能な安心の基盤を再構築する必要がある。

社会保障の基本は、本当に必要とする方を、社会全体で支えることにある。自立して生活出来る方には、できる限り自助で対応していただける環境を整備することが重要である。現役世代に対する給付は、学び直しや就労を優先的に支援することで、福祉に依存しなくても生きていけるよう、自助を応援する必要がある。

一方、現在の我が国の社会保障は、公的年金など高齢者に対する給付が中心となっている。最近の高齢化に伴い、年金や医療介護の支出が拡大した結果、現在の社会保障は、高齢世代に90兆円程度、子供世代に20兆円程度、現役世代に20兆円程度を支給している。また、現在の社会保障は、給付と負担が均衡しておらず、多くの部分を将来世代に先送りしている。

今後、高齢化が更に進む中で、現在の給付構造を維持したままでは、高齢世代に偏った給付が拡大する一方、現役世代に更なる負担をもたらす。さらに、財政制約などから、現役世代に対する必要な給付が行うことが出来ず、結果的にいわゆる「世代間格差」が拡大する恐れもある。これでは、社会保障制度そのものに対する国民の信任が失われかねない。限られた財源の中で、子育て支援を含め全世代型の社会保障に転換するためには、国民の資産や所得をきめ細かく把握し、年齢ではなく、所得や資産などに応じた給付・負担とすることが必要である。

こうした基本的な考え方のもと、今後の社会保障改革は、以下の3つの方向性で検討を進める必要がある。

(1) 真に困っている人のための社会保障

高齢世代だけでなく、現役世代で困っている人のための社会保障を充実させる。

近年、子育ての負担や、子どもの貧困など、現役世代の中にも、社会保障で支援すべき層が拡大している。このため、高齢世代に加え、現役世代にも、勤労へのインセンティブを重視しつつ、しっかりとした支援を行うことが重要である。

今後の社会保障では、諸外国の例にも学び、所得等が低く、真に「困っている方」を特定し、重点的かつ費用対効果の高い支援を行う仕組みを整備する必要がある。また、必要な給付の財源については、現役世代だけでなく、全ての世代が負担能力に応じて公平に負担することが重要である。

(2) 長生きがリスクとならない長寿社会

人生100年時代でも、誰もが最期まで生きがいを持って暮らすために、高齢になってもアクティブに生きていける環境づくりを進める。

一方で、公的年金制度を継続することで、長生きのリスクもカバーする。そのために、高齢者を一律に弱者とみなして給付するのではなく、所得・資産が低く、真に支援が必要な高齢者に対し、充実した給付を行う仕組みとする必要がある。

(3) 自助努力へのインセンティブ

万が一の際のセーフティネットは整備したうえで、社会保障を使うインセンティブではなく、使わないインセンティブを提供する。病気の予防や、老後でも働く意向を持つ人への就労サポートを通じて、健康寿命の延伸を目指す。

今後の社会保障では、自己決定が尊重され、自立出来る方の自助を評価・応援する必要がある。例えば、今後は病気の治療ではなく予防に重点を置き、健康であることに適切なインセンティブを用意することで、公正かつ持続可能な社会保障制度のもと、社会全体として安定的に健康寿命を延ばすことが可能になる。

老後の生活保障でも、健康で働く意欲のある方には就労を支援したり、若い頃から老後の生活資金に向けた積立てを支援したりするなど、可能な限り自助を後押しする必要がある。

さらに、現役世代への社会保障は、学び直しや就労への支援を中心として、自助を応援していくことが求められる。

4. 終わりに

当委員会としては、今後も、「第二創業期」に必要な経済財政の在り方の検討を続け、必要な具体策を提案していきたい。

(参考)「第一創業期」と「第二創業期」の比較

	第一創業期 (1945年～)	第二創業期 (2020年～)
出発点	敗戦による焼け野原	豊富なストック 高度な技術・産業基盤
経済	製造業のキャッチアップ	技術革命
平均寿命	男性：50歳 女性：54歳 (1947年)	男性：81歳 女性：88歳 (2020年，推計)
人口構造	人口ボーナス	人口オーナス
人生設計	一直線のレール型	網状のネット型
雇用	終身雇用（会社人）	多様な働き方（社会人）
社会保障	世代間の助け合い 高齢者への給付が中心	真に困っている人を助ける 全世代への給付
教育	平均的に質の高い人材 新卒人材の育成機関	多様性に寛容な人材 いつでも学び直し
地方	国土の画一的な発展	多様で自立した地方

人生100年時代の社会保障へ

はじめに

2020年以降は「人生100年を生きる時代」になる。終身雇用・定年という一つのレールだけでなく、多様な生き方が当たり前になる。こうした変化に対応し、労働法制や社会保障も変わらなければならない。

我が国の社会保障は、戦後の高度成長期に形成された。多くの方が「20年学び、40年働き、20年老後を過ごす」という典型的な人生を歩んだ時代。年金や医療介護は、こうした単一のレールを想定して整備された。

例えば、現在の社会保障の大宗は、所得ではなく、年齢を基準に給付を行っている。高齢になれば、充実した社会保障が受けられる。これは、定年後の人生に政府の支援を集中すれば、国民の安心を確保できたからだ。

しかし、これを今後も維持することはできない。終身雇用ではない働き方を選択する若者。定年を越えて働く元気な高齢者。子育てと仕事を両立する女性。今の社会保障は、こうした多様な生き方・働き方に対応出来ていない。

これからの社会保障は、いろいろな「人生のレール」に対応していく必要がある。そして、多様な生き方を選ぶことがリスクにならない社会を実現する。これにより、1人1人の国民が自立して生きていくことを目指す。

第二創業期のセーフティーネット　～勤労者皆社会保険制度の創設～

2020年以降、グローバル化、IT化、高齢化が更に進展し、世界的に所得の二極化が進行する。人工知能やロボットなどの技術革新が急速に進み、機械と人間が協同して仕事をする時代になる。働き手の知識やスキルも常に更新することが求められる。様々な企業が次々に生まれ、転職も当たり前になる。

こうした変化の激しい時代に、国民の安心の基盤を確保するためには、「雇用を守る」のではなく、「人を守る」発想への転換が必要だ。生産性の低い企業に補助金を出して雇用を守るのではなく、一人一人が必要なスキルを身につけ、より個々の想いに応じた働き方ができるように支援していく。

このためには、新しい時代のライフスタイルに合わせた労働法制や社会保障の見直しが必要だ。企業も働く側も、より自由に働き手・働き場所を選べるようにすべきだ。そのためにも、企業が働き手の再訓練や再就職の費用を負担する仕組みを作っていく。

同時に、企業を飛び出した働き手が成長産業に円滑に移動することを支援するため、社会人の学び直しや再就職に対する支援を抜本強化する。少ない自己負担で、成長分野のスキルを身につけることを可能とする。

さらに、社会保障も、多様な働き方を前提とした見直しが必要だ。現在の社会保障は、終身雇用を前提に設計されており、新しいライフスタイルに対応できない。例えば、企業の社会保険は正規雇用のみを対象にしている。一定の所得・勤務時間に満たない勤労者は、企業の厚生年金や健康保険に加入できず、十分なセーフティーネットの対象になっていない。

今後は、いかなる雇用形態であっても、企業で働く方は全員、社会保険に加入できるようにして、充実した社会保障を受けられるようにすべきだ。いわば「勤労者皆社会保険制度（仮称）」の実現である。

また、所得の低い勤労者は、社会保険料を免除・軽減すべきだ。事業主負担は維持すること等で、社会保険の中での助け合いを強化する。政府も、社会保障改革により生み出した財源を活用して、激変緩和に必要な支援を行う。

こうした改革が実現すれば、所得の低い勤労者も、社会保険料負担の免除・軽減によって現在の手取り所得が拡大する。また、充実した年金を将来受け取ることができるようになり、将来不安が解消する。こうしたセーフティーネットが確保されていれば、学び直しやチャレンジに取り組む人も増えるだろう。

足下では、半数近くの若者が国民年金保険料を払っていない。これを放置すれば、将来、無年金・低年金の高齢者が増え、高齢者の生活保護費が倍増する恐れがある。改革により、こうした無年金・低年金という「将来の爆弾」も解決できる。

もちろん、解雇規制の見直し、学び直し・再就職支援の拡充、勤労者皆社会保険制度（仮称）の導入といった一連の改革は、一時的には大きな痛みが伴う。事業者は、労働コストが拡大するため、生産性の更なる向上が必要になる。働く側も、着実に経験を積むと共に、テクノロジーへのキャッチアップが必要となる。

しかし、短期的には大きな痛みとなっても、中長期的には、この改革をやり

きることで、生産性の向上とセーフティーネットの充実を同時に実現することができる。多様な働き方とそれを支える社会保障こそ、持続的な経済成長と安心の基盤だ。労使双方の理解を得て、必要な改革を断行すべきだ。

人生100年型年金　～年金受給開始年齢の柔軟化～

今の年金制度は、財政面だけを見れば、十分に持続可能である。根拠無く「年金が破綻する」と批判することは無責任だ。政府は、年金財政が健全であることを国民にしっかり説明していく必要がある。

ただし、今の年金制度には大きな課題がある。2020年以降、健康寿命がさらに延びていく。人工知能やロボット等の技術革新に支えられ、高齢者はより長く元気に活躍できるようになる。

今後は、「40年働き、40年休む」という人生ではなく、より長く働くことを選択する方が増えていく。現在進められている働き方改革でも、より多様で柔軟な働き方が重視されている。

今の年金制度は、こうした働き方の変化に対応していない。例えば、定年を越えて働く高齢者は少ないと想定してきたため、現在の制度では、一定年齢を超えると保険料が納付出来なくなったり、働きながら年金を受給すると年金が減額されたりする仕組みになっている。

これでは、働き方改革が進展しても、年金制度が障害となって、働く意思や能力のある高齢者の就労を阻害してしまう恐れがある。

年金制度は、「長く働くほど得をする仕組み」へと改革すべきだ。例えば、年金受給開始年齢はより柔軟に選択できるようにする。年金保険料はいつまでも納付できるようにする。働くと年金が減額される仕組みは廃止する。

これらにより、1人1人のライフスタイルに合った年金制度を実現する。働き方改革と合わせて、こうした年金改革を実施することで、高齢者がより長く働くことが当たり前になる。

こうしたライフスタイルの変化を見据え、諸外国でも長時間かけて実現している支給開始年齢の引き上げ（受給開始の標準年齢の引き上げ）についての議論をただちに開始すべきである。

健康ゴールド免許　～自助を促す自己負担割合の設定～

2020年以降、高齢化の進展に加え、医療技術がますます高度化すると、医療

介護費用が一層高額化していく。

医療介護制度の持続可能性を確保するためには、「病気になってから治療する」だけでなく、そもそも「病気にならないようにする」自助努力を支援していく必要がある。

医療介護費用の多くは、生活習慣病、がん、認知症への対応である。これらは、普段から健康管理を徹底すれば、予防や進行の抑制が可能なものも多い。

しかし、現行制度では、健康管理をしっかりやってきた方も、そうではなく生活習慣病になってしまった方も、同じ自己負担で治療が受けられる。これでは、自助を促すインセンティブが十分とは言えない。

今後は、健康診断を徹底し、早い段階から保健指導を受けていただく。そして、健康維持に取り組んできた方が病気になった場合は、自己負担を低くすることで、自助を促すインセンティブを強化すべきだ。

運転免許証では優良運転者に「ゴールド免許」が与えられる。医療介護でも、IT技術を活用すれば、個人ごとに検診履歴等を把握し、健康管理にしっかり取り組んできた方を「ゴールド区分」に出来る。いわば医療介護版の「ゴールド免許」を作り、自己負担を低く設定することで、自助を支援すべきだ。もちろん、自助で対応できない方にはきめ細かく対応する必要がある。

また、現行制度では、自助で対応できる軽微なリスクも、大きな疾病リスクも、同じように支援している。例えば、湿布薬やうがい薬も公的保険の対象であり、自分で買うと全額負担、病院でもらうと3割負担だ。こうした軽微なリスクは自助で対応してもらうべきであり、公的保険の範囲を見直すべきだ。

終わりに

少子化対策は抜本的強化が必要だ。社会保障改革や歳出効率化の取り組みによって得られる財政的リソースは、最優先で投入していかなくてはならない。子育て世代の代表たる本小委員会としても、少子化対策については、最重要課題であるがゆえに、その抜本的強化の具体的中身について引き続き検討していくこととしたい。

ただし、我々が忘れてはならないことは、仮に出生率が人口水準を維持するために必要な2.07まで上がっても、人口減少は不可避であるという事実である。毎年人口が減り続けることを嘆いても、明るい未来は切り開けない。人口減少を前提に、経済社会システムを抜本的に見直すことで、人口減少をチャンスと

とらえ日本の強みに変えていくことが必要だ。

社会保障も、終身雇用を前提とした制度から、多様なライフスタイルに対応した、自助を最大限に支援する制度へと改革する必要がある。働く現役世代が、安心して暮らせる社会にする。高齢者が働くほど得をする年金制度にする。病気にならないように努力した人は、自己負担が低くなる医療介護にする。

こうした安心の基盤を整備すれば、より多くの国民が、多様な生き方や働き方を選択しやすくなる。結果として、労働力人口が下支えされ、生産性も向上する。経済成長を維持して、社会保障も持続可能になる。

今こそ、「人口減少でもやっていける」という楽観と自信をもつことにつながる社会保障改革が必要だ。一時的に痛みが伴う改革から逃げてはならない。国民の理解を得て、必要な改革を断行すべきだ。

人生100年時代の社会保障へ 説明資料

①第二創業期のセーフティーネット
～勤労者皆社会保険制度の創設～

②人生100年型年金
～年金受給開始年齢の柔軟化～

③健康ゴールド免許
～自助を促す自己負担割合の設定～

第二創業期の安心の基盤の再構築
～多様なライフスタイルに対応したセーフティーネットへ～

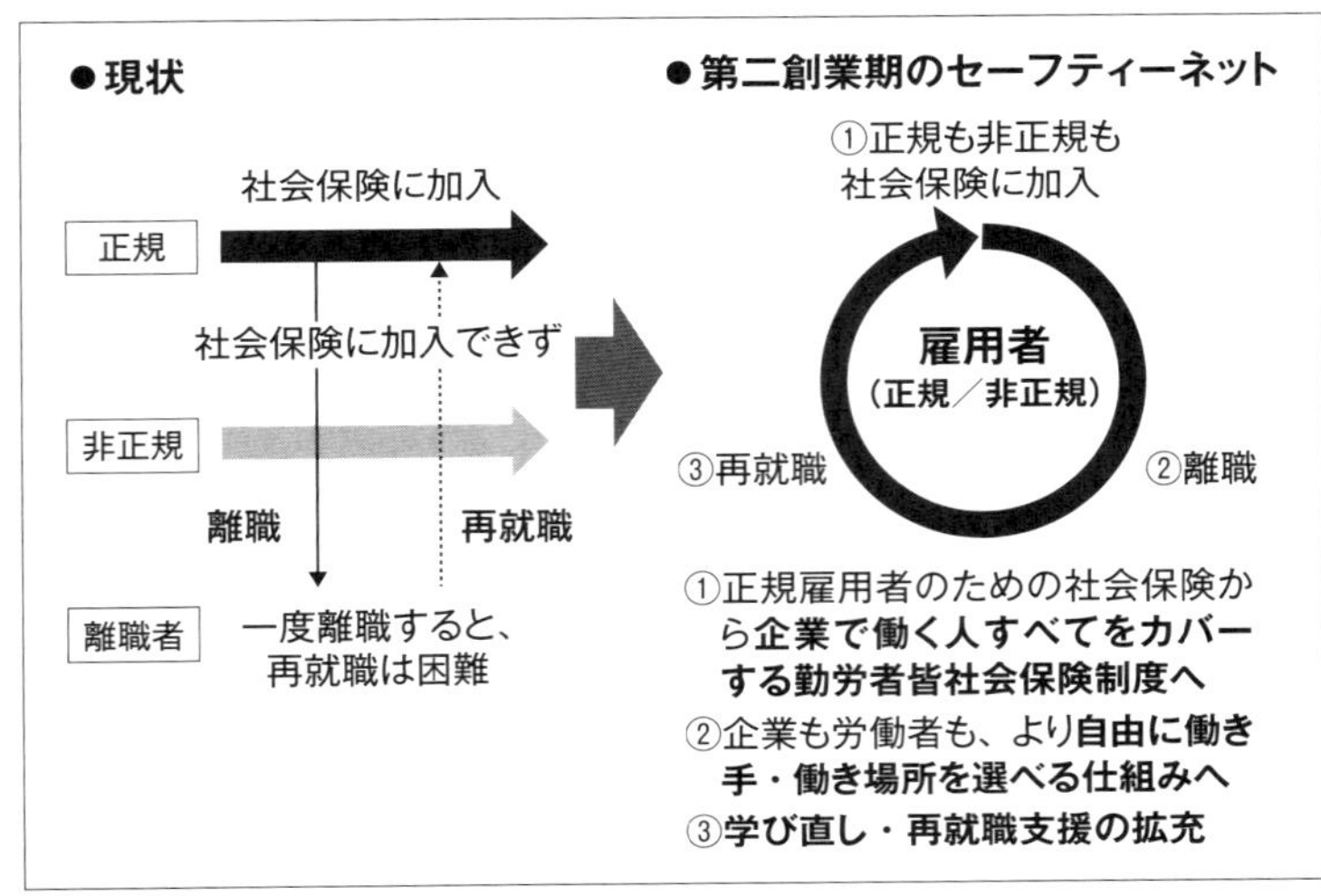

勤労者皆社会保険制度について（概括的なイメージ）

●企業で働く勤労者は、雇用形態を問わず、**企業の社会保険（厚生年金・健康保険）に加入**。
●低所得者の勤労者は、**社会保険料を免除・軽減**。
→低所得の勤労者は、**手取り所得が拡大**すると同時に、**将来に充実した年金を受給**。

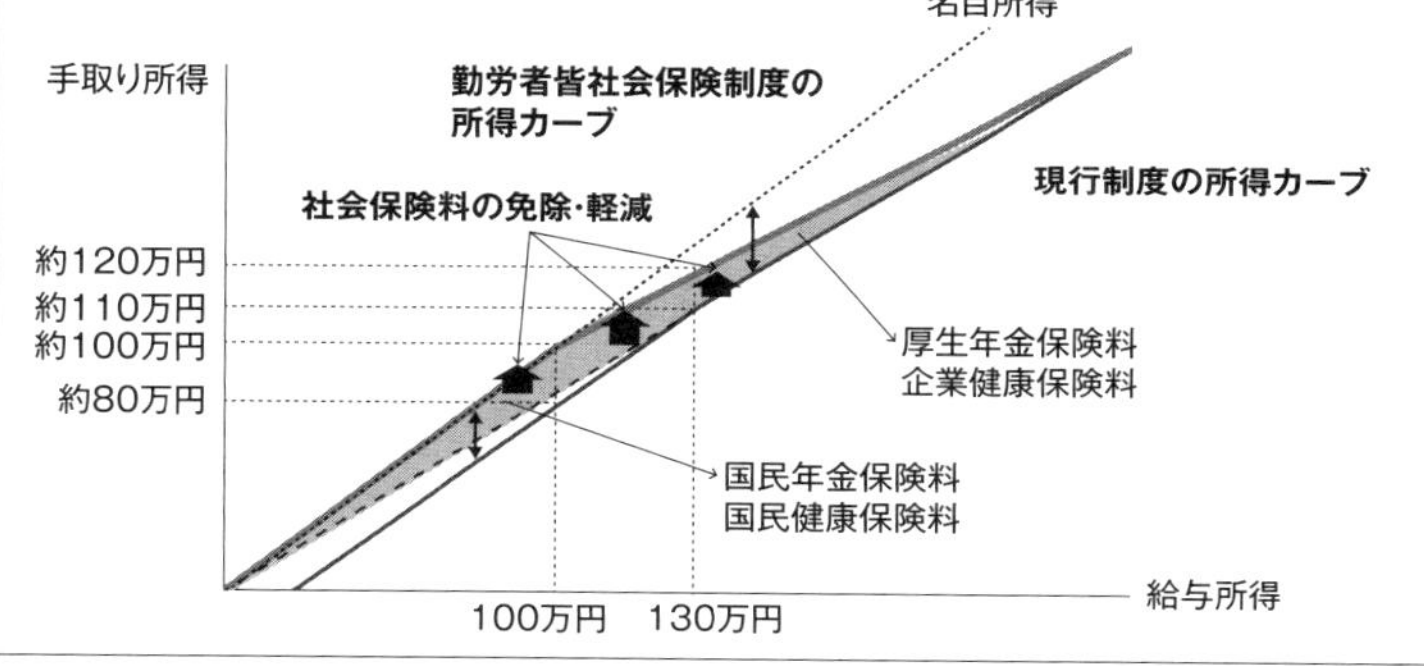

勤労者皆社会保険制度の狙い

2020年以降の新しい時代に対応した、自助を重視する低所得者対策

1．国費を投入せず、若者世代を支援。

―**社会保険の枠内の改革**なので、**執行体制の整備が容易**。

―**財源**は社会保険における**労使の助け合いの強化**。**事業主と高所得者が応分の負担**。

―社会保険料負担の減少により、**若者世代の所得・消費が拡大**。

―充実した社会保障を受けられるため、**若者世代の将来不安も解消**。

―年金保険料未払いによる、若者の**将来の低年金・無年金の問題も解決**できる。

2．「働き方改革」に整合的なセーフティーネット制度。

―**雇用形態に関わらず**、企業で働く方は、充実したセーフティーネットの対象に。

―**「130万円の壁」が解消**し、女性等の就労拡大も期待出来る。

3．労使双方に生産性の向上インセンティブを付与。

―事業主負担が拡大するため、企業は負担の拡大を上回る**生産性の向上**が必要。

―労働者も、これまで以上に生産性を上げる努力が必要。

勤労者皆社会保険制度を導入した場合の年収100万円の方の本人負担等の変化

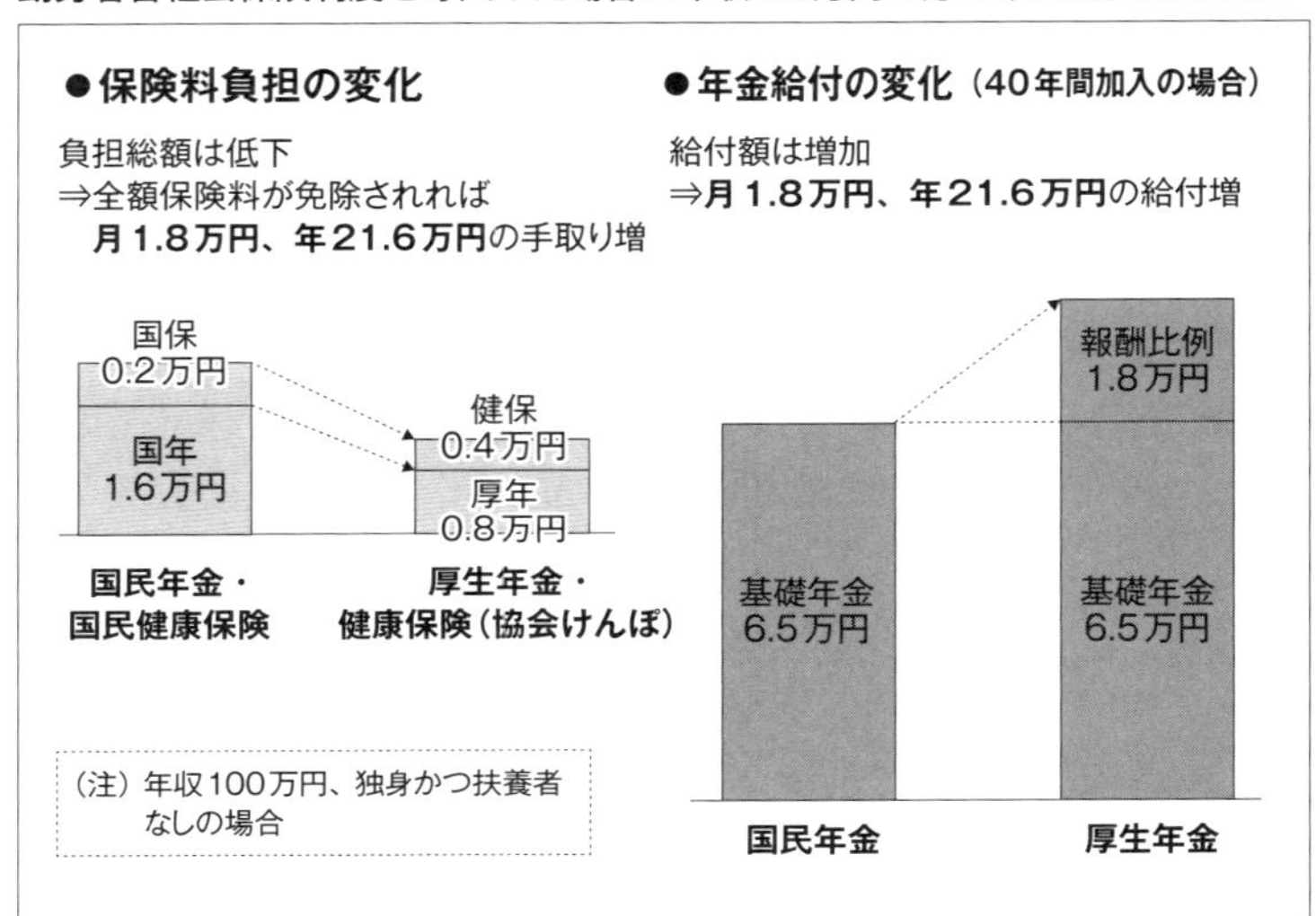

勤労者皆社会保険制度を導入した場合の年収200万円の方の本人負担等の変化

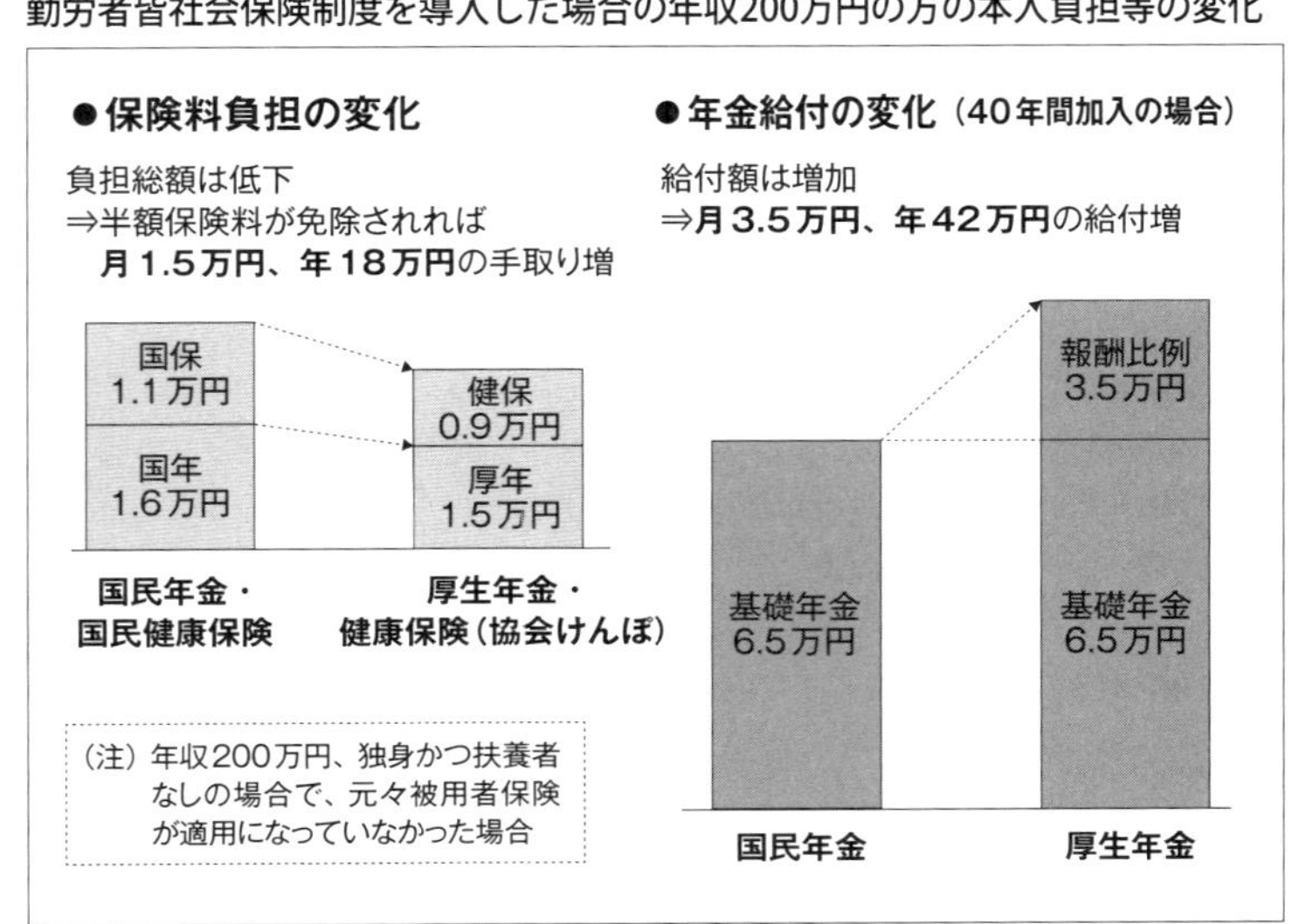

1人1人のライフスタイルにあった「人生100年型年金」へ

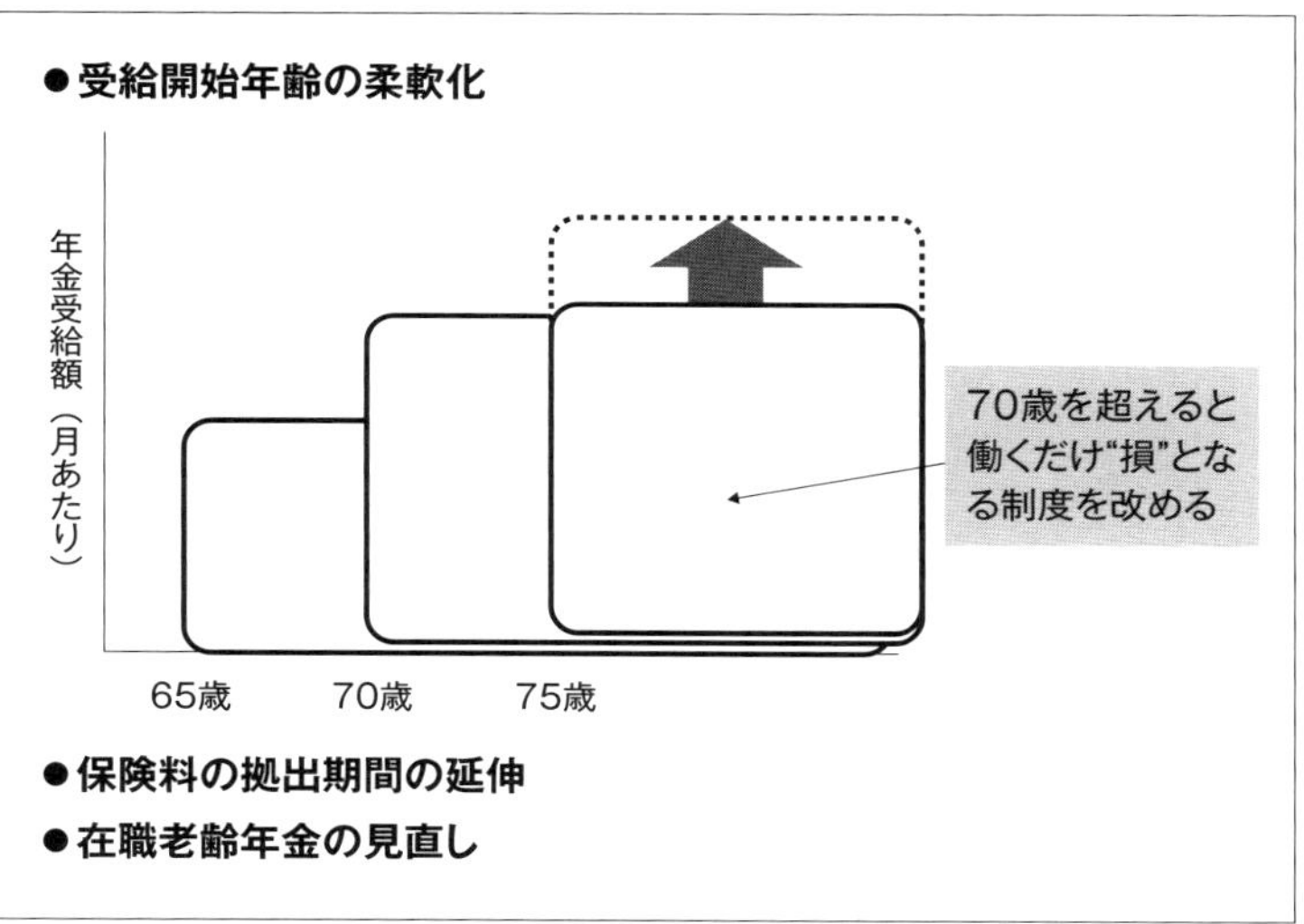

ライフスタイルの変化を見据え、諸外国でも長時間かけて実現している支給開始年齢の引き上げについての議論をただちに開始すべき。

● 年金支給開始年齢の引上げ

	引上げ内容	決定時期	開始時期 (完了時期)	決定から開始 までの期間	2050年時点の 平均受給期間
日本	60歳→**65歳** (報酬比例部分・男性)	2000年	2013年 (2025年)	13年	男性：21.9年
	60歳→**65歳** (報酬比例部分・女性)	2000年	2018年 (2030年)	18年	女性：27.0年
米国	65歳→**67歳**	1983年	2003年 (2027年)	20年	男性：18.8年 女性：21.7年
英国	65歳→**68歳**	2007年	2018年 (2046年)	11年	男性：18.2年 女性：20.9年
ドイツ	65歳→**67歳**	2007年	2012年 (2029年)	5年	男性：19.1年 女性：22.0年
フランス	満額受給：65歳→**67歳**	2010年	2016年 (2022年)	6年	男性：18.9年 女性：23.1年
イタリア	一律66歳、その後 **平均余命の伸びに連動** (2021年に**67歳**)	2010年、 2011年	2012年 (2018年)	1年	男性：17.9年 女性：21.4年

平均寿命の延伸に伴い、年金制度が整備された頃に比べると、年金支給期間は2倍近くに伸びる見込み。

● 平均寿命・余命の延伸

	昭和45年（福祉元年）	平成26年（現在）	平成72年（2060年）
平均寿命（男） 平均寿命（女）	69.3歳 74.7歳	80.5歳 86.8歳	84.2歳 90.9歳
年金支給 開始年齢時の余命	（男）12.5年 （女）15.4年	（男）19.3年 （女）24.2年	（男）22.3年 （女）27.7年

「健康ゴールド免許」の導入で、健康管理に努力した人が報われる医療介護へ

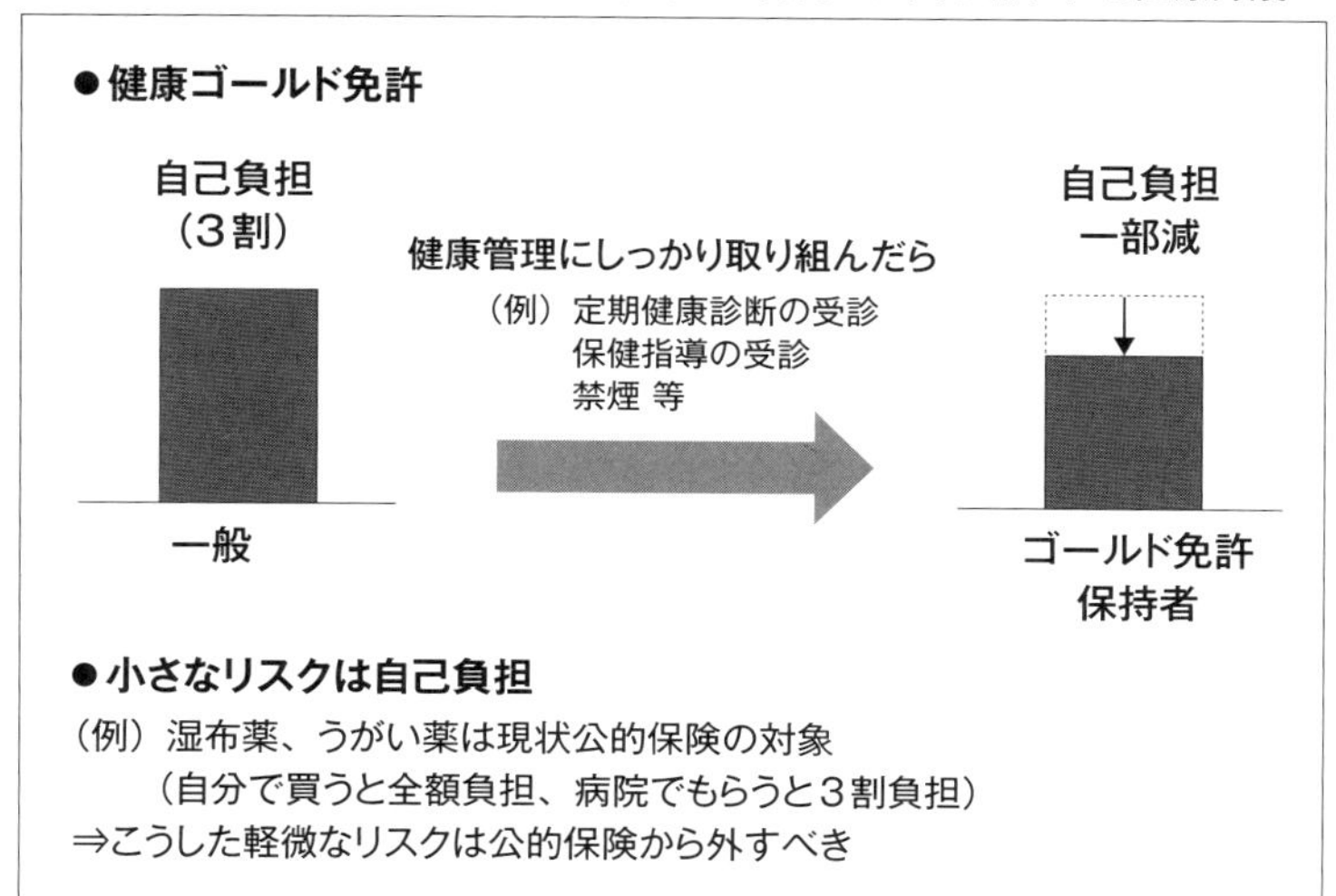
●健康ゴールド免許
自己負担
（3割）
一般
健康管理にしっかり取り組んだら
（例）定期健康診断の受診
保健指導の受診
禁煙 等
自己負担
一部減
ゴールド免許
保持者
●小さなリスクは自己負担
（例）湿布薬、うがい薬は現状公的保険の対象
（自分で買うと全額負担、病院でもらうと３割負担）
⇒こうした軽微なリスクは公的保険から外すべき

改革の全体像　負担能力に応じて、全ての世代が公平な負担

		勤労者皆社会保険	人生100年型年金	健康ゴールド免許
現役世代	低所得者	社会保険料負担↓ 将来の年金額↑	年金の持続可能性↑	健康維持に努力する方は 自己負担↓
	高所得者	社会保険料負担↑		
高齢世代	低所得者	（年金額は同じ）	働くほど年金額↑	
	高所得者			
事業者	中小企業	社会保険料負担↑ 激変緩和の支援	—	健康な方が増えれば 社会保険料負担↓
	大企業	社会保険料負担↑		
公費負担	年金	年金の持続可能性↑ 将来の生活保護費↓	年金の持続可能性↑	—
	医療	国民健康保険の国費負担↓	健康な方が増えれば 財政負担↓	健康な方が増えれば 財政負担↓

「こども保険」の導入
～世代間公平のための新たなフレームワークの構築～

平成29年3月
2020年以降の経済財政構想小委員会

1. これまでの議論の経緯 ～人生100年時代の社会保障～

当小委員会は、昨年4月に公表した『レールからの解放』において、2020年以降を「日本の第二創業期」と捉え、国のかたちを創りなおすことを提案した。

2020年以降は、人生100年を生きる時代だ。いろんな生き方、いろんな選択肢が当たり前になる。学びも仕事も、年齢ではなく、自分の価値観とタイミングで選ぶ未来になる。

今後は、政治が用意した一つの生き方に個人が合わせるのでなく、個人それぞれの生き方に政治が合わせていく。このためには、いろいろな「人生のレール」に対応した、新しい社会保障が必要だ。

真に困った人を助ける全世代に対する安心の基盤の再構築は、小さなチャレンジや新しい人生の選択の支えになる。そして、子育て世代の負担を減らし、日本社会全体の生産性を高め、人口減少しても持続可能な社会保障につながる。

こうした基本的な考え方に基づき、当小委員会は、さらに社会保障改革についての検討を深め、昨年10月に『人生100年時代の社会保障へ』を公表した。

その中では、人生100年時代において、多様な生き方を選ぶことがリスクにならない社会を実現するため、2020年以降に必要な社会保障改革の方向性として、

(1) 全ての働き手が充実したセーフティーネットの対象となる、勤労者皆社会保険制度の創設
(2) 人生100年型年金の実現
(3) 病気にならないよう努力した人は自己負担が低くなる、健康ゴールド免許の導入

などを提言した。

2. 22世紀を見据えて ～全世代型社会保障の実現～

上記の社会保障改革は、人生100年時代において、全世代に対する安心の基盤づくりを目指すものである。

しかし、22世紀を見据えると、上記改革だけで、全世代型社会保障を実現することは難しい。社会保障給付の改革を徹底的に進めると同時に、少子化対策を抜本的に強化し、若者や現役世代を支援することが必要だ。

政府も、「待機児童解消加速化プラン」をはじめとして、少子化対策や子ども・子育て支援に全力で取り組んでいるが、最大の問題は、社会全体で子育てを支える国の本気度が若者や現役世代に伝わっていないことではないか。

現在、少子化対策や子育て支援は、政府の一般会計から支出している。高齢者向けの社会保障給付が急増する中で、若者や現役世代に対する予算を大幅に増やすことは難しい。

しかし、財源の制約を理由に政策を小出しにしている今の構造が続く限り、いつまでも高齢者偏重の社会保障は変えられない。「全世代型社会保障」の実現を言葉だけで終わらせてはならない。今こそ、若者や現役世代向けの明確なメッセージが必要だ。

3. こども保険の創設と世代間公平のための新たなフレームワーク

当小委員会は、「こども保険」の創設を提言する。「こども保険」は、子どもが必要な保育・教育等を受けられないリスクを社会全体で支えるもので、年金・医療・介護に続く社会保険として、「全世代型社会保険」の第一歩になる。

今後は、社会保障給付における世代間公平を実現する観点から、「こども保険」の導入を活かし、社会保険料を横断的に議論する新たなフレームワークを設定し、医療介護の給付改革とこどものための財源確保を同時に進める。この新たなフレームワークは、医療介護の改革をより加速するインセンティブにもなり得る。それは、真の全世代型社会保障へのシフトを明確にする政治のメッセージでもある。

「こども保険」は、当面、保険料率0.2％（事業主0.1％、勤労者0.1％）とする。保険料は、事業者と勤労者から、厚生年金保険料に付加して徴収する。自営業者等の国民年金加入者には月160円の負担を求める。財源規模は約3,400億円となる。

これを、例えば、幼児教育・保育の実質無償化への第一歩として、未就学児の児童手当の拡充に活用する。小学校就学前の児童全員（約600万人）に、現行の児童手当に加え、こども保険給付金として、月5千円（年間で6万円）を上乗せ支給する。バウチャーも考えられる。これにより、就学前の幼児教育・保育の負担を軽減する。

その他の使途例として、「待機児童解消加速化プラン」の実現に必要な保育所の整備等に活用することも考えられる。この場合、子育て支援については、消費税増税により0.7兆円を確保しているため、子育て支援に必要な1兆円の安定財源を確保することができる。

医療介護改革を進めれば、こども保険をさらに拡大できる。こども保険の保険料率1％（事業主0.5％、勤労者0.5％）まで引き上げ、自営業者等の国民年金加入者には月830円の負担を求めれば、財源規模は約1.7兆円となる。

これにより、例えば、未就学児の児童手当を抜本拡充する。小学校就学前の児童全員（約600万人）に、こども保険給付金として、月2.5万円（年間で30万円）を上乗せ支給する。

現在、保育園や幼稚園の平均保育料は1〜3万円程度だ。児童手当と合わせると、月2.5万円の上乗せ支給により、就学前の幼児教育・保育を実質的に無償化することが出来る。

仮に、さらなるこども保険の拡大が実現できれば、第一子に対する支援強化など、より踏み込んだ政策も可能となる。

なお、一部には、教育無償化の財源として、教育国債の発行を求める声がある。もちろん、平等な教育機会の確保は非常に重要だが、新たな国債の目的や名称がどうであれ、今以上の国債発行が将来世代への負担の先送りに過ぎないことは明白である。

4. その他の課題

当小委員会では、こども保険以外の課題についても検討を行った。

こども保険を導入し、抜本的な少子化対策に取り組む以上、現状の「縦割り行政」の問題も解決する必要がある。現状では、少子化対策は内閣府、保育園は厚生労働省、幼稚園は文部科学省と、担当官庁がバラバラで、役割分担も不明確だ。

昨年の提言でも厚生労働省の分割や複数大臣制に触れたが、国民に明確な

メッセージを送るためにも、「子ども・子育て省」を創設し、少子化対策や子ども・子育て政策を一元的に担わせるべきである。こども保険の運営も、同省に担当させることが適当だ。

社会保障改革も、少子化対策と連動して行うべきだ。例えば、年金の支給にあたり、子どもがいる方に特別の加算を行うことも考えられる。

また、年金を受け取らなくても困らないような立場の方が年金を辞退される場合には、支給不要になった年金の一部を子育て支援に活用することを制度で明確にすることやインセンティブを設けることなどで、富裕層の年金辞退を促進することも考えられる。

なお、医療改革では、終末期医療が見直しのテーマとして取り上げられることがある。しかし、この問題は、国民、特に高齢者から見て、説得力のある議論が出来る政治家が議論を主導すべきだ。先輩議員達の未来へ向けたリーダーシップを期待したい。

今後も当小委員会では、2020年以降の新しい「この国のかたち」を描くべく、議論を続けていきたい。

こども保険の導入～世代間公平のための新たなフレームワークの構築～

1. 目的

（1）年金、医療、介護には社会保険があるが、喫緊の課題である**子育てに社会保険がない**

→「**全世代型社会保険**」の第一歩として、子どもが必要な保育・教育等を受けられないリスクを社会全体で支える「**こども保険**」を創設

（2）世代間公平実現のために、社会保険料を横断的に議論する新たなフレームワークを設定

→医療・介護の給付改革とこども保険のための財源確保を同時に進める

→真の「**全世代型社会保障**」を実現していく

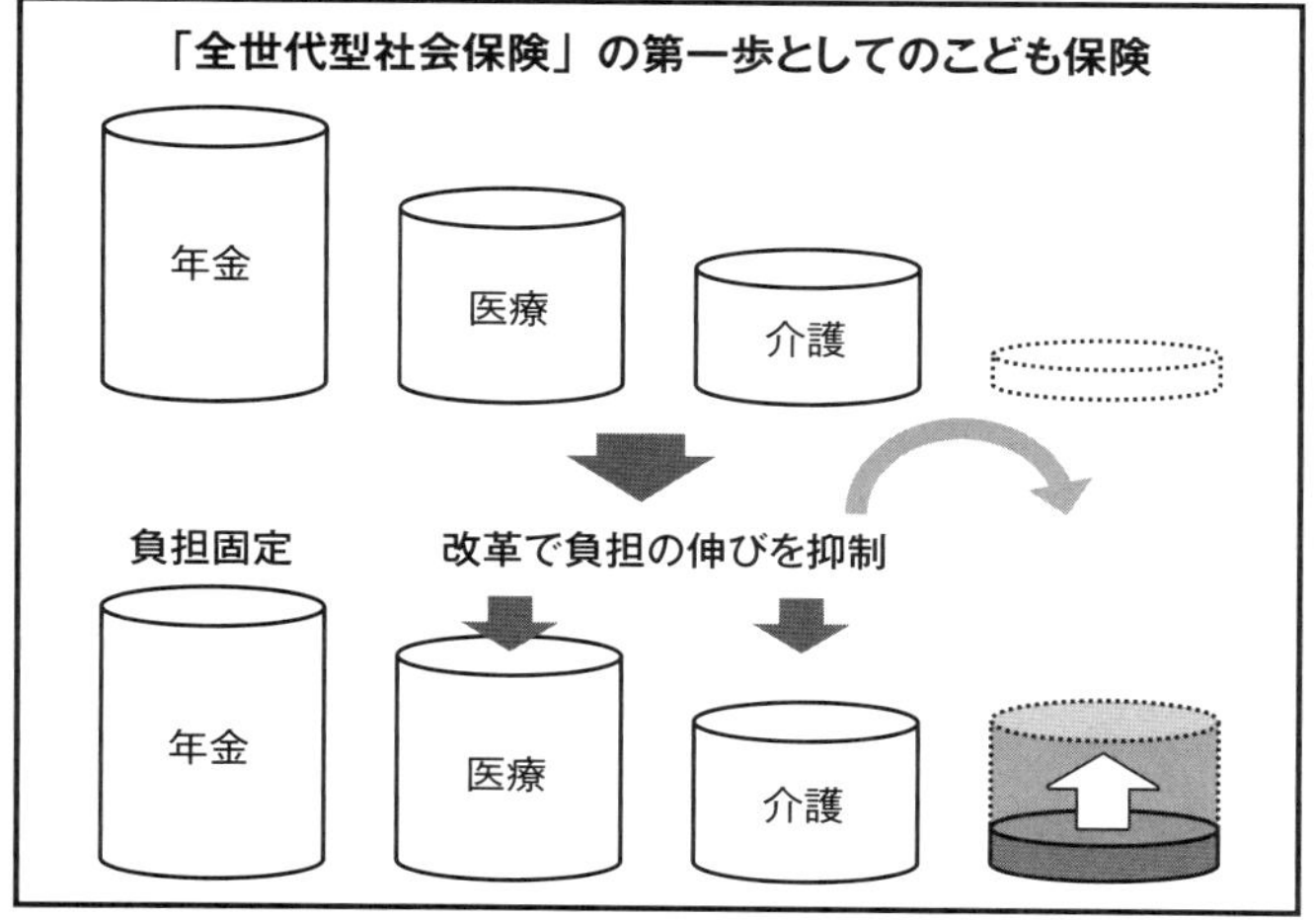

2. 仕組み

（1）まず、保険料率0.1%で創設（約3,400億円）。こども保険給付金を創設。例えば、小学校入学前の子ども（約600万人）の児童手当を月5千円上乗せし、**幼児教育・保育の負担を軽減**。

（2）医療介護の給付改革を徹底的に進めつつ、保険料率0.5%に拡大（約1.7兆円）。例えば、小学校入学前の子ども（約600万人）の児童手当を月2.5万円上乗せし、**幼児教育・保育を実質無償化**。

こども保険の制度設計案

	保険料率0.1％案	保険料率0.5％案	保険料率1.0％案
保険料率	勤労者0.1％ 事業者0.1％ ※国民年金加入者は月160円程度	勤労者0.5％ 事業者0.5％ ※国民年金加入者は月830円程度	勤労者1.0％ 事業者1.0％ ※国民年金加入者は月1,670円程度
財源規模	約3,400億円 （未就学児1人あたり月5,000円相当）	約1.7兆円 （未就学児1人あたり月2万5,000円相当）	約3.4兆円 （未就学児1人あたり月5万円相当）
使途例	幼児教育・保育の負担軽減 小学校入学前の子ども（約600万人）に対し、児童手当を1人当たり月5千円加算（バウチャーもあり得る） 待機児童ゼロ ・保育所等の受け皿拡大（現在の待機児童は推計約9万人） ・年収360万円以下世帯の保育料を完全無償化等	幼児教育・保育の実質無償化 小学校入学前の子ども（約600万人）に対し、児童手当を1人当たり月2万5千円加算（バウチャーもあり得る）	幼児教育・保育の実質無償化 ＋ より踏み込んだ政策 （第一子に対する支援強化等）

こども保険と他の社会保険の比較

	社会保険の目的
年金保険	長寿生活に伴うリスクを社会全体で支える
健康保険	全ての国民の疾病やけが等のリスクを社会全体で支える
介護保険	高齢者が要介護状態になるリスクを社会全体で支える
こども保険	子どもが必要な保育・教育等を受けられないリスクを社会全体で支える

現役世代の負担する社会保険料の推移

こども保険の導入と世代間公平の実現

- 厚生年金保険料は、平成29年（2017年）9月に9.15%で固定。
- 雇用保険料は、平成28年度と平成29年度に、0.1%ずつ引下げ。
- 医療介護の保険料の伸びを抑制できれば、現役世代はこども保険料を負担可能。

→**高齢者の世代内格差にも十分配慮しつつ、医療介護の給付改革を行い、全世代型社会保障を実現**

勤労者の社会保険料（本人負担分）

年度	厚生年金	医療保険（協会けんぽ）	介護保険（協会けんぽ）	雇用保険	こども保険	合計（本人負担分）
2013	8.560	5.000	0.775	0.500		14.835
2014	8.737	5.000	0.860	0.500		15.097
2015	8.914	5.000	0.790	0.500		15.204
2016	9.091	5.000	0.790	0.400		15.281
2017	9.150	5.000	0.825	0.300		15.275

9.15%で固定

政府の見通しでは負担増
→可能な限り伸びを抑制

更なる引下げを模索

まず0.1%で導入

2020年代

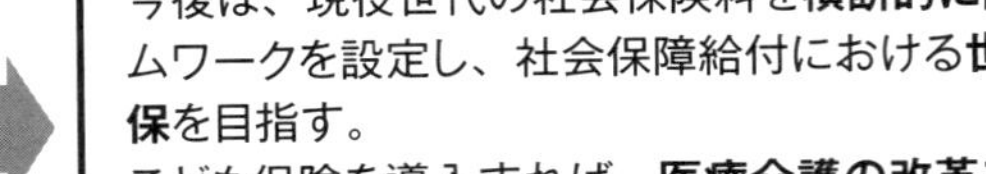

0.5%を実現

今後は、現役世代の社会保険料を**横断的に議論**するフレームワークを設定し、社会保障給付における**世代間公平の確保**を目指す。
こども保険を導入すれば、**医療介護の改革をより加速するインセンティブ**となる。

こども保険・消費税・教育国債の比較

	こども保険	消費税	教育国債
負担	勤労者と企業 →高所得者や企業に応分の負担を求めることが出来る（逆進的ではない）	全ての国民 →低所得者の負担が重い（逆進的である）	負担の先送り →将来世代の負担が増える
使途	新たな財源を全額、子育て支援に回すことが出来る	消費税10％までは使途が決まっている	一般会計で管理する場合、子育て以外に使用される恐れ
納得感	給付と負担の関係が明確	社会保障目的財源とは言え、何に使われているか見えにくい	一般会計で管理する場合、何に使われているか見えにくい
経済・財政への影響	保険料率が低い限り、経済への影響は少ない 財政再建目標と整合的	負担増が目に見えるため、必ず消費に悪影響を及ぼす	国債発行が拡大するため、財政再建目標の実現が困難になる

こども保険の負担イメージ①勤労者の保険料率0.1%の場合

30代・年収400万円・子ども二人世帯

標準報酬月額	24万円
厚生年金保険料	2.2万円
健康保険料	1.2万円
雇用保険料	960円
こども保険料	**240円**
社会保険料の合計	3.5万円

年収400万円の世帯は
月240円だけ負担増

50代・年収800万円・子ども二人世帯

標準報酬月額	50万円
厚生年金保険料	4.5万円
健康保険料	2.5万円
介護保険料	4,000円
雇用保険料	2,000円
こども保険料	**500円**
社会保険料の合計	7.7万円

年収800万円の世帯に
月500円の負担増

※子どもが高校生の場合は児童手当はない

従業員の負担する保険料率は、厚生年金保険料9%、健康保険料5%、介護保険料0.8%、雇用保険料0.4%、こども保険料0.1%とする。

こども保険の負担イメージ②勤労者の保険料率0.5%の場合

30代・年収400万円・子ども二人世帯

標準報酬月額	24万円
厚生年金保険料	2.2万円
健康保険料	1.2万円
雇用保険料	960円
こども保険料	**1,200円**
社会保険料の合計	3.6万円

**年収400万円の世帯は月1,200円の負担が増えるが
児童手当が5万円も増える**

※児童手当：子ども二人×1.5万円＝3万円
こども保険給付金：子ども二人×2.5万円＝5万円
（子どもが0歳と2歳の場合）

50代・年収800万円・子ども二人世帯

標準報酬月額	50万円
厚生年金保険料	4.5万円
健康保険料	2.5万円
介護保険料	4,000円
雇用保険料	2,000円
こども保険料	**2,500円**
社会保険料の合計	7.8万円

**年収800万円の世帯に月2,500円の負担をお願いし
子育て世代を応援する**

※子どもが高校生の場合は児童手当はない

従業員の負担する保険料率は、厚生年金保険料9%、健康保険料5%、介護保険料0.8%、雇用保険料0.4%、こども保険料0.5%とする。

「人生100年時代の制度設計特命委員会」中間とりまとめ

平成29年5月23日
人生100年時代の制度設計特命委員会

1. 少子化対策や子ども・子育て支援の拡充の必要性 ～全世代型社会保障の実現～

(1) 子育てをとりまく状況の変化とこれまでの施策

我が国は、今、世界に類を見ないスピードで進行する少子高齢化の問題に直面している。

本年4月に国立社会保障・人口問題研究所が公表した「日本の将来推計人口(平成29年推計)」の中位推計によれば、2053年には我が国の人口は1億人を下回り、65歳以上の老齢人口の割合は4割近い水準となると推計されている。

少子化が進む背景には、子育て世代をとりまく経済や社会環境の大きな変化がある。生涯未婚率は、1985年の男女とも4%程度から、近年では、男性は20%を超え、女性は約14%程度と大幅に上昇している。また、核家族化が進み、地域のつながりが希薄化して、子育てが孤立化するとともに、共働き世帯が増えている中で、仕事と子育てを両立することの負担が大きくなっており、子育て自体の負担感が増大している。

近年、高齢・壮年世帯の所得分布と比べて、若年世帯の所得分布が特に低下傾向を示しており、児童がいる世帯の所得水準も20年ほど前から頭打ちとなっている。一方で、1980年には専業主婦世帯の2分の1であった共働き世帯が、現在は専業主婦世帯の数を上回っているが、我が国の女性の就業率は、主要先進国と比べて、いわゆる「M字カーブ」の傾向がある。近年、有配偶者の女性の就業率が急上昇し、M字の底が浅くなりつつあるものの、女性が仕事を続けながら結婚・子育てを続ける環境整備がさらに必要な現状にある。

政府は、これまでも、「全世代型の社会保障」をめざし、平成25年4月に「待機児童解消加速化プラン」を打ち出し、平成29年度末までの5年間で40万人分の保育の受け皿整備を行うこととした。また、平成27年4月には、子ども・子育て支援法などの新制度を施行し、施設型給付及び地域型保育給付の創設、地

域の子ども・子育て支援を総合的に推進することとした。さらに平成27年末には、「希望出生率1.8」の実現に向けた緊急対策として、平成29年度末までの保育の受け皿整備量を40万人分から50万人分に上積みし、そのうち5万人分については、平成28年度から事業主拠出金を活用した企業主導型保育事業を開始して保育の受け皿整備を行うこととした。

また、こうした受け皿整備と合わせて人手不足が深刻な保育人材の確保のための施策として、平成29年度までに、平成24年度と比較して約10％相当の処遇改善と、技能・経験に着目した月最大4万円の更なる処遇改善を行ってきた。

さらに子育ての負担軽減も少子化対策として重要である。このため、児童手当についても、平成21年度までは、3歳未満が月額1万円、小学校修了まで第1子・第2子が月額5千円、第3子以降が月額1万円であったものが、民主党政権時の子ども手当を経て、平成24年度からは、3歳未満が月額1万5千円、小学校修了まで第1子・第2子が月額1万円、第3子以降が月額1万5千円、中学生が月額5,000円とするなど、拡充を行ってきた。

また、平成26年度以降毎年度、低所得・多子世帯を中心に幼稚園・保育所等の保育料の負担軽減策を順次広げて実施してきている。平成28年6月の「経済財政運営と改革の基本方針」（骨太2016）では、「幼児教育の無償化に向けた取組を財源を確保しながら段階的に進める」としている。

(2) 少子化対策や子ども・子育て施策の拡充の必要性

我が国の社会保障制度は、これまで、年金・医療・介護と高齢者に向けた給付が中心となってきた。もちろん、高齢者向け給付の充実によって子ども世代の老親扶養や介護の負担が軽減されるなど、若者世代にも受益が及んでいることは忘れてはならないが、これまでの高齢者中心の社会保障を改め、「全世代型の社会保障」制度を構築していくことが必要である。このため、(1) のように、近年、子ども・子育て支援施策の充実を図ってきた。

しかし、家族関係の給付の社会保障関連の給付全体に対する割合（2013年）は、我が国では5.3％であり、欧州主要国（イギリス16.7％、スウェーデン13.1％、フランス9.2％、ドイツ8.5％）と比べて低い水準に留まっている。少子化の課題を乗り越えていくためには、諸外国の例も参考にしながら、子ども・子育て支援施策の一層の拡充が必要である。

本年4月の「日本の将来推計人口」によれば、1人の高齢者（65歳以上）を何

人の現役世代（20〜64歳）で支えるかをみると、2015年に2.10人であるものが、2065年には、中位推計（出生率を1.44と見込む）では1.24人に、高位推計（同1.65人）では1.34人と推計され、さらに出生率が希望出生率の水準である1.8に回復した場合には1.42人と試算されており、日本の経済や国民の暮らしに、大きな違いをもたらすことが明らかである。

子どもを産み育てやすい環境を整備して、出生率を高めることは、経済社会を活性化させ、社会保障制度の支え手を増やし、制度の基盤の安定化にもつながる。

こうした状況の中、「2020年以降の経済財政構想小委員会」（以下、小委員会）においては、「人生100年時代」を踏まえ、「多様な生き方を選ぶことがリスクにならない社会を実現する」「全世代に対する安心の基盤づくりを目指す」などの観点から、社会保障制度に関連したいくつかの提言がなされている。

本特命委員会では、こうした提言の中から、本年3月の小委員会の提言である「こども保険」を踏まえ、今後の幼児教育・保育の負担軽減、子育て対策の拡充等とその責任ある財源確保策について、改めて明確な課題設定をした上で、議論を行った。

2. 拡充すべき施策 〜使途をどうするのか〜

(1) 幼児教育・保育の負担軽減、子育て対策の拡充等の内容

①対象となる児童の範囲

拡充する施策の対象としては、子どもを産み育てやすい環境を整える観点から、まずは、未就学児（0〜5歳児及び6歳に達した日の年度末まで）を基本として、重点的に支援することが必要である。

②施策の内容

また、拡充する施策の内容としては、

- 児童手当の増額による現金給付
- 幼児教育・保育の負担軽減、段階的無償化の推進
- 待機児童解消のための保育の受け皿拡大
- 保育の質の充実（保育士の処遇改善、保育の質の充実）

などが本特命委員会において議論の対象となった。いずれも重要であるが、財源が限られる中にあっては、それぞれの政策の効果、メリット・デメリットを

検討し、優先順位をつける必要がある。また、その場合には、これらの施策の適切な組み合わせを図ることも考えられる。

(2) 給付の手法（現金給付と現物給付について）

①現金給付（児童手当の増額）

現金給付は、(a) 保育等のサービス利用や供給体制に左右されずに個々の家庭に給付することが可能である、(b) 使途の自由度が高く児童の養育費全般に充てることが可能なため、受給者がメリットを明確に認識できる、(c) 政策目的に応じて給付金額を調整しやすい（例えば、低所得者や、低年齢児、多子世帯に増額する等)、といった利点がある。

一方で、(a) 給付された現金が、実際に子どもの幼児教育・保育に使用されるか必ずしも明確でない、(b) 貯蓄等に回るおそれがある、といった課題もある。

②現物給付（幼児教育・保育の自己負担の軽減、保育の待機児童解消、質の充実）

現物給付は、(a) 子ども・子育ての政策目的に応じたサービスの利用や負担軽減に直接結び付くことから、政策の費用対効果に優れている、(b) サービスの利用や自己負担額を自治体が必要度に応じて調整しやすい、といった利点がある。

一方で、(a) 現金給付と比べると利用者にとって受益感が必ずしも明確でない、(b) サービス供給が十分でない地域やサービスを利用しない場合等には受益が及ばない、といった課題がある。

③バウチャー（幼児教育・保育の利用券）

バウチャーは、制度の仕組み方によって様々であるが、(a) 受給者にとって受益も明確であり、(b) 政策目的に応じて使途も限定できる、といった利点がある。

一方で、(a) 第三者への提供、換金、偽造等の不正使用のおそれ、(b) 発行、適正運営などの管理コスト、(c) バウチャー対象事業者のサービスの質の担保、(d) バウチャー給付によって必ずしも必要がない場合にもサービスの利用を誘因する可能性、さらに、(e) 現物給付の場合と同様にサービス供給が十分でない地域やサービスを利用しない場合等には受益が及ばない、といった課題があ

る。

(3) 施策の内容（優先順位の検討に当たって）

①児童手当の増額による現金給付

この施策は、児童の養育に伴う家計の経済的負担を社会連帯により分担しあい、次代を担う児童の健やかな成長を図るものである。

現金給付という施策手法をとる利点と課題は、(2) ①のとおりである。

②幼児教育・保育の負担軽減、段階的無償化の推進

この施策は、都市部でも地方でも、待機児童の有無に関わらず、未就学児のいる世帯の負担を軽減できる、といった利点がある。

一方で、(a) 保育所に入れない待機児童が多い中で、保育所・幼稚園に入ることができた人の無償化を優先することは、国民の理解を得られにくい、(b) 個人の保険料や拠出金を求める場合は、サービス量が不足する状況下では、負担をしたのにサービスが受けられない、という不満が生ずる可能性がある、(c) 所得が一定程度ある層に負担軽減や無償化をしても、少子化対策や女性の就労促進への政策効果は見込みにくいのではないか、といった課題がある。

③待機児童解消のための保育の受け皿拡大

待機児童の解消は、就労と子育ての両立を支援し、安心して子どもを産み育てる社会を実現する上で喫緊の課題である。社会保障と税の一体改革による0.7兆円の保育等の充実は、平成29年度予算で既に措置済みとなっており、さらなる保育量のニーズが高まる中で、その財源の確保は、喫緊の重要課題である。

この施策は、(a) 保育の受け皿（量）を拡大して、保育所に入れないという差し迫った問題に対応するものであり、(b) 保育の受け皿の拡大により、子どもを産み育てることへの障壁を緩和するとともに、(c) 女性の就労参加が増えることで、現役子育て世代の家計収入の改善や労働力不足に対する直接的な効果も期待できる、といった利点がある。

一方、待機児童問題は主に都市部の問題であることから、地方の住民はメリットを実感しにくい、といった課題がある。

④保育の質の充実

保育士の処遇改善や職員配置の改善などにより、保育の「質」を充実することができる、といった利点がある。（なお、保育士の処遇改善は平成29年度予算で実施したところである。）

一方で、(a) 職員配置基準の増は、保育人材が不足する中で、人材確保を一層難しくするおそれがある、(b) 保育の受け皿の拡大や負担軽減に比べて、利用者からは直接的なメリットを感じにくい、といった課題があり、施策の優先順位を検討する上で、考慮する必要がある。

(4) 所得再分配の観点について

所得再分配の機能は、「財源の負担」を誰にどのように求めるか（3で後述）と、「給付」を誰にどのように行うか、の2つの場面で機能する。

「給付」の場面では、限られた財源の中で政策の効率性を高めようとすれば、給付について、①所得制限を行うかどうか、②一律定額か所得などに応じた傾斜配分を行うかどうか、が課題となる。

なお、自助を基本としつつ、社会保険による共助で支え、税による公助はそれを補うという社会保障制度の基本的な考え方に立って、今後の子ども・子育て支援は、自助・共助・公助の役割分担をどう考えるか、といった視点も重要である。

①給付に所得制限をかけるのか

ア）所得制限を行う場合

給付に所得制限をかける場合には、限られた財源の中で、真に子育て支援が必要な人に対して有効に財源配分ができることから、効率的な政策展開が可能になる、といった利点がある。

一方で、高所得者層への給付制限は、個人に負担を求める場合に、負担の見返りとしての給付がないことから高所得者の理解が得にくくなる、といった課題がある。

イ）所得制限を行わない場合

給付に所得制限をかけない場合には、(a) 所得にかかわらず全ての子どもを支援するという趣旨に合致する、(b) 個人にも負担を求める際、高所得者にもその見返りとしての給付が存在することで、高所得者にも負担の理解が得やすい、といった利点がある。

一方で、高所得者に対しても給付することは、国民の納得が得られるか、限られた財源の中で政策効果が薄いのではないか、といった課題がある。

②一律定額か、所得等に応じて傾斜をつけるか

ア）定額で一律給付する場合

定額で給付する場合には、所得にかかわらず全ての子どもを支援するという趣旨に合致する、といった利点がある。

一方で、所得に関わらず定額で一律に同じ給付をすることは、(a) 高所得者と低所得者に同じ給付をすることの国民的理解が得られるか、(b) 限られた財源の中で政策効果が薄いのではないか（より支援が必要な低所得者や中間層に対して重点的に給付を行う方がより効果的である）、といった課題がある。

イ）所得等に応じて傾斜をつけて給付する場合

所得等に応じて給付に傾斜をつける場合には、限られた財源の中で、真に子育て支援が必要な人に対して有効に財源配分ができることから、効率的な政策展開が可能になる、との利点がある。

一方で、給付に傾斜をつけることは、その程度にもよるが、個人に負担を求める場合に、どのように納得感のある傾斜を設定するか、といった課題がある。

(5) 必要な財源について

必要な財源の金額は、施策の内容によって大きく異なるが、それぞれ、以下のとおりである。

①児童手当の増額

未就学児を約650万人として、児童手当を1人当たり月額5千円増額するとした場合には約3,900億円程度、1人当たり月額2万5千円増額するとした場合には約1兆9,500億円程度

（注）上記の試算は所得制限を設けず、また、幼児教育・保育の利用の有無にかかわらず児童手当の増額が実施される場合。総務省人口推計（平成28年10月現在）の年齢別人口に基づき試算。

②幼児教育・保育無償化（全ての収入階層を一律に対象とした場合の追加所要額（粗い試算））

・0～2歳児の保育無償化には約4,400億円程度

・3〜5歳児の幼児教育・保育無償化には約7,300億円程度

（注）上記の試算は、これまでの政府が進めてきた幼児教育の段階的無償化の対象範囲である、幼稚園、認定こども園、認可保育所、小規模保育、家庭的保育等の児童を対象とし、これらの利用者のみを給付対象とした場合。なお、保育の利用率の上昇等に伴い、所要額は変動する。

③保育の受け皿拡大等

平成29年度で、約8万人分の保育の受け皿拡大等への対応のため、対前年度＋1,000億円程度の予算を計上。

（注）今後、必要となる受け皿については、6月までにとりまとめることとされている待機児童解消に向けた新たなプランを検討中。

3. 社会連帯による負担 〜財源をどうするのか〜

(1) 税、社会保険料、拠出金、重点化・効率化

少子化対策、子ども・子育て支援に必要な財源は、社会連帯により負担し、確保していく必要がある。将来の世代に負担を付け回すことは避けなければならない。

税、社会保険料、拠出金のそれぞれの特徴を踏まえながら、負担者の範囲や徴収の仕組みも含めて、財源確保の方策を検討していく必要がある。また、既存施策の重点化・効率化も併せて検討していく必要がある。

①税

税の特徴としては、一般に、負担と給付が直接結びつかず、特定財源とされたもの以外は、様々な施策に充当が可能である。

このため、(a) 給付を受ける可能性が有る者かどうかにかかわらず、高齢者や、子育て終了の世代等を含め、広く社会全体に負担を求めやすい、また、(b) 税を納めていない者であっても、必要があれば給付の対象とすることができる、といった利点がある。

一方で、(a) 給付と負担の関係が明確でないため、「社会全体で子育てを支える」との認識が共有されないと納税に十分な理解が得られにくい、(b) これまで、我が国では社会保険料に比べて税負担の引上げが難しい傾向にある、といった課題がある。

また、子育て支援の財源として、消費、所得、資産等のどの課税対象に着目してどのように負担を求めることが適切か、という論点も重要である。

消費税については、社会保障と税の一体改革で、特定の世代に負担が集中せず、あらゆる世代が公平に分かち合えること、税収が景気変動に左右されにくいこと等から、消費税を充当する4経費として、年金、医療、介護の社会保障給付とならんで少子化対策の経費が掲げられ、消費税法第1条にも明記された経緯がある。消費税は10％引上げの使途は決まっているが、将来、さらに税率が引き上げられる場合には、子ども子育ての重要な財源としていくことが考えられる。

また、現在、個人所得課税の見直しが進められているが、公的年金等控除や特定扶養控除（19歳以上23歳未満）など各種控除等の見直しも含めて、様々な意見があることから、多様な視点からの検討が必要である。

②社会保険料（事業主及び個人）

保険の原理としては、一般に、（ア）大数の法則によるリスク分散、（イ）給付・反対給付均等の原則、（ウ）収支相等の原則があるが、社会保険制度では、民間保険とは異なり、国民の生活保障という社会政策的な目的から、保険の原理を修正している。（イ）については、個人のリスクの大小にかかわらない保険料賦課、応能保険料体系の採用、保険料の低所得者軽減などにより、また、（ウ）については、税財源による公費負担の導入により、保険の原理を部分的に修正し、幅広い国民が社会保険制度の保障を受けることができるようにしている。

社会保険は、国民に共通するリスクに対して、社会連帯の精神を基礎として、各個人があらかじめ保険料を負担し支え合うものである。保険料を納付することで、個人が、実際にそのリスクが現実化したときに、保険料負担の見返りとしての給付を受ける関係があり、保険給付は税財源による給付と比較して権利性が強いことが特徴である。

このような負担と給付の結びつきがあることから、保険料については、負担についての国民の理解が得られやすい、という利点がある。

一方で、(a) 子どもを持つ予定がない、子育てが終わった高齢者であるなどにより、直接の給付を受ける可能性が低い人に対して、保険料としての負担の理解が得にくいこと（養育者となって給付を受ける可能性はあるが、その可能性は低い）、また、(b) 保険料を負担してもらうことから高所得者にも一定の給付をする必要があったり、親が保険料を未納となっている児童については給付の制限

が必要であるなど、必要性に応じた給付や所得再分配という考え方が徹底できない、といった課題も考えられる。

なお、子育てが保険事故と言えるか、という論点については、例えば、子育てに関連する給付として健康保険の出産育児一時金、出産手当や、雇用保険の育児休業給付があり、また、雇用保険では自己都合退職でも失業給付が支払われており、被保険者の意思で生じる事象であるからといって、保険事故と言えないということではない。

いずれにせよ、国民が、リスクを共有する者の社会連帯として、社会保険料という義務的な拠出を行って支え合う必要性について、どこまで共通認識を持つことができるか、ということが重要と考えられる。

③拠出金（事業主（及び個人））

拠出金は、一定の対象者に対し、何らかの受益があるなどの拠出を求める理由があることを背景に、法律で義務的な拠出を求める仕組みである。税と比べて、財源と使途との結びつきがあることや、何らかの受益があるなどの拠出を求める理由がある一方、保険料と比べて、負担の見返りとしての給付を受けるという強い結びつきは無く、その点で、税と保険料の中間の性質を持つと言える。

ア）事業主に対する拠出金

現行の子ども・子育て支援制度では、次世代の育成は、将来の労働力の維持確保にもつながり、事業主の利益にもなること等から、児童手当の一部や、企業主導型保育事業などの子ども・子育て支援の一部の事業について、事業主拠出金による財源が充てられている。子ども・子育ての支援が従業員の確保と深い関係にあることを踏まえれば、今後、児童手当など既存事業についての事業主拠出金の拡大や、企業主導型保育以外の幼児教育・保育への事業主拠出金の充当拡大を進めていくことも考えられる。

事業主拠出金による財源確保については、(a) 事業主の拠出が全て子ども・子育て支援の給付に使用されるという点で、税よりも使途とのつながりが明確で理解を求めやすいこと、また、(b) 子育て支援に対する事業主拠出金は既に存在する仕組みでもあり、新たな仕組みを設ける場合よりも理解を求めやすい、といった利点もある。

一方で、(a) 拠出金を活用できる範囲は、事業主と一定の関係性がある分野

とする必要があると考えられるため、この範囲を拡大する場合には、事業主側の理解を得ていく必要がある、(b) 事業主拠出金の増額は、事業者の経済活動への負担になりかねないといった意見に対して、理解を得ていく必要がある、といった課題がある。

イ）事業主及び個人に対する社会連帯としての拠出金

また、さらには、社会保障の支え手を増やすという観点から、事業主だけでなく、直接・間接の受益者である個人にも、社会連帯として広く拠出金の負担をしてもらう仕組みを作れないか、という考え方もある。

この考え方は、(a) 社会全体で子育てをするという社会連帯の理念に適う、(b) 高齢者、子育て終了世代等の給付の可能性が低い人にも、社会連帯の拠出金であれば保険料に比べて負担を求める根拠になりうる、といった利点がある。

一方で、税・保険料以外の拠出金という名称で、一般個人からの義務的拠出を広く求める制度は、新たな制度になることから、そのような制度の趣旨について、国民の理解を得ていく必要がある、といった課題がある。

④既存施策の重点化・効率化

必要な新たな施策を行う際には、政策効果や優先順位を精査しつつ、既存予算の重点化・効率化により、財源を捻出できないか検討することも重要である。

その際、高齢者の医療・介護の見直しを一層推し進めることにより財源を生み出して、子ども子育て支援施策に振り替える努力も必要である。

(2) 負担者の範囲

保険料や拠出金を新たに求めるとした場合、その年齢層をどのようにするか、複数の考え方がある。

①子育て世代（例えば20～40歳ごろ）を対象とする考え方

この場合は、(a) 給付を受ける可能性の高い世代であり、その点からの説明はしやすい、(b) 39歳までは介護2号保険料の負担のない世代であり負担が重ならない、といった利点がある。

一方で、(a) 若年の子育て世代内での支え合いに留まることや、(b) 対象範囲が限定的で社会全体で支える趣旨に合致しない、(c) 世代間の公平性に対応していない、といった課題がある。

②現役世代全体（例えば20〜64歳）を対象とする考え方

この場合は、稼得収入の多い世代による負担となる、といった利点がある。一方で、(a) 現役世代内での支え合いに留まることや、(b) 高齢者が対象とならず世代間の公平性に十分対応していない、といった課題がある。

③全世代を対象とする考え方

この場合は、(a) 社会全体の支え合いや、(b) 世代内・世代間の公平性という理念に適う、といった利点がある。

一方で、主要な収入が年金のみの高齢者世代にも負担を求めることに、高齢者の理解を得る必要がある、といった課題がある。

（3）賦課・徴収の仕組み

新たな負担を求めるとした場合、現行の社会保険の保険料と併せて賦課・徴収したり、税として賦課・徴収することとすれば、制度の仕組みにもよるが、行政コストを抑えて徴収することができる。

①年金に併せて賦課・徴収する場合

この場合は、現行の子ども・子育て支援制度の事業主拠出金が、厚生年金保険料に併せて事業主から徴収していることから、年金保険料と併せて徴収するという現行の仕組みの拡充・発展であるとして説明できる、という利点がある。

一方で、(a) 国民年金では、年金保険料の未納が問題となっており、納付率が下がるおそれがある、(b) 厚生年金は働いていれば70歳未満まで、国民年金は原則60歳（任意65歳）までの納付となるが、社会全体で支えるとの考え方や世代間の公平の観点からは必ずしも十分ではない、(c) 国民年金の場合は定額の負担となり、逆進性の問題がある、(d) 給付に差がないにもかかわらず、被用者が所得比例で、非被用者が定額というのでは、負担の公平性が確保されない（年金は給付に違いがある。）、といった課題がある。

②医療保険・介護保険に併せて賦課・徴収する場合

この場合は、(a) 地域保険加入者の場合でも、国民健康保険は、所得等に応じた保険料となっており、かつ、国民年金よりも未納が少ない、(b) 年金と異なり、高齢者も保険料を負担する仕組みとなっていることから、全世代からの

徴収が可能になる、といった利点がある。

一方で、(a) 医療保険等の保険者は多数に分かれており（健保組合、協会けんぽ、市町村、広域連合等)、その理解と協力を得ることは必ずしも容易ではない、(b) 保険者ごとに保険料負担の仕組みが異なっており、公平な負担方法を検討する必要がある（国保の場合は賦課総額の按分方法が異なる、など)、といった課題がある。

なお、この場合、高齢者については、後期高齢者医療制度に併せて徴収することも考えられるほか、65歳以上は介護保険料に併せて徴収するということも考えられる。

③税として賦課・徴収する場合

また、上述の消費税、個人所得課税の見直しの他、例えば、復興特別所得税のような現行の本税に付加して課する付加税を創設することも考えられる。

この場合においても、上述の税をめぐる議論と同様、給付と負担の関係が明確でなく、新たな税負担を求めることについて、納税者の理解と協力を得ることは必ずしも容易ではない、様々な税目がある中で、どの税に追加的な負担を求めるか、という論点がある。

仮に、(a) 個人や法人に対する所得課税をベースに付加することとすれば、一定以上の所得のある個人と法人に負担してもらうことができる、(b) 負担と給付を直接結びつけない場合は、未納への給付制限等の対応がなく保険証交付や納付記録等の管理を要しないなど、管理コストを抑えることができる、などの利点がある。

一方で、(a) 現行の所得課税をベースにした場合、各種控除等により、負担者の範囲が社会保険の場合よりも狭くなり、課税所得のない個人や法人は負担を負わないこととなるため、幅広く負担を分かち合うことができなくなる、(b) 付加税であっても、源泉徴収や経理事務を行う金融機関や一般企業のシステム改修に伴う費用負担や、付加税の申告等に係る事務負担が発生することになる、といった課題がある。

(4) 費用負担について国民の理解を求めやすい制度設計

給付と負担との関係を含め、費用負担について国民の理解を求めやすい制度設計が重要であり、次のような多角的な視点からの検討が重要である。

①社会全体で子育てを支える、世代間・世代内での公平な負担

社会全体で子育てを支えることや、世代間・世代内での公平な負担との考え方に立ち、子ども・子育ての給付は、税、保険料、拠出金を通じて、社会を構成する様々な世代、関係主体ができるだけ広く負担し、社会全体で支える仕組みを構築することが重要である。

②能力に応じた負担、逆進性の無い負担

これまでの税・社会保障の所得再分配の考え方を踏まえ、所得に応じた負担とし、負担能力のある人に多く支えていただく方向としていくことが重要である。

定額で負担を求める仕組みをとる場合は、逆進性の問題が生じることに留意が必要である。

③全世代型の社会保障

子ども・子育てへの給付を増やし、現役世代への給付を充実することで、全ての世代が、その能力に応じて支え合う「全世代型の社会保障」への取組を更に進める必要がある。

④重点化・効率化

国民の理解を得るためには、子ども子育ての充実のために新たな保険料・拠出金を求めるに当たり、高齢者への医療・介護の給付などの一層の重点化・効率化を並行して行うべきではないか、という意見がある。

一方で、高齢者への給付の重点化・効率化を前提としていては、いつまでも前に進まないのではないか、という意見もある。

また、2030年に向けて、社会保障費の更なる増が見込まれる中で、幼児教育・保育の無償化のために新たな保険料負担を求めるのは、保険料引き上げの余地の先取りであり、将来的に困るのではないか、という意見がある。

一方で、高齢者の医療・介護に対する若年者の保険料負担に比べて、小さな負担であり、理解を得られるのではないか、という意見もある。

4. 実現に向けた道筋

本特命委員会の議論は、小委員会の提言である「こども保険」を踏まえて始

まったが、この提言は、子育て支援の充実など「全世代型の社会保障」の構築と、そのための責任ある財源確保の観点から、新たな議論の契機となっており、政策議論の場に「新しい風」を起こした。

本特命委員会の議論においては、「こども保険」をはじめ、子育て対策の一層の充実のための施策の内容や財源に関し、様々な意見・論点が提示された。

少子高齢化がますます加速する中、国として、子育て対策に本腰を入れて取り組むことが喫緊の課題である。全世代へ対応する社会保障の安定的な基盤をつくる観点からも、将来世代に負担を先送りすることなく、税、保険料、拠出金などにより安定的な財源を確保した上で、子育て対策を一層充実し、世代間の公平を図り、全世代型の社会保障の構築に全力で取り組んでいく必要がある。

このため、幼児教育・保育の早期無償化や待機児童の解消に向け、財政の効率化、税、新たな社会保険方式の活用を含め、安定的な財源確保の進め方を検討し、本年末までに結論を得る。

今後、政府・与党において検討を進め、本特命委員会においても、引き続き議論を重ねていく。

また、本特命委員会においては、子ども・子育て以外の社会保障に関連した諸制度についても、今後検討を進め、報告をまとめていくこととする。

人生100年時代の制度設計特命委員会

委　員　長	茂木　敏充（政務調査会長）			
顧　　　問	園田　博之	塩谷　　立		
	林　　芳正			
副 委 員 長	石田　真敏	後藤田正純	河野　太郎	柴山　昌彦
	田村　憲久	三ッ矢憲生		
	有村　治子	長谷川　岳	福岡　資麿	
幹　事　長	後藤　茂之（政調事務局長）			
幹　　　事	木原　誠二	白須賀貴樹	鈴木　馨祐	鈴木　隼人
	福田　達夫	山下　貴司		
	大沼みずほ	佐藤　　啓	滝波　宏文	吉川ゆうみ
事 務 局 長	小泉進次郎			
事務局長代理	村井　英樹	小林　史明		
	山下　雄平			

【著者紹介】
藤沢　烈（ふじさわ　れつ）
小泉小委員会オブザーバー／一般社団法人RCF代表理事／新公益連盟事務局長
1975年京都府生まれ。一橋大学卒業後、マッキンゼー・アンド・カンパニーを経て独立し、NPO・社会事業等に特化したコンサルティング会社を経営。東日本大震災後、RCF復興支援チーム（現・一般社団法人RCF）を設立し、情報分析や事業創造に取り組む傍ら、復興庁政策調査官、福島県「東日本大震災・原子力災害アーカイブ拠点施設有識者会議」委員、国土交通省「まちづくり活動の担い手のあり方検討会」委員を歴任。現在、総務省地域力創造アドバイザー、復興庁「新しい東北」復興・創生顕彰選定委員、釜石市地方創生アドバイザーも兼務。復興活動の中で小泉進次郎と出会い、小泉小委員会の民間オブザーバーに就任。

人生100年時代の国家戦略
小泉小委員会の500日

2017年12月21日発行

著　者――藤沢　烈
発行者――山縣裕一郎
発行所――東洋経済新報社
〒103-8345　東京都中央区日本橋本石町 1-2-1
電話＝東洋経済コールセンター　03(5605)7021
http://toyokeizai.net/

装　丁…………………橋爪朋世
カバー写真……………梅谷秀司
ＤＴＰ…………………アイランドコレクション
編集協力 ……………岩本宣明
制作協力 ……………田久保彰太
プロモーション…………笠間勝久
プロモーション協力……山中美紀、大前智里
印刷・製本 …………廣済堂
編集担当 ……………桑原哲也
　ISBN 978-4-492-21235-6